轡田竜蔵
Kutsuwada Ryuzo

地方暮らしの幸福と若者

勁草書房

地方暮らしの幸福と若者／目次

第Ⅱ部　各論・事例分析編

序章　本書のあらまし

序-1　趣旨

（1）問題意識

日本の若者が、大都市を目指さなくなってきたと言われる。東京一極集中の基本的構造は変わらないが、東京に移動する若者の比率は減少している。各種の調査研究は、多くの若者にとって、東京が特別に輝ける場所ではなくなっていることについて指摘している。かつてのように、渋谷や原宿に集まる若者の動きに注目すれば、現代社会の兆候をうかがえる時代ではなくなっている。そのことは何を意味するのだろうか。

また、近年では、東京一極集中を避けて、若者の地方への移住・定住を促す政策的な動きが進み、これに呼応するかたちで、マスメディア、学者、評論家等のさまざまな立場から「地方暮らしの幸福」について、積極的な発信がなされている。だが、こうした議論を真に受けて良いのだろうか。じっさいに地方暮らしをする若者の現実との間にギャップは無いのであろうか。

本書はこのように、日本の若者研究の文脈と、近年の「地方暮らしの幸福」に関する議論の文脈とをかけ合わせた問題意識から出発する。そして、「地方暮らし」の実態と意識のありようについての分析からその答えを探り出す。用いるのは、おもに筆者が二〇一四～二〇一五年度に広島の二つの自治体で暮らす若者（二〇～三〇代）を対象に行った社会調査の結果である。そして、その狙いは、**「地方暮らしの幸福論」を煽り、地方定住や地方移住を勧めることにあるのではない。若者研究のサイレント・マジョリティと目されてきた地方暮らしの若者の現実に光を当て、その幸福の成立条件と社会的課題について考察することにある。**

（2）日本の若者研究と「地方暮らし」

一九七〇年代以降、日本の若者（青年）研究は、総じて三大都市圏に居住する「都市中産階級」の拡大という社会変動への関心によって突き動かされてきた（浅野 2016）。一九八〇年代にはその消費文化に関する議論が主流であり、高橋勇悦は、東京およびその郊外を地元とする若者の増加という社会現象に着目し、これを「新東京人」と呼び、そのライフスタイルや価値観の新しさについて分析している（高橋 1990）。そして、一九九〇年代にはバブル経済崩壊後の不況のなかで若者の消費に関する議論は退潮するが、その一方で情報社会化を受けたコミュニケーション様式に関する議論が盛んになる。続く二〇〇〇年代に入ると、社会経済の停滞を受けて労働や貧困問題への注目が高まってきたが、その間も含めて、若者を対象とする大規模な調査研究の多くは三大都市圏の「都市中産階級」に焦点を当ててきた。その一方で、地方都市や農山村の若者は一貫して特殊事例的な扱いしか受けてこなかったと言える。

ところが、昨今、大都市にひきつけられる若者を最前線と見なし、地方暮らしの若者を単なるフォローワーと見なす枠組みは、時代遅れになりつつある。それは対照的な二つの理由においてである。

第一に、「新しい貧困」問題がますますクローズアップされ、親世代よりも階層上昇を望めない状況が一般化するなか、物質的な豊かさによって特徴づけられる「都市中産階級」的なライフスタイルや価値観に転換を促す動きが起きているためである。若者論の文脈では、「物質的豊かさ」に代えて「つながり」がキーワードとなった。社会学者の山田昌弘は、「今後、収入の上昇が見込めない時代になると、つながりから幸福を直接実感するという形が出て」くると述べている（山田 2009）。そして、その文脈は、大都市の物質的に豊かな生活に対するオルタナティブとして、地方暮らしの幸福のかたちが注目を集める流れにも関わるものであった（内山 2013）。

第二には、デフレ経済に適合的なかたちで進んだ消費社会化や、情報環境をフラットにするウェブ社会化が進んだ結果、東京から発信される都市中産階級の文化のヒエラルキーが若者にとって特別な意味を持たなくなってきているためである。社会学者の古市憲寿は、二〇代の若者の幸福度の上昇という現象に着目し、その一因としてインフラ生活環境といった面で「過去最強の『豊かさ』」を享受できていることとの関連性を示唆しているが、その文脈で、必ずしも将来展望が明るいわけではないのに、幸福度や生活満足度が高い「もう中央を目指さないでそこそこ生きていく若者」についても言及している（古市 2011）。地方の暮らしが豊かになったことについても、三浦展の『ファスト風土化する日本』をさきがけとし、さまざまな視点から注目が集まっている（三浦 2004）。そして、特にそのなかで重要なキーワードとなっているのが、地方暮らしの若者の「地元志向」であり、若者研究のなかで最もホットな論点の一つとなっている（轡田 2011a; 阿部 2013a; 原田 2014）。

本書は、このような日本の社会学的な若者研究の文脈を意識しながら、「地方暮らしの若者」について論じることになる。つまり、「地方暮らしの若者」というマイナーな集団の実存の問題に光を照らすことにとどまらず、若者が「地方暮らしの幸福」を追求することの意味を、現代の日本におけるマジョリティの一つのトレンドとして考察してみたい。東京に人口が流出する構造は残っているとしても、地方に暮らす人口は日本全体の過半数を占め、多くの若者研究が調査対象としてきた三大都市圏よりも多い。**大都市を回避する地方暮らしの幸福観に見られる多くの要素は、すでに日本の新しいミドルクラスの価値観のスタンダードになっている**とも言える（轡田 2011b）。だが、本書ではそうした事態を過剰に理想化したりバッシングしたりするのではなく、地方暮らしの「理想」と「現実」との「あいだ」を生きる人々の生のありようについて考察していきたいと思う。

（3）「地方暮らしの幸福論」ブーム

ここ数年、「地方暮らしの幸福」について書かれた記事や論考の点数がとても増えている。

そのきっかけの一つは東日本大震災を受けた「地方移住」ブームである。特に、筆者がフィールドとする中国地方には、放射能被害や震災被害への不安をきっかけに移住した首都圏からの二〇～四〇代の移住者が多く、一つの社会現象となっている（いまだ 2016）。この移住現象には、被災地からの強制力をともなった移住とは異なり、大都市生活のリスク不安を解消しようとする「ライフスタイル移住」としての性格があり、「地方暮らし」の魅力に注目が集まる一つのきっかけとなった。『ソトコト』や『TURNS』といった地域志向の生き方を奨励する雑誌には、こうした「地方移住者」についての記事が、毎号のように掲載されている。また、イケダハヤト『まだ、東京で消耗しているの？』など、地方移住や二地域居住の素晴らしさをアピールする評論も多数発表されている（イケダ 2015）。

もう一つのきっかけは、特に一九九〇年以降にさかんになってきた、人口減少の進行によって地域課題が山積するなかで強まってきた「地域づくり」のムーブメントである（土居 2010）。「地域づくり」とは、道路や拠点施設等のハード面の整備にコストの制約がかかる状況が強まるなか、地域住民のつながりを活性化させ、ソフト面の充実によって、地域の魅力を増やそうとする取り組みである。こうしたムーブメントに呼応するかたちで、若者が地域課題の解決に能動的にかかわる動きに注目が集まっている（松永・尾野 2016）。

さまざまな地域課題が議論されるなかで、大多数の自治体で若年女性が減少する人口予測データをもとに、若者の地方定住やＵＩターンの促進策が喫緊の課題であるということをセンセーショナルに提起したのが、元総務大臣である増田寛也を座長とする日本創成会議が発表した、いわゆる「増田レポート」である（増田 2014）。これを受けて、安倍政権は「地方創生」をその目玉政策の一つとして掲げ、各自治体に交付金の上乗せ要件として「地方人口ビジョン及び地方版総合戦略」の策定を要請した。それに呼応するかたちで、特に人口減少が著しい地方の自治体は、さまざまなかたちで地域の魅力を発信し、若者のＵＩターンを促進しようとＰＲを展開している。こうした動きに関連し、さまざまなまちづくりの動きや、若者のＵＩターンと地域経済活性化策を結びつけて論じる論考の発表も目立っている（玄田 2015; 小田切他 2015）。

このように、若者の減少という地域課題にこたえるべく、「地方暮らしの幸福」をアピールする戦術を練ることは、地域経済に頼って生きている人たちにとって、当然必要なことである。だが、こうした地域経済の振興が、若者個々人の生活や人生の課題の解決と必ずしも結びつくわけではない。地域づくりの展開はローカルな権力関係と切り離して考えることはできず、筆者は地域づくりに積極的な層は一部の「意識の高い若者」に限られることを避けられない。だから、筆者は地域経済の振興と個々の「地方暮らしの幸福」とを単純に結びつけるストーリーに乗ることには、慎重でありたいと思っている。本書では、**まずは個々の地方暮らしの若者の声に耳を傾け、現実をきちんと認識することが重要であるというスタンスのもとで、「地方暮らしの若者」の実態と意識について分析をしていきたい。**

（４）社会学的先行研究――「暮らし」の現実への注目

社会学において、地方に暮らす多様な人々の生活者の現実に根差した問題についての調査研究は膨大にあるが、特に若者の人口減少の危機を煽る「地方創生」ブームのなかの状況について、大きな視点から問題提起を行ったものとして重要なのが、例えば農山村研究における徳野貞雄の論考や、地方都市研究における貞包英之による論考である。徳野は、過去の過疎農山村の調査研究が社会環境の条件悪化を描写することに力点を置きすぎ、そこに生きている人々の「現実的生活基盤」の分析を等閑視してきたのではないかと問題提起をしている（徳野 2015）。また、貞包も地方の問題を政策的に解決しようとする動きに振り回されるのではなく、その一歩手前で、「地方都市の暮らしを左右しているより一般的な論理や力」を捉えるべきであるというスタンスを明らかにしている（貞包 2015）。こうした議論は、社会課題を捉えるうえで、人々の「暮らし」の多様な側面を捉えることに出発点を置こうとしている点において、筆者とスタンスをともにしている。

ただし、地方暮らしの問題を、若者研究と交差させ、個々の生活や人生についての価値観を正面から捉えようとした社会学的モノグラフは、それほど多くはない。そのなかでは、地方からの地域移動の価値観を捉えようとした研究については、比較的さかんに行われていて、一九九〇年代の島根県の中山間地出身の若者を捉えた『学歴社会のローカル・トラック』（吉川徹 2003）や、二〇〇〇年代における東北からの地域移動の問題を論じた『東京に出る若者たち』（石黒格ほか編 2012）等がある。進学や就職にさいしての地域移動の実態把握は、地域の教育力やコミュニティの維持・発展を願う諸アクターの社会的ニーズにも合致した研究であると言える。

だが、本書で試みるように、「**地方暮らしの若者**」**の当事者による生活や仕事、そして人生についてのトータルな現状評価に焦点を合わせたモノグラフ**については、驚くほど乏しい。多くの自治体が総合計画の策定に合わせた住民意識調査を行っているが、若者に焦点を合わせて考察を深めたものは乏しい。社会学の業績としても、インタビュー調査を中心にしたものでは、筆者の共同調査者である阿部真大による『地方にこもる若者たち』、統計調査を中心にしたものでは李永俊・石黒格『青森県で生きる若者たち』が目立つ程度である（阿部 2013a；李・石黒 2008）。本書のベースとなる調査研究は、この空白を埋めることを目指している。

(5) 概念の用法――「地方」と「若者」について

本書は、「地方暮らしの若者」に対する調査をベースにしている。そうであるからには、「地方」と「若者」という主要概念の使用法について、明確にしておく必要がある。

第一に、「地方」という概念について。「中央」と対比される「地方」という概念は日本特有の概念であり、長らく東京一極集中の社会構造の弊害が問題とされ、大都市と地方とのあいだの地域間格差を問題とする文脈で使われてきた。ただし、同じ地方圏といっても、現時点において人口規模が比較的大きい三〇万人以上の規模を持つ「地方中枢拠点都市圏」については利便性を高めている傾向にあり、人口の横這い状態を維持しているが、それ以外の「条件不利地域圏」については人口減少が進み、社会基盤の衰退に対する危機感の強いところが多い。そのどちらに住んでいるかによって、同じ地方暮らしといっても、その生活感覚や社会課題は大きく異なったものになると考えられる。三大都市圏を除く地方圏の内部の差異というと、都道府県間の差異や、西日本と東日本の差異等が取りざたされることが多いが、筆者はそれよりも圧倒的に**「地方中枢拠点都市圏」と「条件不利地域圏」の差異の持つ意味**が重要であると考えており、本書ではそうした比較軸にこだわって若者の「地方暮らし」に関する考察を深めていきたい。

第二に、「若者」概念の使用法についても立場を示しておこう。「若者」概念は社会規範の流動化が進んだ一九八〇年代、自立した社会人としてのアイデンティティの確立期としての意味を持つ「青年」に代えて使われることが多くなった概念である。それは、高等教育の大衆化とともに、仕事やライフスタイルの選択や、結婚・子育て、自己の価値観の確立といった課題に関わる多様な社会規範を検討する時期としての「ポスト青年期」に焦点が当てられるなかで普及してきた概念であると言える（宮本 2002）。かつて多くの「若者」調査は二〇歳前半のキャリアの浅い年齢層に焦点を合わせてきたが、二〇〇〇年代以降、特に貧困や労働の問題や、晩婚化や未婚率の上昇がクローズアップされるなかで、学卒後の状況に注目する必要が高まってきたということもあり、「若者」の年齢層は三五歳まで、場合によっては三〇代の終わりまでを含めて考えられることが多くなってきた。特に、年齢層の高い地方においては、四〇代になっても社会や組織のなかで「若者」扱いされる状況も少なくなく、そうした状況を念頭に、**対象を二〇～三〇代と広めにとっている。そのことによって、学生調査をベースにした多くの若者研究とは異なり、本書での調査対象も地方暮らしの多様なライフキャリア観を捉えるため**である。「若者」と「中年」を取り巻く社会課題はますます共通性を多く含むようになっており、「若者問題」と考えられている問題は「世代論」として括るよりも、むしろ「時代」の問題として考えるべき課題が多くなっている。ただし、それでも「若者」に注目することに意味があるのは、すでに多くの重要なライフキャリアの選択を終えてしまったシニア世代とは異なり、今まさにリスク社会化が進む「時代」の当事者として判断する局面に向き合っている「年齢」であるからだ[1]。そうした観点から、本書はこれから地方で人生の重要なライフ・イベントを経験しようとする二〇～三〇代の状況について焦点を合わせる。

序-2　データと構成

(1) データ

本書の議論が依拠する社会調査データについて述べておきたい。

おもに参照するのは、筆者自身が公益財団法人マツダ財団の委託を受けて、二〇一四～二〇一五年度に行った、**広島県の若者**（二〇～三〇代）**に関する社会調査のオリジナル・データ**である（以下「広島二〇～三〇代調査」と呼ぶ）。ただし、統計分析の論証過程に関わる細かい記述については別に公表した調査報告書のほうに任せて、本書では、そこから得られた知見をベースにした考察部分を中心に展開する[2]。

調査地は、広島都市圏の郊外地域（**安芸郡府中町**）**と、そこから車で一時間半ほどの中国山地の小都市**（**三次市**）**という二つの自治体である**。その選定理由は、両地域は第2章で定義する「地方中枢拠点都市圏」と「条件不利地域圏」という地域区分において、それぞれの典型と考えられる特性を有していると考えるためである。しかも相互に社会経済圏が重なりあっているというのも選定理由として重視した点である。

調査方法としては、府中町と三次市の二か所で、住民基本台帳をベースとした**無作為抽出の郵送調査**（**二〇一四年六月一日時点でサンプリング。郵送調査は同年七月に実施。八六七票を回収。回収率二九・一％**）**とデプス・インタビュー調査**（**府中町二八名、三次市三〇名**）**の二本立て**で行った。郵送調査は、家族構成や居住歴・職業・年収などの社会生活に関わる基本属性に関する質問（三四項目）と意識調査項目（一一二項目）とからなる。意識調査項目は、生活、仕事、地域、日本社会・政治、人生の五テーマからなり、それぞれの現状評価と価値観についてすべて四件法で尋ねている。[3] それぞれのテーマの最初に、同じ形式で総合満足度を尋ねる項目が置いてある。そして、デプス・インタビューについては、事前に郵送調査と同じ質問紙に記入をしてもらい、それをベースに回答理由を尋ねるというかたちで、各ケース約二時間の半構造化インタビュー形式で実施した。ほとんどは著者との個別面接インタビューだが、一部に二、三人のグループ形式で行ったものや、インフォーマルな形式での追加インタビューを行ったケースもあり、本書における事例分析は、六〇万字になるその録音データのマニュスクリプトがベースとなる。このほか、関係者十数人に対する取材も行った。デプス・インタビューの対象者の概要については、事例分析が始まる第Ⅱ部の冒頭に記載してある。

そして、この広島二〇〜三〇代調査とは別に、筆者自身は、二〇〇五年以降、十年にわたって岡山県を中心に同様の枠組みで若者へのインタビュー調査を続けており、その研究成果に基づいた論文も発表してきた。[4] 広島二〇〜三〇代調査の質問紙に採用した項目は、その試行錯誤の末に取捨選択されたものである。

（2）分析結果についての記述方針

広島二〇〜三〇代調査の質問紙調査の単純集計結果については、巻末資料に掲載したので、そちらを確認していただきたい。

質問紙調査の意識調査項目の分析については、クロス分析や（偏）相関分析はもちろんであるが、各意識調査項目を被説明変数とみなし、主要な社会的属性を示す変数を説明変数とした重回帰分析（ステップワイズ法＝変数増減法）の結果を踏まえた記述が中心になる。この方法は、一つの量的変数の分布に影響を与える要因として、複数の説明変数が要因として考えられるときに、その候補リストのうちから、一つずつ説明変数を取捨選択しながら増やしていくことによって最適な説明モデルを探り、最終的に有意水準五％の基準を満たす説明変数だけがその説明モデルに残るという探索的な分析手法である。本書で重回帰分析の結果を踏まえていることについて言及している箇所は、すべて同じ統計学的な手続きを経ている。説明変数の候補リストに入れたのは、図表序-1にリスト・アップした変数である。つまり、各項目について主要な社会的属性との関係についてはひととおり検討し、最適のモデルに残った説明変数に限って記述しているということである。

本書では紙数の限界から、統計学的数値の記述に関しては最小限にとどめ、分析結果の記述に焦点を合わせている。分析の信頼性を担保する検定手続きの記述の多くは割愛しているが、記述のベースとなる分析結果についてはすべて以上のような手法によって統計学的有意性が確認できたことに限っていることを最初にことわっておく。各被説明変数について最終的に採択された説明モデルの詳細や、各変数の説明力の大きさを示す標準偏回帰係数などの統計学的数値を確認したい方は、別に公表し、公益財団法人マツダ財団のウェブ上でも公開している報告書『**広島20～30代住民意識調査報告書〈統計分析篇〉**』のほうを参照していただきたい（轡田 2015）。

図表序-1　重回帰分析（ステップワイズ法）における説明変数の候補リスト

・年齢（20～39）
・性別（ダミー　「男性」0　「女性」1）
・学歴（ダミー　「在学中（短大または高専）」「在学中（専門学校）」「大学卒または大学院卒」「短大卒または高専卒」「専門学校卒」「高卒」「中卒」「その他」，基準変数「在学中（大学・大学院）」）
・個人年収（各階級値の中央値に変換．100万円未満は「無職」は0円に，職業がある場合は50万円に換算．1000万円以上は1500万円に換算．）
・世帯年収（各階級値の中央値に変換．1000万円以上は1500万円に換算）
・就業状態と雇用形態（ダミー　「自営業主・家族従業員」「会社経営者・役員」「仕事が主の非正規雇用」「家事が主の非正規雇用」「学生（非正規雇用）」「家事が主の無業者」「学生（無収入）」「家事も通学もしていない無業者」，基準変数；「正規雇用」）
・職業（ダミー　「管理」「事務」「販売」「サービス」「製造作業・機械操作」「輸送・機械運転」「運搬・清掃・包装」「建設作業」「保安」「農林漁業」「その他」，基準変数「専門技術」）
・業種（ダミー　「建設業」「製造業」「電気・ガス・熱供給・水道」「情報通信」「運輸・郵便」「卸売・小売」「金融・保険」「不動産・金品売買」「飲食店・宿泊サービス」「生活関連サービス」「専門技術サービス」「その他のサービス」「教育・学習支援」「医療・福祉」「公務員」「その他」，基準変数「農林漁業」）
・配偶者の有無（ダミー）
・子の有無（ダミー）
・父または母との同居（ダミー）
・居住歴（ダミー　「ずっと地元」「他地域で就学後Uターン」「他地域で就職後Uターン」「結婚のため転入」「仕事のため転入」「就学のため転入」「住み替えのため転入」「その他」，基準変数「家族の都合のため転入」）
・地域（ダミー　「府中町」0　「三次市」1）
・各種の地域活動・社会活動への関与の程度（「趣味関係のグループの活動」「職場参加としての地域活動・社会活動」「地縁組織の活動」「学校・保育所・幼稚園の保護者・同窓生組織の活動」「業界団体・同業者団体・労働組合の活動」「政治団体の活動」「宗教団体の活動」「ボランティア団体・消費者組織・NPO等の活動」/それぞれの変数について「積極的に関与」4点，「一般的に関与」3点，「消極的に関与」2点，「関与していない」1点として，量的尺度化）
・週当たり就労時間
・週当たり家事時間

＊「ダミー」というのは，質的変数を「0か1か」の量的変数に変換して計算したもの．

（3）本書の構成

本書の構成は以下の通り。

第Ⅰ部（第1章～第3章）は「総論・理論編」である。

第1章は、「地方暮らしの幸福」に関わる先行研究をレビューしながら、**本書を貫く理論的な視点を整理した総論**を展開する。具体的には、地方暮らしと若者の「不幸」につながる社会的排除のメカニズムに焦点を当てる枠組み（**社会的排除モデル**）と、「幸福」の可能性を捉える枠組み（**社会的包摂モデル**）との関係を整理し、そのうえで本書全体を貫く分析の方針として、「幸福」の説明モデルとして「経済的要因」と「存在論的要因（非経済的要因）」を区別する観点を示したい。

第2章は、**地方暮らしの若者の社会的実態**を分析するにあたって、二つの視点を提起する。第一に、「地方」を「三大都市圏」と比較するだけではなく、「地方中枢拠点都市圏」と「条件不利地域圏」に分けて捉える方法の重要性であり、第二に、居住歴の多様性に注目し、地元中心のバイアスを避けることである。広島二〇～三〇代調査の統計データおよび政府統計の分析から、その射程を検証する。

第3章は、**地方暮らしの若者の「幸福」や各種満足度の規定要因**を広島二〇～三〇代調査の統計データの意識調査部分をベースに分析する。前半では、「地方中枢拠点都市圏」と「条件不利地域圏」との地域間比較を行い、後半では様々な社会的属性の違いに注目し、経済的要因と存在論的要因がそれぞれどのように働いているのかについて検証する。

第Ⅱ部（第4章～第8章）は、「各論・事例分析編」である。広島二〇～三〇代調査のインタビューデータに基づく事例分析をメインに、統計分析も加えて、「地方暮らしの若者」の意識や価値観の諸側面について分析する。

第4章〜第5章では、**地方暮らしの若者の地元定住あるいは地域移動に関わる意識、およびそれを規定する構造について、**「地方中枢拠点都市圏」(府中町)と「条件不利地域圏」(三次市)のそれぞれについてモデル化を試みる。具体的には、それぞれの章において、地元を中心とした「**地元から押し出す力**」と「**地元のひきつける力**」の均衡とともに、地元層だけではなく転入層にも働く力としての「**地域のひきつける力**」がどのように機能しているかについて概観する。

第6章〜第8章は、統計分析と事例分析を組み合わせ、その「地域のひきつける力」についての分析を三つの論点に分けて考察を深める。

第6章で取り上げるのは、**ライフスタイルの魅力に関する価値観**で、「**田舎志向の幸福**」と「**地方都市志向の幸福**」の分断についてである。一言で「地方暮らし」のライフスタイルと言っても、森林や農村の風景、あるいは古い町並みが広がる条件不利地域圏の環境と、大型ショッピングモールに象徴される生活の快適さを特徴とする地方都市中枢都市圏の環境とでは、その魅力は大きく異なる。ただし、この両者は休日生活圏において重なり合っており、条件不利地域圏に住んでいるからといって「田舎志向」であるとは限らない。この章では、こうした消費社会的な価値観のバリエーションと地方暮らしの若者の現実の暮らしのありようを捉える方法を示す。

第7章で取り上げるのは、**働き方の魅力についての価値観**である。地方での働き方の魅力といえば、都会のような過度の競争圧力がなく、自分自身を見失わずに働くことができる「**安定志向の幸福**」の魅力が語られることが多い。地方は東京と比べて子育て環境がよいので、ワーク・ライフ・バランスを実現しやすいという考え方もこれに関わる。ただし、その一方で、「安定就職」のパイは限られるため、あえて「**新しい働き方の幸福**」を志向し、リスクテイクをして「なりわい」を作ることに魅力を感じて行動を起こしている事例もある。こうした事例と統計データから、地方の若者の働き方について考察を深める。

第8章で取り上げるのは、**社会関係の魅力についての価値観**である。地方暮らしの魅力として、大都市には乏しい地域共同体との「近さ」や人間関係の「温かさ」が語られることが多い。ただし、地元愛をリソースとし、実家を中心とする地元の人間関係を大切にしようという「**地元つながりの幸福**」と、手触り感のある地域のソーシャル感覚をリソースとし、地域の資源や人のつながりを大切にしようという「**地域つながりの幸福**」は、必ずしも重なり合わない。居住地域が「地元」であるかどうかによって、利用できる社会関係資本は異なってくるし、同じ地方暮らしでも、「地域」との関わりをあまり必要としていない者も少なくない。地域社会の流動化を念頭に、社会関係観のバリエーションを捉え、合わせて、その社会問題や政治の感覚について考察する。

そして、終章では、本書の考察から得られた結論を三点に集約し、地方暮らしの若者の幸福の成立条件に関わる提言としたい。また、今後の発展的課題に関わるいくつかの視点を示す。

序-3　対照的な二つの調査地──「まち」の安芸郡府中町と「いなか」の三次市

(1)　安芸郡府中町──地方中枢拠点都市圏

図表序-2　広島県地図

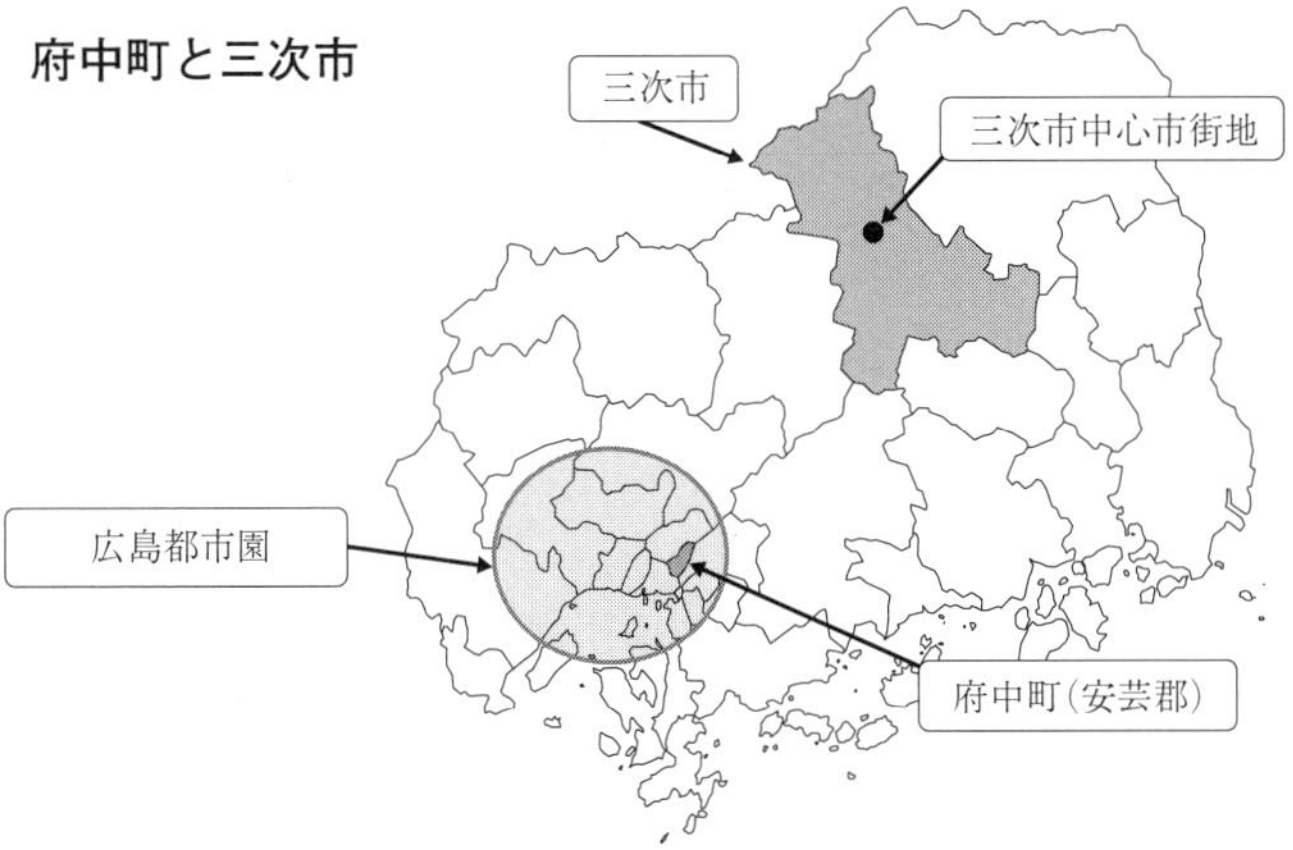

広島都市圏は、広島市と安芸郡（府中町、海田町、熊野町、坂町）を中心とする圏域を指す。その中心市街地は「太田川デルタ」と呼ばれるいくつかの河川に囲まれた地帯にあり、その外側は周辺を取り囲む丘陵部や海岸まで、郊外住宅地や工業地帯が広がっている。

太田川デルタの三角形の縁辺に、三つの巨大ショッピングモールがあり、広島都市圏郊外の消費秩序の核となっている。広島駅から、マツダスタジアム、コストコを横目に見ながら、車に乗って十数分で到着するのが都市圏最大の商業施設である「イオンモール広島府中」であり、ここが府中町の西端となる。四方を広島市に囲まれている府中町は面積が一〇平方キロメートル。小学校区が五つしかない小さな自治体であるが、そこに五万人弱の人口が住んでいる。そのうち二〇～三〇代が総人口に占める割合は二四・五％である。

府中町西部（イオンモール周辺）には比較的新しいマンションやアパート、一戸建ての住宅が密集している。広島都市圏のなかで、府中町西部は若いファミリー世代が新規居住するうえで、同じく大型ショッピングモールから近い「五日市」や「祇園・西風新都」周辺と並んで、最も人気の高いエリアになっている。ただし、単身暮らしの学生はほとんどいない。町内やその付近には、大学や専門学校が立地していないためである。

一方、府中町の東端は、広島都市圏の外縁を示す丘陵部であり、その斜面には郊外型の住宅が貼りつくように広がっている。一九四五年八月六日の朝、この丘陵を散策していた一七歳の旧制中学の生徒が、キノコ雲の写真を撮影した。それは爆心地から最も近い（六キロ）地上で撮影された一枚だとされている。ただし、当時の府中町は農村であったので、人口は少なかった。高度経済成長期以降、丘陵部の斜面に瀬戸ハイムなどの大規模な戸建て住宅地ができ、広島市に近い平野部は商業開発が進み、その風景は一変した。だから、現在、府中町に住んでいる人たちのなかで、戦争前から代々この地に居を構えていたという人はとても珍しい。したがって、「府中町が地元」という人も、親世代が別の地域から転入してきた人たちであり、その大半は「郊外二世」である。

府中町のもう一つの特徴としては、広島を代表する自動車大手のM社の本社工場が立地しているということが挙げられる。ただし、M社の社員は必ずしも府中町に集住しているというわけではないので、企業城下町と言えるような独立性は目立っていない。むしろ、都市地理的な特徴としては、広島中心部へのアクセスが良いベッドタウンとして位置付けるほうがふさわしい。

（2） 三次市《みよし》——条件不利地域圏

広島駅を始発とする芸備線には、特急列車が無い。延々と農山村の風景を横目に見ながら、中国山地を縫うように北上する二両編成の電車に乗って二時間近く。その終点に位置するのがJR三次駅である。同じ県内とはいえ、移動にとても時間がかかるので、三次市から広島都市圏に通勤する者はほとんどいない。だが、三次市民が会話のなかで使う「市内」という言葉は、三次ではなく、広島のことを意味することが多い。広島が一番近い「都市」であり、もっともよく休日に出かけていく先にある「街」であるためだ。行き先として最も多くの人が挙げるのが、府中町にあるイオンモール（通称ソレイユ）だ。

三次市の面積は七七八平方キロメートル。府中町の七〇倍以上であり、全国の市区町村で七二位という広大な自治体である。だが、その大半は森林や過疎農山村であり、市街地面積はそのごく一部に過ぎない。人口は府中町と同じ五万人台。二〇〜三〇代人口比率は、府中町をやや下回る一九・〇％である。

もともと「三次」とは、現在の三次小学校区にある三次町のことを指す。三次町は、江戸期には山陰と山陽を結ぶ河川交通の拠点として、あるいは石見銀山街道筋の宿場町として発展してきた歴史を持つ。だが、近代以降は、川の対岸の十日市町が発展し、都市機能の中心部分はそちらに移った。さらに、一九八〇年代以降は、その隣の八次地区や酒屋地区に郊外住宅地や地域開発のフロンティアが広がった。

これらの三次市中心市街地は、広島県北で唯一のＤＩＤ（人口集中地区）である。三つの中学校区にして直径三キロほどの円内にすっぽりと収まってしまう、ＤＩＤとしては最小の規模である。この狭い範囲に、市内の六一・三％の若者が集中している。この範囲内に住む若者は、実家が周辺の農村地域であるという場合も多い。都市機能はこの狭い地域に集中しているため、便利さを優先して、結婚等を機にここに居を構えるためである。

この中心市街地を除く三次市の可住地域の大半は、都市機能が衰退した小さな市街地（三良坂地区、吉舎地区）か、あるいは集落が点在する農山村地域である。中心市街地から公共交通機関を頼ってこれらの地域にアクセスするのはかなり難しく、住民は自家用車を持っていないと生活が成り立たない。中心市街地から車で一五分以内のところにある一部の地区には小規模な団地が造成され、新規住民を受け入れている場合もあるが、人口が増加傾向にある地区はない。平成の大合併で三次市に編入された旧作木村や旧甲奴町のように、中心市街地にアクセスするにも車で三〇分以上を要するなど、生活条件が不便な地域もある。こうしたエリアに暮らす若者のほとんどは、代々その土地に住んでいる地元民であるか、その配偶者である。いずれの地区も小学校のクラスの規模が小さく、統合の危機にさらされているところも多い。

注

（1）ある特定の時点における「若者」の特徴として観察される事象があったときに、その解釈可能性は①「年齢」効果、②「世代・コーホート」効果、③「時代」効果の三つがありうるということに注意が必要である。

（2）調査報告書（統計分析篇）は、公益財団法人マツダ財団より発行された（轡田 2015）。紙媒体の他、以下のホームページ上で、その全文が公開されている。http://mzaidan.mazda.co.jp/publication/index_s7.html（二〇一七年一月一日最終閲覧）

（3）本書のなかでは、「全くそう思う」「どちらかというとそう思う」の合計比率を肯定的な回答、「全くそう思わない」「どちらかというとそう思わない」の合計比率を否定的な回答とみなし、その相対度数について記述している。

（4）筆者は「過剰包摂される地方の若者たち」という論文で、地方私立X大学出身の若者を対象に「地元」意識の諸相について分析した（轡田 2011a）。また、阿部真大著『地方にこもる若者たち』のもととなった岡山県を中心としたインタビュー調査は、筆者が基本設計をし、共同で実施した（阿部 2013a）。

第Ⅰ部　総論・理論編

第1章　総論：「地方暮らしの幸福論」の時代と若者

この章では、本書に関わる地方暮らしの若者に関わる先行研究を踏まえ、分析にあたっての理論的な立場を示す。具体的には、まず、若者の地方暮らしのネガティブな側面を描く「社会的排除モデル」の問題提起と、ポジティブな側面を描く「社会的包摂モデル」の問題提起とをそれぞれ整理する（1-1）。そして、次節では、これら従来のモデルにおける議論の仕方の限界を踏まえ、「経済的要因」と「存在論的要因」の両方に目配りをしながら、「潜在能力アプローチ」から「地方暮らしの若者の幸福」を捉える視点についての考察を深める（1-2）。

1-1　若者の地方暮らしの描かれ方

(1) 社会的排除の対象として描くモデル

「地方」という概念の対義語は、「中央＝東京」あるいは「大都市」である。したがって、この概念の用法は、常に近代化以降の「中心―周辺」構造における「地域間格差」の問題化と切り離すことができない。日本は首都東京の国内人口比率は二五％と国際的にみても非常に人口が地理的に偏在した社会である。銘柄大学や一流企業も三大都市圏に集中している。それゆえに「東京以外の地域」あるいは「三大都市圏以外の地域」という意味での「地方」という概念にリアリティのある国であると言える。

社会学者の数土直紀によれば、こうした地域間格差は従来から存在してきたが、一九九〇年代以降になってより多くの人が意識するようになり、それが全国規模の階層意識についての格差として観察されるようになったという（数土 2010）。すなわち、階層意識は従来身近な地域を準拠集団としていたが、近年はより広く日本社会における自らの階層的地位を自覚する傾向が強まったためであるという。その結果、学歴格差と階層意識の違いの結びつきが強まり、地方の階層の低さについて多くの人が以前よりも「正しく」意識するようになってきたのだという。

若者に関する問題としては、三大都市圏と地方圏とのあいだに存在する教育機会や就業機会の格差がとくに注目を集めてきた。例えば、平均県民所得が全国一低い沖縄では、奨学金返済が困難な若者が多数いるという問題が告発されている（比嘉 2009）。あるいは、有効求人倍率が全国最低水準の青森の若者の就業状況の厳しさに関する調査研究もある（李・石黒 2008）。橋木俊詔と浦川邦夫の全国規模の意識調査（回答者内訳は、二〇〜四〇代で七割超）によれば、居住地域が「所得水準が高い」という認識、あるいは「さまざまな仕事がある」という認識を持っている人の比率が、三大都市圏に属するエリアとそれ以外のエリアとの間で大差がついており、若者のあいだでも地域間格差についての認識は広く共有されていることが確認される。（橘木・浦川 2012）

教育機関や雇用の選択肢の量の違いは「**地元から押し出す力**（地元からの斥力）」となって、人口流出問題と結びつく。政府の「地方創生」政策に影響を与えた「増田レポート」では、特に地方圏における若年女性人口の減少予測に基づき、多くの地方自治体が破綻し、コミュニティが維持できなくなる危険性が語られた（増田 2014）。特に、東北地方のように雇用状況が良くない地域においては、地域外への人材流出問題は喫緊の課題として受け止められている（石黒他編 2012）。あとにも見るように、本当に東京一極集中がトレンドであるのか否かについては議論があるが、特に銘柄大学や大企業の本社、あるいは各種の情報・文化産業は圧倒的に首都圏に集中している以上、とくに**エリート志向の強い人材が東京に流出する構造に関しては容易には無くなることはない**。難波功士は、ここ一〇〇年間の「上京文化」に関わるテキストの分析を踏まえたうえで、「社会的ヒエラルキー（上下格差）をよじ登ろう、立身出世しようとする者」は常に東京を目指さなくてはならず、その構造は現在でも基本的には変わっていないと述べている（難波 2012）。そして、こうしたエリート人材の東京一極集中は、地方圏との間の経済格差のみならず、人材の水準の格差を帰結するとし、これを危惧する議論もある。東京に行きたいにもかかわらず、雇用が不安定であるために、移動コストを支払えず、地元に滞留するしかないという問題についても指摘されている（赤木 2007）。

また、地方圏における雇用の「質」の低さに注目し、そのため「地域のひきつける力」が弱いという点に注目する議論もある。例えば、地方の社会経済は「支店経済」や「分工場経済」という言い方に象徴的なように、外部資本によって外発的に発展してきたゆえの社会経済の脆弱性があるとされる（山本 2016）。この脆弱性は、産業構造が転換し、不安定雇用の比率が高いサービス業の比率が増大するなかで、ますます高まっているとも言われる。経営の意思決定の中枢が地域の外側にあるという状況は、単なる収入の低さにとどまらず、仕事の誇りについての空洞化をもたらすという指摘もある（永山 2002; 貞包 2015）。あるいは、原子力発電所や米軍基地、あるいは産業廃棄物処理場の立地に象徴的なように、中央の政治権力に対する従属の構造も厳然と存在し続けており、大都市を下支えするための国内分業の構造について、「内国植民地」と表現する議論もある（開沼 2011）。これらの議論においては、地方暮らしの若者にとって、魅力的な仕事の選択肢が乏しい状況が焦点となり、地域間格差の構築過程が問題とされる。

そして、「地方暮らしの若者」にとっての地域間格差問題は、中央に対する従属によってもたらされるだけではない。従来、地域社会が担っていたコミュニティ機能の溶解にともなう「つながり」の欠如の問題も指摘されている。例えば、地理的な格差から、「ひきこもり」や「不登校」などの困難を抱える若者が必要なサポートを提供する専門性のある機関・団体にたどりつけないという問題がある。また、地元や地域コミュニティからはじき出された子どもや若者たちが希薄な関係性のなかで

「逃げ場」もなく孤立し、誰にも相談することができず犯罪に手を染めてしまう問題も指摘されてきた（宮本 2005; 掛川 2016）。宮台真司は一九九〇年代の青森でテレクラを通して売春をする若い女性たちにインタビューをし、青森には東京と違って、「ムシャクシャを吸収する場所」としての「都市的現実」が無いということを問題状況として指摘した（宮台 2000）。この種の問題の構図は、一九九〇年代末以降に進んだ消費・情報環境のフラット化の進行のなかで変化していったと考えられるが、その一方で、グローバル化のなかでの地域空間の再編とコミュニティの溶解という論点があらたに加わった。例えば、川端浩平は地方（出身）の若者が関わった岡山県玉野市の産業廃棄物処理場における生き埋め事件の「闇」を、斜陽化する企業城下町のなかで生じた若者の孤独の問題として描写している。産業の衰退した地域コミュニティは、もはや従来のようにロール・モデルを提供してくれず、そこに暮らす若者はそこから次々に弾き出されてしまう。地方では、このように地域コミュニティにつなぎ留められない「ジモトの仲間たち」の孤立状況が深まっているという（川端 2011）。

以上のような議論の立場は、**地方暮らしの若者のネガティブな状況を「社会的排除モデル」から問題化する視点**を提供したものであると言うことができる（轡田 2011b）。社会的排除とは、貧困そのものというより、貧困を帰結するような動態的プロセスに巻き込まれる危険性に着目した概念である（岩田 2008）。この概念は、近年、グローバリゼーションに対応した雇用流動化のなか、「若者」の経済的困難と存在論的困難とが絡まりあいながら進行していく状況を描くうえでしばしば適用されており、こうしたプロセスに地域間格差による構造的排除がどのように関わっているのかという視点は重要なものであるといえる。

ただし、地方暮らしの若者に関わる社会的排除モデルのアプローチには、いくつかの留保が必要である。

第一に、ひとつ間違えると、特定の集団の「貧困の文化」を過剰に描くことによって、かえって差別的な視線を招来しかねない危険性があることだ。例えば、川端浩平は、地方暮らしの若者に対する代表的な表象としての「ヤンキー」概念を取り上げ、社会的に停滞し、保守的な階層集団として恣意的に定義されている現状を分析し、そうした線引きを行う他者化の欲望のほうが問題であると論じている（川端 2017）。「地方暮らしの若者」といっても、その階層・職業・ジェンダー等の社会的属性は多様であり、それらをコミュニティの水準で一括りに扱ってしまうと、そこに暮らす当事者の潜在能力を等閑視し、貧困や差別などのネガティブなイメージを増幅するだけになってしまうことにもなりかねない。そうならないためには、多様な当事者の水準に立って、問題のコンテクストと丁寧に向き合うことが必要になるだろう。ジェンダーの文脈で言えば、近年、結婚して仕事を辞め、経済的に夫に頼りながら家事・育児に専従するというライフコースのモデルからはじき出された若年女性が、不安定な労働市場のなかで貧困化する問題が指摘されている。性産業等に流れ込む層も圧倒的に地方出身者が多いという指摘もあり、「若年女性の貧困化」問題が特に「地方」定住で高等教育を経験していない女性に集中的に現れているのではないかという問題提起もある（鈴木 2014; 本田 2015）。こうした問題に関わる議論を深めるためには、地方の貧困の現場をディストピアとして描くのではなく、個々の当事者の取り得る選択肢についての想像力を深められる形で示すことが大事になるだろう。

第二に、地方暮らし＝孤立という論じ方がしばしばなされるが、若者はモビリティが高く、情報技術への感度も高いために、問題解決のチャンネルが多いという点にも留意することが必要である。この点は、過疎地域で孤立に追い込まれがちな高齢者の問題が地域福祉的な枠組みによらないと解決が難しいのとは位相が異なる。つまり居住する地域の経済水準が低いとしても、若者はその地域に閉じ込められているわけではなく、友人との出会いや娯楽を求めて、車で二時間先の街に出かけていく程度のことはたいして苦にならないので、幸福度や現状満足度が低いということはかならずしもない（⇒第3章）。また、地方の消費環境の発展によって大都市との経済格差が緩和されているという観点や、ウェブ社会の成立は若者に新しいつながりの可能性を提供しているという観点も踏まえる必要がある。ただし、その反面、一見すると問題解決のチャンネルが多いように見えるだけに、若者の「社会的排除」や「貧困」の問題は、自己責任で解決すべき問題として扱われて、その深刻さが軽視されやすいという状況もある。この点については、次節で展開する。

（2）社会的包摂の可能性を描くモデル

「社会的排除モデル」の議論は、地方暮らしの若者の置かれた状況の「悲惨さ」を描き出し、その「貧しさ」や「孤立状況」に注目する。そして、そんな地方を離れ、人口流出が進むトレンドがそこに重ねあわされる。ところが、これに対して、じっさいに進んでいる地域移動のトレンドは、むしろ「地方・地元定着」であるとし、地方からの人口流出への過度の悲観論に異も唱えられている。

例えば、地方から大都市への人口流出が深刻化しているという見方をはっきりと否定しているのが、労働政策研究・研修機構の堀有喜衣らの分析である（堀 2015）。堀は、社人研の『第七回　人口移動調査』（国立社会保障・人口問題研究所 2011）の二次分析を行い、出身地・進学地・初職地の三点における若者の地域移動のデータを精査した結果、先行世代と比べて大都市圏に向かう比率は減少し、「地方・地元定着」の趨勢が顕著になってきていると指摘する。また、日本総合研究所の藤波匠は、国勢調査人口に基づき、地方在住の若い世代（一八〜三〇歳）が三大都市圏に向けて毎年十万人が流出しているのはたしかだが、Uターン等により、最終的には三〇歳以降に地方に居住することになるのが九割という概算を示し、「若い世代が東京に根こそぎ吸い取られているといった認識とは異なる実態がある」と指摘している。そうしたデータの見方からすると、**若年人口の減少は全国共通の課題であり、とりたてて地方の衰退の問題として危機を煽るような筋合いはない**ということになる（藤波 2016）。藤波は「無理に若者を地方に定着させる政策は誤り」として、地方の衰退と人口流出を憂えるタイプの社会的排除論とは全く異なった方向に議論を導く。「地方消滅」の危機を煽る「増田レポート」の議論は、現在と同じ人口移動率を仮定しているが、「地方・地元定着」の趨勢が今後も強くなるようであれば、地方の人口の社会減はそれほど憂慮すべき問題ではないという考え方である。

この「地方・地元定着」のトレンドの要因を分析するにあたっては、地域移動に関する意識の質的な分析をする必要がある。この点、筆者としては「地方暮らしのひきつける力」が強まっているという文脈と、「地元のひきつける力（地元志向）」が強まっているという文脈の二つに分けて考察することが大事だと考えている。ここでは、まず前者の文脈に関わる「地方暮らしの幸福論」について考察し、「地元のひきつける力」に関する議論については、次節で論じることとする。

「地方暮らしの幸福論」は、若者が大都市にひきつけられるという従来の見方を転換し、むしろ地

方の**「地域にひきつける力」が強まっているという点を強調する議論である**。それは具体的には三つの観点にわけてみることができる。第一に、ライフスタイル上のメリットで、大都市のような刺激は乏しくても、暮らしやすい環境が整っているという観点。第二に、コミュニティ資源の豊かな地方の暮らしは、若者の「つながり志向」が強まるなかで、魅力的なものになってきているという観点。そして、第三に、大都市のような過度な競争主義にあおられることもなく、働きやすい環境が整っているのだという観点である。こうした議論は、地方暮らしのネガティブな側面に焦点を当てる「社会的排除モデル」とかならずしも矛盾するわけではないが、**その気付かれざるリソースの豊かさに流動化する社会の中での足場を見出そうとするという点で議論の焦点を異にする。その意味で、このタイプの議論を「社会的包摂モデル」と呼びたい。**

例えば、社会保障研究の広井良典は、「深い問題意識を持っていたり、あるいはもともとは海外やグローバルな話題に関心をもっていた若者の相当部分が、地域再生やコミュニティに関することに大きな関心を向けるようになっている」と述べ、こうした志向性を「〝日本を救っていく〟動き」として評価している（広井 2013）。そして、成長経済から成熟・定常経済の移行期において、地方ないし地元に定着しようとする若者の生き方を「コミュニティ経済」の時代を先取りしたものとしてエンパワーするのである。つまり、「地方暮らしの幸福」を志向することは、時代を先取りする「成熟」した姿であるという見方である。

哲学者の内山節もまた、現代の「日本の若者」は、「団塊の世代」とは違い「経済成長が幸せの基盤でないこと」と「現在の企業社会での労働が人間たちを幸せから遠ざけている」ということをわかっていると述べ、若者の農山村移住のトレンドを近代資本主義批判の文明論と結びつけている（内山 2013, 2015）。あるいは、経済学者の松永桂子も、団塊ジュニア以降の世代に見られる「ローカル志向」の強さに注目し、それは大きな経済成長を知らずに育ったことにともなう社会的規範の変化と関係があると考察している（松永 2015, 2016）。そして、そのような社会背景のなかで、若い世代の地域課題に向き合うクリエイティブな人材が農山村地域に増えている現象を分析しつつ、そこに働き方やライフスタイルの最先端のかたちが生まれているのだと指摘している[1]。

このように、成長経済限界説を背景にした「地方暮らしの幸福論」は学術的にもトレンドになっており、さまざまな分野で議論されている。その共通認識について単純化をおそれずに言えば、若者が地方に向かう趨勢は「物質的な豊かさ」よりも「心の豊かさ」が求められる時代が象徴的に表れているということになる（橘木 2016）。このような捉え方は、規模縮小が進む地域経済のなかで、いわゆる「ハコモノ」行政に対抗するかたちで「地域づくり」を推進している人たちの主流の思想になっていると言える。例えば、現在、日本の「地域づくり」のムーブメントに最も強い影響力を与えている人物の二人と目される、『里山資本主義』の著者・藻谷浩介と、『コミュニティ・デザインの時代』の著者・山崎亮は、その対談本において、経済成長率よりも各種の主観的満足度や幸福度に注目するほうが重要であるという主張を積極的に提起している（藻谷・山崎 2012）。同対談のなかで、藻谷は、幸福度に相関するのは経済成長率のようなフローに注目する指標よりも、むしろストックであると主張する。そして、ストックには個人資産や地域資源のような経済的価値のあるものと、ソーシャル・ストックとも言うべき人と人との関係性とがあり、かりに地域経済の経済成長がなくても、それらが豊かな地域の人々は幸福度や満足度が高いと議論する。

こうした議論に裏付けを与えるために、経済規模や経済成長を示す指標に代え、具体的な生活社会指標を作る試みもなされている。例えば、農村社会学者の徳野貞雄は、「安定兼業農家」は「都会のサラリーマン」に比べて、所得や学歴は低いかもしれないが、「地域が固有にもつ空間資源」と「地域の人間関係資源」において優位性があることを示す指標を提示している（徳野 2007）。また、新潟市都市政策研究所の千田俊樹は、これまでのGDP志向型の都市経営を批判し、それに代えてNPH（Net Personal Happiness　市民の等身大ハッピネス）という指標を提唱している（千田 2012）。NPHとは、具体的には「社会とのつながり」「環境・アメニティ」「雇用・所得」に関する諸指標を合成して作られたものであり、特にこれからの時代は地方に優位性がある「社会とのつながり」「環境・アメニティ」の重要性が高まるという観点を重視した概念である。あるいは、福井県庁は、東大社会科学研究所の「希望学」プロジェクトとタイアップし、LHI（Local Hope Index　ふるさと希望指数）という指標を考案し、地方の自治体は「家族」「健康」「地域・交流」の分野で、大都市の自治体よりも優位性があるという点を強調している[2]（玄田 2013）。これは、幸福度が高いといわれる福井県の現状を踏まえ、これを維持して高めていくための指標として考えられたものだという。

このように「社会的包摂モデル」に沿った議論にも多様性はあるが、いずれも地方暮らしの優位性を確認し、人口減少による衰退が懸念される地域においてコミュニティづくりを支える諸アクターを元気づける役割を果たしているという点で共通する。だが、このモデルについても、社会的排除モデルについて指摘したのと同様に、コミュニティ・レベルでの視点と個人レベルの視点のずれについて指摘できる。つまり、**コミュニティ内部の社会的属性の違いによる分断をどう捉えるか**という問題である。例えば、阿部彩は、先述の福井県における希望学プロジェクトの調査研究を踏まえて、「「経済状況がよい」」「包摂的」「コミュニティの絆が強い」といったような地域の特性は、その地域の人々に均一に便益をもたらすものではない」と指摘し、かりに三世代同居や生涯未婚率の低さが福井モデルの特徴であったとしても、一人暮らしの勤労世代の男性で生活が「苦しい」としている人の比率が高いことなど、コミュニティに関われない「少数派」の人々はかえって暮らしにくいのではないか、という問題を提起している（阿部 2013）。

社会的属性の多様性に目を配ったうえで、地方暮らしの当事者たちの個々のコンテクストにかかわることができなければ、コミュニティ・レベルの幸福は絵に描いた餅のような話に過ぎなくなってしまう。意識の高い地域の活動家の話だけに基づいてその地域の希望を語り、地方の未来を「ポエム化」することは避けなければならないと考える。本当に、今の地方暮らしの若者は「物の豊かさより心の豊かさ」と達観できているのだろうか。あるいは、藻谷が言うように、たしかに地方には収入以外に個人資産やソーシャル・ストックを持っている層もあるかもしれないが、そこには当然格差がある。また、魅力的な地域資源があったとしても、それを自分のビジネスとして仕事に生かせる立場にある人はごく一握りである。もちろん、地元コミュニティや地域コミュニティの存続という地域課題と自らの人生課題とを重ね合わせることができたら素晴らしいことかもしれないが、それは誰にでもできることではないし、そうする必然性があるわけでもない。

1-2 「地方暮らしの幸福」の捉え方

(1)「幸福」と「不幸」の「あいだ」

以上の議論の文脈を踏まえたうえで、筆者のスタンスを示してみたい。

それは、**「地方暮らしの若者」の置かれた状況を描写するうえで、「社会的排除」モデルの「不幸」な描き方と「社会的包摂モデル」の「幸福」な描き方とがあるが、どちらのモデルにも限界があるというものだ。**個人の幸福観は社会的属性に沿って多様に分岐しており、その多様な幸福のあり方を認めることが大切である。したがって、コミュニティのレベルで「地方暮らし」のほうが幸福であるとか、不幸であるという議論をするのではなく、地方暮らしの若者個々人の多様なライフ・デザインの水準に焦点を合わせて考える必要があるということである。

ただし、個人がそれぞれに幸福観が違うことを認め合うという相対主義にとどまっていては、社会課題を捉えることはできない。経済学者のアマルティア・センが考察しているように、制約の多い社会における「主観的幸福」と自由な社会における「主観的幸福」は同じものではない。制約の多い社会における「主観的幸福」は現実への適応の表現であると考えられ、ポジティブな評価は難しくなる。**単に特定の観点から測定された主観的幸福度が高ければいいというのではなく、追求しうる幸福モデルの幅を広げることが大切であり、人々の生き方を制約する諸条件を合わせて分析する必要**がある。

こうした考え方をアマルティア・センは、「**潜在能力アプローチ**」と呼んでいる(Sen 1992＝1999)。

こうした考え方を踏まえたうえで、筆者は、**地方暮らしの若者の生き方を制約する諸条件を「存在論的要因」と「経済的要因」とに分けて考えてみたい**。

まず、「存在論」的要素とは、幸福の感覚に直接的に結びつくような「コンサマトリー（自己充足）」な状態を意味し、それは仕事と生活のバランス、友人や家族などとの人間関係、そして生きがいといった、経済活動以外の要素において不自由を感じていないことによってもたらされる。いわば「心の豊かさ」である。日本の若者論や社会意識論においても、近年とみに「コンサマトリー化」という趨勢についての議論が盛んになっているが、先にも見たように、経済成長限界論に基づく「地方暮らしの幸福論」ブームは、そうした流れに沿うものである（豊泉 2010; 吉川 2014）。

だが、「経済活動」すなわち、日々の衣食住を成り立たせる労働や消費の営みに支障をきたしたり、その将来展望が見えなかったりする状況では、「コンサマトリー」な幸せは持続可能性という点で怪しくなる。「日々の経済活動」は幸福そのものではなく、幸福を実現するうえでの「目的論」的要素ではあるが、そこに不自由を感じていない状況は、単なる「物の豊かさ」ではない「経済的安定」の感覚を与える。こうした感覚は、日々の暮らしについての現状評価に大きな影響を与えると考えられる。

幸福度や各種の満足度に関する規定要因を分析した社会科学的な先行研究の知見を見ても、存在論的な要素と経済活動の要素とはおたがいに密接に結びつきながらも、どちらかが一方に規定される関係があるわけではない（Bok 2010＝2011）。例えば、「今後、経済的に厳しくなる可能性について心配しなくていい」人は「毎日の生活が「楽しい」」と感じているし、逆に「毎日の生活が楽しいと感じ

図表1-1　地方暮らしの若者の描かれ方

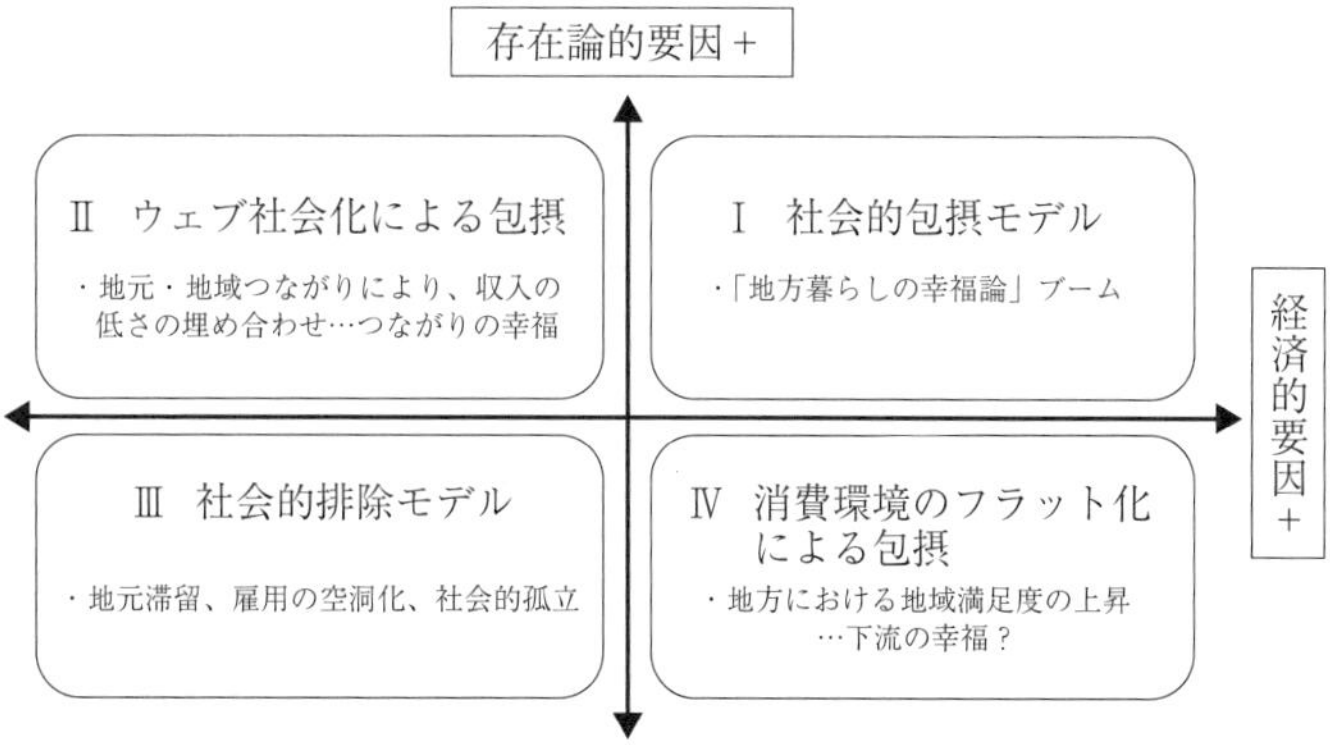

られない」人は「金銭的に余裕がない」という関係は、広島二〇～三〇代調査でも明らかである。だが、例えば、「金銭的に余裕のある暮らし」ではないと答えていても、「毎日の生活が「楽しい」と感じられる」人の比率は少なくない。あるいは「金銭的には余裕がある暮らし」であると答えていても、「自分の将来に明るい希望を持っている」わけではないという人が少なからずいる。そうした観点から、本書では、「存在論的要因」と「経済活動上の要因」のどちらかを規定要因と捉えるのではなく、ともに独立した観点として重視したいと思う。

存在論的な充足と経済活動上の充足とを論理水準において区別することのメリットは、この二つをクロスさせたマトリックスを描くことで明確になる（図表1-1）。右上の単純に「社会的に包摂」された「幸福」な層（第Ⅰ象限）と、左下の「社会的に排除」された層（第Ⅲ象限）とにわかりやすく二分されている図式ではなく、注目したいのは、その「あいだ」の状況（第Ⅱ、Ⅳ象限）である。つまり、経済的には不満があっても存在論的に充足している場合や、逆に存在論的に充足していなくても経済的には成り立っているので、「絶望」はしていないかもしれないが、「不安」を抱えているという状況である。

この「あいだ」の層に注目したのは、イギリスの社会学者のジョック・ヤングである。ヤングは**「社会は、包摂された大部分の満ち足りたマジョリティと、排除された失意のマイノリティに分けられる」という二項対立的な見方を否定**し、むしろ、「限られた階級の紐帯をはるかに超えて」、社会の大部分の人を覆いつくしている「不安」の領域に注目する。そして、「不安」を「存在論的不安」と「経済的不安」という相対的に自律した領域として捉え、それぞれがお互いを覆い隠す「認知フィルター」の存在に着目している（Young 2007＝2008）。つまり、自分が幸福であるという言明の裏では、経済的あるいは存在論的な「不安」が隠蔽されている可能性があるということである。このように、社会的排除の不安を公共化するのではなく、個人の考え方一つで解消しようとするのは、「ミドルクラス」の特徴とも言える（渋谷 2010）。

地方暮らしの若者の幸福を考えるうえで、この「あいだ」の領域、すなわち「**地方暮らしのミドルクラス問題**」として議論できるのが、以下の二つの現象である。第一に、デフレ経済に適応する形で地方都市の商業開発が進み、それによって安価に生活できる消費環境が整い、地域生活の満足度が高まっていると見られる点である（第Ⅳ象限）。第二に、情報技術の発展により「ウェブ社会」が成立し、それによって地方圏に住んでいてもネットワーキングの可能性が広がり、これが存在論的な満足度を高めているとも見られる点である（第Ⅱ象限）。以下、順に検討していこう。

（2）地方の消費社会化がもたらした新しい幸福

地方暮らしの若者にとって、二〇世紀末以降の消費社会化の進展がもたらしたポジティブな影響を見逃すわけにはいかない。一九九〇年代以降、国内のジニ係数が拡大傾向にあるのと相反し、都道府県間の所得格差が縮小傾向を示しており、社会階層面の地域間格差が以前よりは緩和傾向にあるという指摘もある（橋本 2015）。一九八〇年代までは、三大都市圏と地方との消費環境の格差が地域移動を促してきた側面が強かった。だが、収入水準は大都市のほうが高いにもかかわらず、近年では一世帯あたり消費支出額の多さは東京よりも地方都市のほうが上回っていることは、政府の家計調査のデータからも明らかである。こうした変化は、一九九〇年代末以降に進んだ、地方都市におけるロードサイドショップと大型ショッピングモール開発に象徴される快適な消費環境の整備の結果であると考えられる。

筆者の共同調査者でもある阿部真大は、岡山県を中心とする若者へのインタビュー調査を通して、大型ショッピングモールに象徴される地方都市の充実した消費・生活環境が供給する幸福感を発見し、この感覚を「**ほどほどパラダイス**」と称している（阿部 2012）。また、阿部はこうした都市的空間があらたに出現したことの意味に注目し、地方都市の若者の人間関係は「ノイズレス」なものとなり、かつての田舎の共同体のように煩わしい人間関係がない一方で、大都市と違って同世代の仲間や家族との関係という点では充実しているという点で、きわめて満足度が高いものになっているとも指摘する。

しかし、その一方で、阿部は「地方都市」の若者は、余暇や人間関係についての満足度に比べ、仕事の満足度が低いという点を問題にする。「ほどほどパラダイス」を具現するショッピングモールの代表であるイオンが、日本で最も多くの非正規雇用の社員を抱えている会社であるという点は、消費社会化する地方の裏側にある労働問題を示す象徴的な事実であると言えるだろう。地方暮らしの若者の収入は低く、各種の調査結果をみても、おしなべて未来の見通しも悲観的である。そして、阿部は、そうした苦境を乗り切るために、経済的に親に依存し、過酷な労働環境のなかに「やりがい」を求めて耐えている者が多いが、「それは、いつか悲劇的なかたちで終わりが訪れるかもしれない」と述べる。また、「ノイズレスな人間関係」についても、今は関係が希薄でかえって心地よいかもしれないが、子育てをする将来まで見越したさいには逆に不安要素になりうる、とも指摘している。つまり、現在の地方都市には、若者が安価に楽しく生活できる都会的な環境が整っていて、現状としては親に頼ることで何とか生活経済は成り立っていても、実はその生活を支えている社会性は脆弱なものであり、そこには語られざる存在論的不安があるということである(3)。

また、阿部が「ほどほどパラダイス」と呼んだ、地方都市の消費環境がもたらす幸福観そのものに対して疑義を呈する立場もある。例えば、三浦展は、巨大ショッピングモールやロードサイドショップが作った地方の消費生活の環境を「ファスト風土」と呼び、それは画一的な「フェイク」で創造性を欠くものであり、多様な価値観が見えるコミュニティもない、として批判した。そして、そうした環境での消費生活に満足するのは階層意識の低い人々だけなのではないかと問題提起をした(三浦 2004)。三浦は、地方と大都市で階層分断が進んでいると診断し、続くベストセラー『下流社会』においても、地方暮らしの若者が「下流化している」のではないかと危惧したのである(三浦 2005)。

いわばデフレ時代に対応した「下流の幸福」に対する批判である。

「下流の幸福」批判に対応するのが、山崎亮の言うところの「**まちの幸福論**」である（山崎 2012）。九〇年代以降、大型開発に頼った「都市計画」の困難が露呈するなかで、住民の意思を尊重したソフト面の「まちづくり」「むらづくり」が重視される風潮が強まった（土居 2010）。そうしたなか、山崎は、コミュニティ・デザインのプロセスを通して、住民一人一人が個人の幸福を追求するだけにとどまっている状況を問題視する。そこで、「まち」に住んでいる人をつなぎ「まちの空間を生活者のための公共空間にする」ことによって、「さまざまな幸福を実感できるまちをつくること」ができるという考え方を提示する。三浦展も、東京を拠点としながらコミュニティ・デザインの実践に関わる書籍を出している（三浦 2016）。こうした住民の創意工夫を尊重する思想のなかで、地方のショッピングモールやチェーン店に集う人たちは対極的に位置付けられる。すなわち、消費社会に受動的であり、創造性を欠いた人たちとしてネガティブに描かれる。

ただし、筆者は「**ほどほどパラダイス**」**的な幸福論と、**「**まちの幸福論**」**とはかならずしも共存不可能なものではない**と考える。実際には地方都市の大型ショッピングモールは、三浦の言う「下流社会」、あるいは原田曜平が言うところの「地元好きのマイルドヤンキー」だけではなく、あらゆる階層を包摂する街のインフラとして定着している（原田 2014）。そして、それは現代の地方暮らしを成り立たせるうえで必要な結節点の一つであるだけではなく、多種多様な文化階層を捉えようとして、日々新しい意味を発生させながらグレードアップしている空間である（中沢 2014）。消費行動をとおして、大都市と地方の若者とのあいだに階層分断が強まっているというイメージには科学的根拠はない。三大都市圏も含め、日本全国の都市全体が「ショッピングモール化」（＝大資本の展開する商業施設に依存する傾向）している趨勢にあり、首都圏でも武蔵小杉のようなモールシティが住みたい場所として人気を集めていることを考えれば、これは地方都市だけの動きではないと考えるべきであろう（速水 2012）。その一方で、たしかに、地方圏には大型ショッピングモール以外の選択肢を作り出す力に欠けた地域も多く、そこに依存する消費社会的状況は多くの問題を孕んでいる。だが、貞包英之も言うように、それは「人々がそれぞれの幸福を追求するなかで産まれたという意味では、それ自体としては切実な「成果」」であり、ショッピングモール開発を嫌って地元資本の利益を守ることにこだわっても、それが地域の人々の暮らしの質を高めるとは限らない（貞包 2015）。**地方暮らしの若者の多くはショッピングモールを積極的に利用し、ほどほどに楽しんでいるとしても、そのなかだけで生活や人生が完結しているわけではない**。地方暮らしの若者の感覚を理解しようとするなら、ショッピングモールにある程度依存せざるを得ない現実を受け止めつつも、その外側でどのような価値観や文化が追求され、個々の暮らしや人生の質を高めるためにどのような努力がなされているのかについて、その全体性を分析し、想像する力が必要である。

また、「ほどほどパラダイス」をよしとするライフスタイルは、農山村地域を含め、地方に暮らす若者のすべてに支持されているわけではないという点にも留意する必要がある。地域経済学者の小田切徳美は、中国山地などをフィールドにしつつ、「**若者の田園回帰志向**」は明確なトレンドとなっていて、田舎暮らしの「あたたかさ」や、田舎で生きることの「かっこよさ」に注目が集まっていると指摘する（小田切 2014）。こうした価値観は、「ほどほどパラダイス」的な志向性とはまるで異なり、むしろ反消費社会的なものであると言える。

だが、だからといって、条件不利地域は「反消費社会的」で、地方中枢拠点都市は「消費社会的」という単純なコンスラストを描けるわけではない。同じ地域であっても価値観は一つではない。阿部真大は、筆者と共同で中国山地（岡山県新見市）の若者にインタビュー調査を行っているが、そこの山間部の集落に住んで地元のセメント工場に勤務するある若者は、地元の自然や街との関わりに全く興味を持とうとせず、二時間をかけてイオンモール倉敷や岡山市のラウンドワンに友人たちと車に乗って出かけることを「遠足」のように楽しんでいることについて語っていた。つまり、同じ条件不利地域に住んでいても、小田切と阿部が注目した若者は、そのライフスタイル観、そして人間関係観、そして仕事観に大きな分断があると考えられるのである。この分断について、筆者としては、どちらが真に幸福であるのかということを議論すべきだとは考えない。まずは、こうした分断を規定すると考えられる居住歴、友人や家族との関係、地域活動・社会活動との関わり方、そして年齢などの諸属性の違いに注目を促したい。個々の地方暮らしの若者のライフ・デザインにおいて追求される幸福観は、こうした諸属性によって分断されている。そして、コミュニティ・デザインが描く幸福論とのギャップを埋めていくためには、この分断の持つ意味をきちんと分析する必要がある。

（3）ウェブ社会化と新しい「つながりの幸福」

近年の地方暮らしを大きく変えた要素としては、大型ショッピングモールなどの商業開発のほかに、インターネットやスマートフォンなどが成立させた「ウェブ社会」の成立による影響が見逃せない。

どんな場所でもオンライン・ショッピングができるようになったことなど、経済活動に与えた影響も大きいと見られるが、ここでは存在論的な側面に注目したい。すなわち、ラインやフェイスブック、ツイッターなどのＳＮＳ等の技術のおかげでネットワーキングの方法が進化したことが「地方暮らしの幸福」に与えた効果についてである。地方暮らしの若者においては、人間関係の広がりに欠けるゆえに、居場所がなく孤立する状況が問題とされてきたが、リアルな社会のつながりを「ウェブ社会」が補完することによって、つながりは形成されやすくなり、状況は大きく変わった。

これに関して、**ウェブ社会化とりわけＳＮＳの発達によって、同級生つながりを中心とした地元の友人関係が維持しやすくなり、その相対的重要性が高まった**という点にまず注目できる。そして、社会学者の鈴木謙介の言い方を借りれば、ここでいう地元とは、「家郷＝ルーツ」としての「地元」とは異なり、「仲間がいる場所」「仲間と遊ぶ場所」としての「ジモト」であるということになる（鈴木 2011）。家郷としての「地元」の人間関係は、別の土地にいけば薄れてしまうが、ネット上でつながった「ジモト」の関係はどこに住んでいたとしてもゆるやかに持続する。そこには学校空間におけるようなヒエラルキーはなく、共感的でフラットな居心地のよい距離感を楽しむことができる。鈴木は、今の若者を地元につなぎとめる要因として、そのような友達がいるところで暮らし続けたいという思いが作用している、と分析する。そして、七〇～八〇年代の消費社会に生きた若者たちが「マイホームや自分らしいファッションなど、自分が何かモノを得ることで」幸福を感じていたのに対して、昨今の「ジモト志向の若者」は「ジモトの友だちやつきあいのある人とのコミュニケーション」から幸福を感じているのだと指摘する。なぜジモトなのか。土井隆義は、「いかに生きるべきかを指し示す人生の羅針盤がこの社会のどこにも見当たらず、いわば存在論的な不安を抱えている」時代のなかで「生涯にわたって変化を被ることのない生来的な自己属性の一部」が必要とされているからだと分析する（土井 2010）。こうした地元つながりを大事にする幸福観を、ここでは「**ジモトの幸福**」と呼んでおこう。この主題については、脚本家の宮藤官九郎の流行作品などのサブカルチャーの分野でもしばしば表現されており、地方暮らしの若者の感覚を理解するうえで、欠かせないポイントとして議論されている（菊地 2015）。

情報技術によって担保される「ジモトの幸福」に関しては、ともすれば単に同級生どうしの「半径五メートル」の同質的な人間関係を濃密化するだけで、そのコミュニケーション様式は排他的なものではないかという指摘もある（原田 2010）。例えば、最近の地方で発生した多くの子どもや若者の暴力事件は、地元の友人とのネット・コミュニティ内のトラブルを発端としていることがしばしばある。地元の友人との関係には、リラックスした感覚を与えてくれる反面、そこが煮詰まってしまったら、息苦しいものになってしまうという側面がある。筆者の広島二〇〜三〇代調査においても、ずっと地元を離れたことがないという若者は、他地域の生活を経験している者と比べれば、地元の友人関係には満たされているが、人間関係の総体において転入層よりも満たされているわけではかならずしもなく、生活満足度や人生の展望という点では、現状評価はむしろ比較的ネガティブな数字が出ている（居住歴による現状評価の違いについては第3章、「地元志向」の人間関係の問題については第8章を参照）。

だが、その一方で、「ジモトの幸福」を核とした新しい社会性の広がりに注目する議論もある。その象徴的なものが、二一世紀に入ってから各地の地方都市に広がった「よさこい」系の祝祭である。「よさこい」系の祝祭とは、高知の「よさこい祭り」を参考にして札幌で創られた祭りの影響で、全国に広がった若者を中心とした祭りである。それは、鳴子を持って、地元の民謡を踊るという点を共通の要素としている。多くの地域の祝祭イベントは、地縁組織の高齢化・縮小化によって担い手が不足する過程で、「地元」に限定せず、より広域的な「地域」の祭りに再編する場合が多く、「よさこい」系祝祭ブームもその流れと関係する。そして、そこにおいて大きな役割を果たしているのが、若者によって形成された、自発的にできた多数の「ジモト集団」である。民俗学者の矢島妙子の「よさこい」系祭りの分析においても、祝祭という空間において、多数の「ジモト集団」が他地域との他者と交流を広げ、それによって「ジモト」は外に向かって開かれていくプロセスが描かれている（矢島 2015）。ヨソモノの文化をクリエイティブな資源として活用することによって、「ジモト志向」は「地域志向」へと接合する（五十嵐・川端 2010）。

ただし、若者の地元志向は、単純に「ジモトの幸福」だけから説明できる現象ではない。**収入が少なかったり、将来的な生活の見通しが立たなかったりする経済的な基盤の弱い若者たちが実家資源に頼らざるをえないという側面**を見落とすことはできない[4]。こうした側面にクローズアップすれば、「ジモトの幸福」は、経済的に厳しく、将来不安が大きい状況で語られるぎりぎりの現状肯定ということになる。つまり、このばあい地元は必ずしも選び取られたものではなく「ジモトの人間関係があれば、生活水準は上がらなくてもかまわない」と言えるほどの積極的な意識とは異なったものとなる。「よさこい系祝祭」に関しても、経済的な側面に注目すると、別の観点が加わる。そこに積極的に参加している主力は、よく言われるような「下流のヤンキー」では決してなく、地方の主要産業である医療福祉系の仕事に従事する、「まじめな」若者たちの職域参加であると言われている（三浦 2010）。医療福祉系の仕事については、「やりがい」を優先し、過剰に職場にコミットし、過酷な労働条件を甘受してしまうという「自己実現系ワーカーホリックの罠」、いわゆる「やりがいの搾取」という問題点が指摘されている（阿部 2013b）。三浦展もまた、よさこい参加者への調査を踏まえて、仕事に「やりがいはあるが所得が少なく、将来への希望が持ちにくい」ことに対する「不満や不安を仲間とよさこいを踊ることで解消し、再び明日からの仕事への意欲を駆り立てようとしている」と分析している。「まじめな」若者が地域イベントに積極的に関わろうとする動きは、コミュニティの水準で見れば望ましい動きであるといえるだろう。だが、ただそれが街の賑わいという水準だけで語られ、そこに参加する若者の経済状況の問題から目をそらすことになっていないか。こうした点について、ケースに即して検証してみる必要があると言えよう。

このほか、**ウェブ社会化がもたらした影響は「地元つながり」の強化にとどまるものではない。出身地を問わず、ゆるやかな「地域つながり」も作りやすくなり、そのことが縁の薄い地方への移住を考える人たちに大きなメリットを与えている。**例えば、ＩＴ業界の拠点が地方に移転したり、フリーランスの活動をしている人たちが地方に拠点を移したりする動きは、ウェブ社会が地域間格差をフラット化したおかげで可能になった現象と言える。ＩＴ企業が多く転居してきている徳島県神山町はその象徴的な事例として注目を集めてきたが、二〇一六年には、ついに東京にある消費者庁の業務移転という話にまで発展した（篠原 2014）。そして、神山町に拠点を置いている西村佳哲を皮切りとし、フリーランスの書き手を中心にして、地方に拠点を置いて「新しい働き方」を実践することの積極的な意味を啓発する書物が、ここ十年のあいだに数多く出版されている（西村 2009; 本田 2015）。例えば、本田直之は、近年の地方移住のトレンドはこれまでの移住が「東京に疲れた」シニア世代を中心としていたのとは異なり、新しい価値観を提示しているのだと述べる。すなわち、新しい移住は「三〇代、四〇代の若手」を中心とし、複数のなりわいと生活拠点を持ち、都会と田舎のデュアル・ライフを楽しむ、ゆるやかな個人のつながりの上に成り立っているのだという。居住地域をこえて活動するネットワーカーが実践する新しいライフスタイルや働き方は、ウェブ社会が可能にした、もう一つの「つながりの幸福」のかたちを示していると言える。

ただし、この地方移住者が語る「地域つながり」の幸福についても、経済的な側面からシビアに考えてみる必要がある。東京から高知の限界集落にビジネスの拠点を移したブロガーのイケダハヤトは、「家賃が八万円から三万円に下がり、収入は約三倍になり、自然豊かな環境で暮らせている」と地方移住の成功体験を語るが、こうしたケースが多数を占めるとは考えにくい（イケダ 2016）。筆者のこれまでの調査体験では、**現実の地方移住者、とくに都市部から条件不利地域にUIターンした若者の多くは、他のメリットを優先し、収入面ではむしろ下がっているという場合が多い**[(5)]。

もちろん、それでもかまわないという幸福観はありうるだろう。横浜での過酷なサラリーマン生活に耐えかねて、金沢に移住してオーガニック・バーを経営した髙坂勝は、「ダウンシフター（減速生活者）」という生き方を提唱している（髙坂 2014）。髙坂はダウンシフターの三条件として、「表面的な上昇志向を捨てること」「大量消費型の生活を変えること」「好きなことを仕事にすること」を挙げている。そして、減収となったとしても、消費スタイルを見直していけば、幸福の可能性が広がるのだと述べている。このような幸福観を基本とした場合、安定収入が得られる勤務先にこだわるのではなく、一つ一つの収入は低くても、地域資源を上手に使いこなしながら、複数のなりわいに関わることでなんとか生活を持続可能なものにするための方法が必要になる。その一つのモデルを示しているのが、「月三万円ビジネス」（藤村 2011）や「半農半Xという生き方」（塩見 2003）である。

だが、一方で**地方暮らしの若者たちの現実の働き方について言うと、こうした「ダウンシフターの幸福」が広く受け入れられているというふうには考えられない**。例えば、就労時間は、東京と比べて労働時間が短いという言い方は当たらない。政府統計を見ても、週間就業時間六〇時間以上の者の比率は東京や大阪が高い傾向はあるが、月間実労働時間数について言うと、男女ともに東京は全国都道府県のなかで最も少ない。クリエイティブ産業が集積する東京のほうが「新しい働き方」の先進的なロール・モデルは豊富に存在するし、むしろ地方の中小企業では人手不足を埋め合わせるべく長時間労働になってしまう現場が少なくない。そして、勤務先の経営の見通しについて、明るい展望を持てる人の割合も決して高くないと見られる（⇒第7章）。

また、地方においては、ＩＴ業界のように工夫によっては地域間格差を感じさせない働き方ができる従業者のシェアは低く、その一方でグローバル化の恩恵を受けにくい労働集約型のサービス関係や医療・福祉関係の職業従事者が多数を占める。ＩＴ産業や製造業においては、設備や知識を集約し、規模拡大を図ることによって労働生産性を高めることができるが、こうした産業においてはこの論理があてはまらない。こうした労働者の大半にとって、「新しい働き方」はハードルが高過ぎ、大半は収入や生活見通しの「安定」を第一に願っていると見られる。これに関連し、経営コンサルタントの冨山和彦は、「G型経済（グローバル型）」から「L型経済（ローカル型）」を区別して捉える必要性について論じている（冨山 2014）。冨山は、「Lモード人材」において重要なのは「密度の経済」の考え方で、地域のコミュニケーションの密度を高めていくことによって市場を確保することが大事であると述べる。そして、バスの運転手を例に出し、「毎日のように公共交通機関を動かし、地域の人の足になっていることに誇りを持つこと」が重要であると述べる。言い換えると、顔の見える地域のつながりの日常のなかに築かれる「誇り」である。そうした「誇り」があれば、職場の規律が維持され、結果として地域で信頼を勝ち得ることができるというわけである。また、「矜持を持つことができて、それほど生活に困らない安定した収入があれば、自分なりの幸福感をつくっていける」というかたちで、**L型の労働者の幸福モデル**を提示する。

たしかに、「地域の人から感謝されること」をやりがいとして、低賃金にもかかわらず勤勉に働いている労働者は多い。「新しい働き方」に踏み出すことができず、「安定」した生活を第一に求める人たちにとって、こうした日本人の勤勉性を前提とした幸福モデルは受け入れられやすいのかもしれない。だが、このように**「地域つながりの幸福」と、職業倫理としての誇りや矜持との幸福な組み合わせを強調することには、あやうい側面もある**。第一に、「生活に困らない安定した収入」が持てないことが「矜持」を持てないことの要因である場合もおおいに考えられ、そうだとしたら、生産性を改善するために「矜持」を持つことを経営者が労働者に要請することは、単なる負荷強化を帰結することにもなりかねない。第二に、匿名性を増す社会のなかで、消費者は厳しいサービス要求を課すようになり、労働者はそれに対応するだけで精一杯となり、誇りや尊厳をもって仕事に取り組む余裕を失っているという問題がある。消費社会の論理が浸透し、労働者にはますます「奉仕と従属」が求められていく状況では、L型の労働者が仕事に「矜持」や「誇り」を持つようになるというシナリオは「楽観的すぎる」ということになるだろう（貞包 2015）。そして、第三に、このような言い方に沿って、経営者が地域経済の危機に対するソーシャルな課題解決が「やりがい」を得ることだと強調し、そのための奉仕が求められると、労働者の労働環境はますます劣化することにもなりかねないためである。

まとめよう。ウェブ社会化は「地元つながり」の幸福を生み出したし、地元外の人たちも含めた「地域つながり」の可能性も広めた。「地域つながり」については、地域経済の危機を克服するという意図のためにも求められている側面がある。これらを総じて「つながりの幸福」と呼んできた。だが、その一方で、地元や地域の「つながり」のメリットを強調するあまり、その背後にある個々の経済的不安が語られにくい状況になっているのではないか、その点について注意が必要である。

1-3　小括――コミュニティの幸福ではなく、個人の潜在能力に着目する

この章では、先行研究における「地方暮らしの若者」に関する議論をレビューしたうえで、本書の理論的な立場を明確にした。

まず、地方暮らしの若者のおかれた状況を分析するモデルとしては、ネガティブな視点のモデル（社会的排除モデル）と、ポジティブな視点のモデル（社会的包摂モデル）とがあることを指摘し、錯綜

図表 1-2　社会的排除モデルと社会的包摂モデル

	社会的排除モデル	社会的包摂モデル
地元から押し出す力	止まらない人口流出	地方・地元定住傾向
地元のひきつける力	実家に依存せざるをえない経済状況，閉鎖的な仲間コミュニティ	消費社会の進化，ウェブ社会の成立→地元・地域つながりの強化
地域のひきつける力	地域社会の求心力の低下	地方暮らしの幸福論の時代

した論点を図表1-2のように整理した。つまり、**社会的排除モデルは、地方における「地元から押し出す力」の強さや地元滞留層のネガティブさに注目し、「地元のひきつける力」についても、その閉鎖的な性格に注目する。また、地域社会の溶解が進む中で、その求心力が低下していることにも目を向ける。その一方、社会的包摂モデルは、地方・地元定住傾向が強まっているとし、地方暮らしの幸福論の時代を背景にした「地域のひきつける力」の強まりや、消費社会の進化やウェブ社会の成立を背景にした地元・地域のつながりの可能性に注目**する。

そして、筆者はこの両者のモデルの「あいだ」に立ち、大都市のほうが幸福であるとか、田舎のほうが幸福であるといったふうに、コミュニティ・レベルでの優劣を示す描き方とは一線を画し、地方に暮らす若者の多様性を踏まえ（⇒第2章）、そのうえで個々人の生き方の選択肢の幅を広げることを優先課題と捉える「潜在能力アプローチ」を重視する。そして、「地方暮らしの若者」の幸福観が一枚岩ではなく、社会的属性と結びつきながら分岐しているという点に注意を促しつつ、それぞれの幸福の成立条件として、**「経済活動上の要因」と「存在論的な要因」とを分けて捉える必要性**について指摘した。この観点は本書全体を貫く分析方法となり、第3章では、この枠組みで統計調査の結果を概観する。そして、ここで具体的に示された地元定着／地域移動、ライフスタイル、働き方、社会関係にかかわる諸論点について、第4章以下では、広島二〇～三〇代調査のデータを分析しながら、さらに掘り下げていきたい。

本章では、筆者はかならずしも地方暮らしの若者の主観的幸福度を高めることを至上命題とするのではなく、むしろ、個々人がそれぞれの生の営みにおいて感じている「不安」や「不自由」を隠蔽せずに社会的課題として共有することが大切であるという立場を示してきた。ただし、異なる幸福観の人たちとの分断をこえ、どのように問題を共有するかというのは社会感覚の問題であり、いろいろな考え方があるだろう。こうした点を念頭に置いて、引き続き議論を深めてみたい。

注

(1) 松永は、グローバリゼーションの環境下でクリエイティブ人材が集積する都市を分析するべく、「創造都市」概念を提唱したリチャード・フロリダの向こうを張って、「創造的地域社会」という概念を提示している（松永 2012）。これに関連し、佐々木雅幸は、「創造都市」との差異化を明確にした「創造農村」概念を提示している（佐々木 2016）。

(2) こうした発想の嚆矢としては、GDPの低さにもかかわらず、独自の幸福度の指標を提案して議論を呼んだブータン王国の戦略が有名であるが、政治的自由を含むより客観的な指標として国際的に承認されている指標としては、経済学者のアマルティア・センらが関わって考案された「人間開発指標（HDI）」がある。

(3) 消費社会のなかにたくさんの選択肢が存在するために、個人における雇用の貧困のような社会的不自由の問題が不可視化される状況について、ジョック・ヤングは「過剰包摂」と呼んでいる（Young 2007）。

（4）若者の地元志向を経済的側面と存在論的側面の関係性から説明する理論については、筆者の既出論文も参考にされたい（轡田 2011a, 2011b）。

（5）たとえば、筆者が紹介し、読売新聞の記事になった事例が典型的である。岡山県の条件不利地域を地元とする男性が、大卒後に都市部に出て不動産業界で働いていた。当時の収入は六〇〇万円あった。だが、ほとんど休みがなく、転勤が頻繁にある労働状況に限界を感じて、地元に帰って、レンタカー会社の契約社員になった。収入は三分の一になったが、生活の満足度は上がった。（「都会より地元ラブ」『読売新聞』二〇一四年五月四日付　大阪本社版）

第2章　「地方暮らしの若者」の社会的実態の分析視点

「地方暮らしの若者」を分析するにあたって、「三大都市圏」に対する「地方」という対比はもちろん重要なのだが、「地方暮らし」ということで一括りにすることはあまりに大雑把である。だからといって、地域の個別性に過度にこだわり過ぎると、ある程度一般化した知見が得られなくなる。地方暮らしの社会的実態の多様性を的確に分析する視点が必要である。

本書では、特に二つの分析視角の重要性を提起したい。第一に、**「地方圏」を「地方中枢拠点都市圏」とそれ以外の「条件不利地域圏」を対比し、「三大都市圏」と合わせて「三層構造モデル」として地域間格差を分析する視点**である。本章ではまず、その視点の意義について論じ（2-1）、そのモデルに沿って、政府統計や「広島二〇〜三〇代調査」のデータを参照しながらその意味について明らかにする（2-2）。第二には、**地方暮らしの若者の居住歴の多様性に注目しながら分析する視点である。地元出身者と転入者の社会的実態の差異に注目し、「地元」中心のバイアスを避ける方向性を示**

す（2-3）。

2-1 「地方」の多様性をどう類型化するか

（1）「都市雇用圏」ベースでの分析

若者の暮らしを成り立たせる社会経済的諸条件、例えば収入格差、就業構造、結婚や子育ての状況、居住の状況について、地域間にはさまざまな差異がある。若者の意識のありようの基本構造を捉えるために、どのように地域特性を一般化して捉えればよいのだろうか。

若者に関わる調査研究においては、大都市と地方との間に文化についての感度の違いがあることが、特に検証されることもなく議論の前提として扱われてきたことが問題にされ始めている（辻 2016）。また、近年の都市社会学では、「都市度（アーバニズム）」には「異質性への指向」や「変化への指向」といった社会意識を規定する要因として重要性があり、「下位文化」の担い手である若者の意識にはそうした特性が最も鮮明に表れるという理論を検証する試みも行われている（赤枝 2015; Fischer 1982＝2002）。だが、第1章でも見たように、若者をひきつける地域はもっぱら大都市であると考えられる時代は変わりつつあり、地方といっても多様性がある。地域間格差を「都市度」の違いとして捉えてよいのかどうかも含めて、それがどのように若者の意識を規定しているのかが改めて問われているといえる。

こうした問いを検証するためには、手始めにその適切な操作的定義が必要になる。そして、そのさいには、政治・経済の中枢機能が集中する「大都市」と「地方圏」を分けるだけでなく、多様性のある「地方圏」をどのように分類したらよいのかという点が焦点になるだろう。

かつて地域分析においては、市区町村ごとのデータを使い、「市部」と「郡部」を区分したり、市の人口規模によって区分したりすることによって「都市度」の高い地域と、そうではない地域の対比が行われてきた。だが、そうした分析手法に困難をもたらしたのが、「平成の市町村大合併」である。それによって「郡部」の自治体が激減し、都市部と農村部が合体した複合的な性格を持つ自治体が多く誕生し、地域特性がわかりにくくなった。また、自治体の人口・面積規模のばらつきも大きくなり、従来の区分から社会科学的な意味が薄れてしまった。そのため、新たな定義の仕方をする必要性が出てきた。

例えば、地域社会学者の蓮見音彦は、市区町村ごとの高齢化率や人口増加率等をもとに得点化し、それによる地域区分を試みている（蓮見 2012）。こうしたランキング形式の比較を行うと、地方のなかでも都市度の高い地域と、そうでない条件不利地域との間の差異について、可視化することができる。ただし、この方法では、数十万規模の大都市と、数万人程度の郊外都市を同列に扱ってしまうことにもなり、都市地理学的な特性がつかみにくい。

この点、ＤＩＤ（人口集中地区）に注目すると、都市機能の集積したエリアを操作的に把握することができる(1)。一般的に考えて、規模が大きいＤＩＤには、豊富な雇用や商業施設・医療施設があると考えられる。そこで、都市社会学や若者研究では、各自治体のＤＩＤ人口比率によって「都市度」を定義し、それによって地域区分を行う試みも行われ始めている（赤枝 2015）。

しかしＤＩＤ人口比率だけでは、広島都市圏や熊本都市圏のように人口規模の大きな地方都市圏が最上位ランクに分類されてしまうという問題がある。一八～二二歳の地域移動の状況を見れば、これらの都市圏は政令指定都市といえども転出超となるという点で「地方」としての特色があり、転入超となる三大都市圏とは区別される必要がある。また、かりにＤＩＤに該当する市街地に住んでいなかったとしても、その周辺地域に住んでいるばあいには、通勤・通学・消費活動をとおしてつながっており、実質的には市街地に住んでいるのと同じような生活様式であることも多い。つまり、**一平方キロメートル単位の人口密度で規定されるＤＩＤをもとにした「都市度」の概念では、「モビリティ」を前提とした人々の暮らしを捉えきれない**のである。人々の生活感覚において意味ある地域区分としては、人口規模で連続変数的に捉えられる「都市度」だけでなく、都市地理学的にいうところの自治体の境界をこえた「活動地域」を捉える必要がある。この点、「活動地域」としての単位を捉えるのに有効なのが、金本良嗣と徳岡一幸による「**都市雇用圏**」の概念である。その定義は、おおむねＤＩＤ人口が一万人以上（五万人以上のばあいは「大都市雇用圏」）の都市を中心都市とし、その中心都市への通勤率の高い（一〇％以上）郊外市町村を合わせた圏域のことを指す。つまり、「都市雇用圏」を単位とすることによって、通勤ないし平日生活圏を操作的に捉えることができ、しかも、その人口規模を比較することによって「都市度」を捉えることもできる（金本・徳岡 2002）。

（２）「地方中枢拠点都市圏」と「条件不利地域圏」という区分

ただし、都市雇用圏の人口規模が相対的に小さかったり、より大きな都市雇用圏が隣接していたりする場合には、通勤・通学以外の都市機能において、その都市雇用圏が他の都市雇用圏に依存しているばあいも少なくない。三大都市圏を除く「大都市雇用圏」は全国で一〇四か所あるが、そのうち全体の人口規模が一〇万人にも至らない都市圏がいくつか含まれており（愛知県碧南市など）、その個別事情をみてみると、おおむね大きな都市圏に隣接し、社会経済的な中心性を欠いている。例えば、高次な医療機能を持った病院がなかったり、大学はあっても雇用に乏しく、卒業時の流出率が高かったりすることも多い。

そうしたことも考えると、地域社会の状況の質的差異を捉えるためには、中心市のＤＩＤ人口規模だけではなく、「都市雇用圏」全体の人口規模の線引きも必要である。そのさい、都市としての拠点性の高さを示す基準としては、二〇万人以上あるいは三〇万人以上が妥当ではないかと考える。人口二〇万人とは、総務省の「地方中枢拠点都市」制度、あるいはそれに引き続く「連携中枢都市圏」制度においても、拠点となる都市の基準でもあり、大型ショッピングモール（おおむね一〇〇店舗以上）やスターバックスのような都市型のグローバルチェーン店が立地する最低ラインでもある。三大都市圏を除けば、これを満たす都市圏は全国で八四か所となり、全国の県庁所在地を含む都市圏はすべてこの基準を満たしている。

また、この人口規模の基準を三〇万人まで引き上げると、例えば県庁所在地を含む松江都市圏や青森都市圏等が外れ、山陰地方や北東北地方にこの基準を満たす都市圏が一つもなくなり、進学や就労にあたってのこれらの地域の不利性が可視化される。**全国で三〇万人以上の基準を満たす都市雇用圏（三大都市圏以外）は六一か所である。これを本書では「地方中枢拠点都市圏」と呼び、二〇万人以上**

図表 2-1　中四国地方の「地方中枢拠点都市圏」

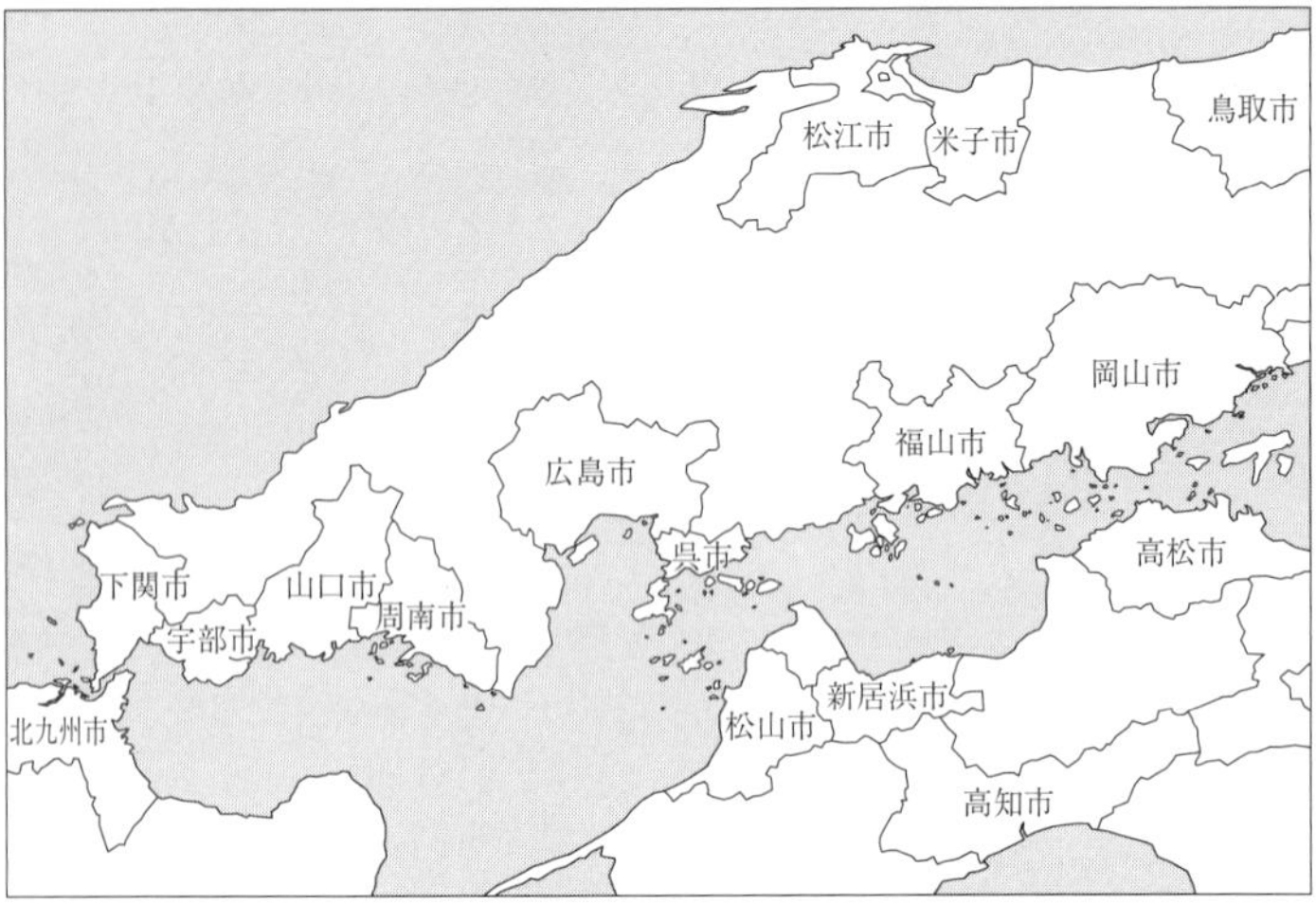

注：http://www.csis.u-tokyo.ac.jp/UEA/uea_map.htm をもとに作成．2010 年の国勢調査で，常住人口 20 万人以上の大都市雇用圏を「地方中枢拠点都市圏」と定義．基準を上げて 30 万人以上とした場合，下関市，宇部市，周南市，呉市，松江市，鳥取市，米子市，新居浜市の各都市圏は除かれる．

の基準を満たす都市雇用圏をこれに準ずる地域と考えたい。（⇒図表2-1）

一方、こうした拠点性の高い都市圏以外の地方圏に目をやると、そのほとんどすべてが行政用語でいう「条件不利地域」にその全体もしくは一部が指定されている自治体である。「条件不利地域」というのは、過疎関連八法において「過疎地域等」、「振興山村」、「豪雪地帯」及び「特別豪雪地帯」、「離島地域等」、「半島地域」として指定されている地域を包括する呼称であり、生産条件の不利と交通条件の不利の両方の意味を含む。その意味で、**本書では、「地方中枢拠点都市圏」から外れる地方圏の地域のことを「条件不利地域圏」と呼びたい。**

具体的に、筆者のフィールドである広島県について見てみると、「地方中枢拠点都市圏」には、広島都市圏（人口一四一万人：広島市、廿日市市、安芸郡、安芸太田町、江田島市）、福山都市圏（人口七六万人：福山市、尾道市、府中市、岡山県笠岡市、岡山県井原市）が該当する。また、広島都市圏に隣接する東広島都市圏（人口二二万人）と呉都市圏（人口二四万人）は、それぞれ都市圏規模二〇万人以上の基準を満たすが、三〇万人以下の基準を満たせず、しかも「条件不利地域」に指定された地域を含む。両都市圏は広島市を中心とする地方中枢拠点都市圏の外縁部にあるグレーゾーンの都市圏とみなされる。一方、それ以外の都市雇用圏に属する地域は、ほぼその面積の大半あるいはすべてが「条件不利地域」に指定された自治体と一致する。こうした都市地理学的観点から、**筆者は広島都市圏内にある広島県安芸郡府中町を「地方中枢拠点都市圏」の典型として、そして広島県三次市を「条件不利地域圏」の典型として調査地として選定した。**

(3) 若者の地元定住／地域移動モデルの違い

「地方中枢拠点都市圏」と「条件不利地域圏」の区分は、人口趨勢の違いに明確な形で対応している。

二〇一〇年の国勢調査人口で試算すれば、日本の総人口に占める人口比は、「**三大都市圏**」**四五・一%**、「**地方中枢拠点都市圏**」**三四・三%**、「**条件不利地域圏**」**二〇・六%**となる。また、地方中枢拠点都市圏人口の規模を三〇万以上に限ると、「地方中枢拠点都市圏」三〇・〇%、「条件不利地域圏」二四・九%となる。国勢調査データによれば、都道府県別では、人口が増加しているのは三大都市圏と沖縄県のみで、あとはすべて人口減少していることになるが、この三層構造モデルで再分析すると、

「地方中枢拠点都市圏」は横ばいで、「条件不利地域圏」はすでに減少ということでくっきりと傾向が分かれる。そして、社人研の推計人口予測から二次分析すると、二〇四〇年の人口比は「三大都市圏」では微増（四八・一％）、二〇万人以上の「地方中枢拠点都市圏」も同じ程度（三七・一％）、一方「条件不利地域圏」では減少（一四・九％）となる。つまり、**二一世紀半ばにかけて、日本全体の人口は減少していくが、そこで「地方圏」から「東京一極集中」が進んでいくというよりも、「地方中枢拠点都市圏」を含む二〇万人以上の都市雇用圏の人口比率が上がっていくというイメージ**で捉えるほうが妥当だということである。

平均年齢が高いのも「条件不利地域圏」の特徴であって、「地方中枢拠点都市圏」については、「三大都市圏」の自治体と実はそれほど差がない。二〇一〇年国勢調査のデータでみると、「条件不利地域圏」の自治体は軒並み五〇歳前後で、三次市も五〇歳である。これに対して、「地方中枢拠点都市圏」と「三大都市圏」はおおむね四五歳前後で、府中町については四三歳と若い。たとえば都道府県単位の比較では平均年齢が三位である島根県であっても、中心都市の松江市についていうと四五歳で、全国のほぼ平均値に近く、東京都の杉並区と似通った人口構成である。「地方中枢拠点都市圏」では一八〜二二歳は転出超であるが、それ以後の二〇代は転入超となる自治体が多く、平均値から見ると、人口の年齢バランスは「三大都市圏」とそれほど大きく異なるわけではない。

こうした人口趨勢の違いに注目すると、若者の地元定住／地域移動の実態と意識を捉えるうえで、「地方中枢拠点都市圏」と「条件不利地域圏」を対比することの重要性が浮上する。それによって、**県内格差ないし地域ブロック内格差**に焦点を合わせたモデル化ができるからである。

これまでの若者の地域移動モデルに関する先行研究では、地域移動に関する県間格差や地域ブロック間格差を捉えるモデルが提出されてきた。例えば吉川徹は「大都市依存モデル」「過疎流出モデル」「大規模圏モデル」を区別し、県内の中心都市がローカル・エリート層をとどめる力の差異に着目している（吉川 2003）。また、朴澤泰男は三大都市圏からの距離に着目して「中間地方」と「外縁地方」とを対比し、その間に大学進学率の格差があることを指摘している（朴澤 2015）。いずれも重要な視点であるが、県間比較のためのモデルである。

　これに対して、**筆者は「地方中枢拠点都市圏」と「条件不利地域圏」の差異に着目することによって、主観的な意味での「地元から離れるか否か」という個人の選択可能性の違いに注目する。**「地方中枢拠点都市圏」には実家から通うことが可能な範囲に高等教育機関やある程度の選択肢の雇用が存在するばあいが多く、それに対して、「条件不利地域圏」では、地域外に転出しなければ多くの選択肢は望めない。「地元から押し出す力」の差異ははっきりしている。特に本書のベースとなる調査を行った広島のように面積の大きい都道府県では、高等教育機関進学のために大半が地元を離れる必然性がある「条件不利地域圏」のウェイトが大きく、地位達成志向がなければその必然性に乏しい「地方中枢拠点都市圏」とのあいだのコントラストは明瞭である[2]。

　特に最近、地方圏から三大都市圏に移動する若者の比率は低下傾向にあり、その一方で県内移動や市内移動が堅調に推移しているという状況もあり、「条件不利地域圏」と「地方中枢拠点都市圏」の差異やその間の地域移動の持つ意味について注目することは有意義であると考える。この点については、第4章、第5章で具体的な事例とともに考察を深める。

2-2 「地方中枢拠点都市圏」の若者/「条件不利地域圏」の若者

(1) 学歴構成の違い

本節では、広島二〇~三〇代調査や国勢調査等のデータを踏まえつつ、前節で定義した「三大都市圏/地方中枢拠点都市圏/条件不利地域圏」のそれぞれの若者の社会的属性の傾向の違いについて、基本的なポイントを整理する。

まず、学歴の違いについて。日本の大学は「三大都市圏」か「地方中枢拠点都市圏」に立地しているため、当然、その通勤・通学圏から外れる**「条件不利地域圏」は、都道府県を問わず低学歴傾向と**なる。広島調査の二〇~三〇代をみても、県自体は比較的に進学率が高いが、「条件不利地域圏」の三次市については「大卒以上」は二八・一%と少なく、「高卒以下」二九・六%に及ばない。これに対して、府中町は四一・一%と高めである(図表2-2)。三次市の場合は、通学圏(一時間以内)に立地する大学・短大は、県立広島大学の一部学部(庄原キャンパス)しかないので、高卒後に進学を目指す者はほぼ実家(地元)を離れざるをえない。そのため、実家を離れるコストを嫌って、進学を断念するという事情もおおいに考えられる。ところが、府中町の場合は、通学圏にある広島都市圏(呉、東広島を含む)だけでも一六校の四年制大学が立地している。エリート養成型の大学の選択肢を求めたばあいは、三大都市圏への移動を余儀なくされるが、そうでなければひととおりの選択肢はある。

そして、両地域の間には、労働市場の規模の格差も大きいことも、この学歴差に関係している。広

図表2-2　学歴（広島20〜30代調査）

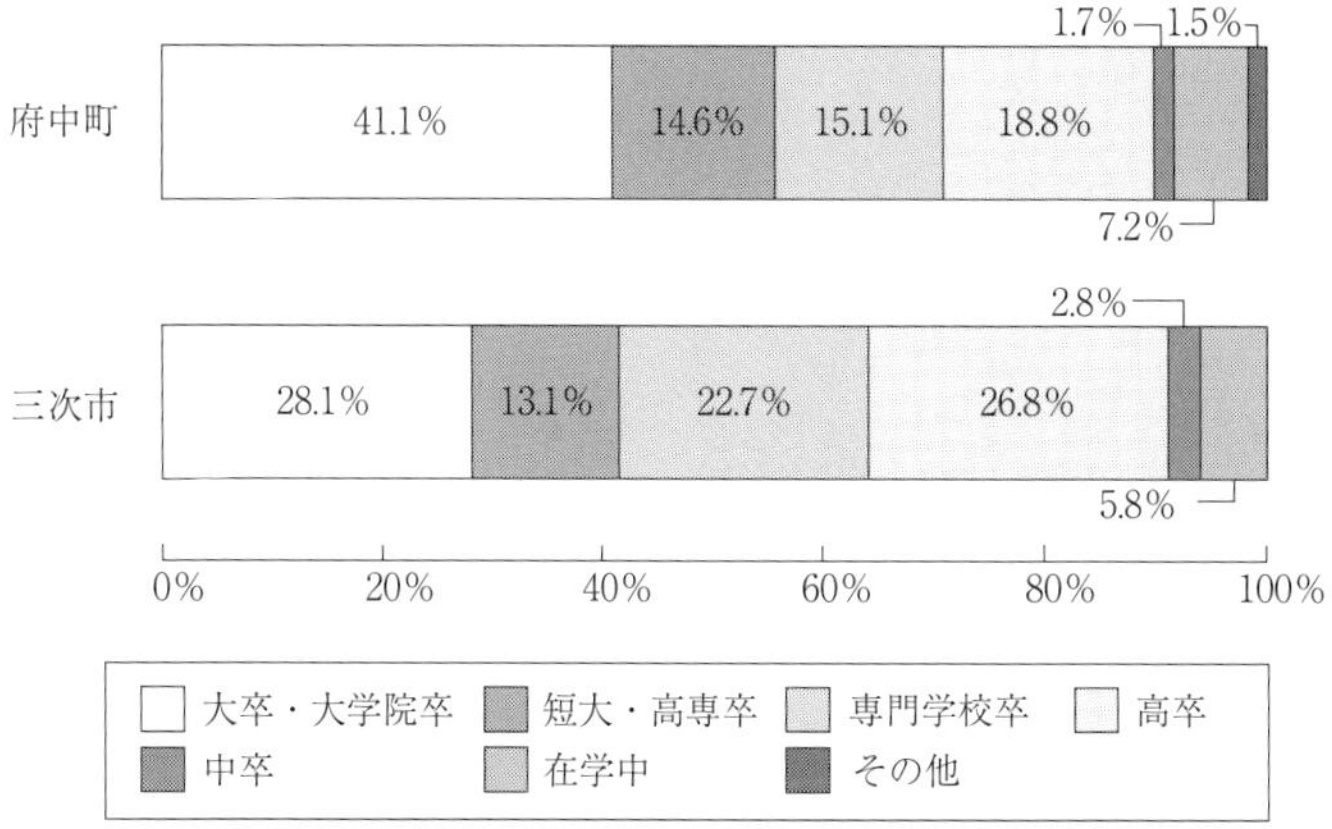

島都市圏のような「地方中枢拠点都市圏」では、三大都市圏に比べて情報通信業や金融業などの雇用、あるいは大企業の本社機能という点では限られるが、大卒者に多い専門技術職や事務職の雇用を行っている企業については、ある程度の選択肢がある。特に高学歴エリートの雇用を集めるような就職先としては、府中町では町内に本社のある自動車大手のM社があるし、他にも広島市内の複数の大企業が考えられる。ところが、三次市のような「条件不利地域圏」では、市か県の職員あるいは教員以外にはあまり考えられない。

（2）収入格差

地域間の学歴構成の違いは、収入格差に直結する。この点について確認しておく。

概して言って、地方圏の世帯年収は大都市圏よりも低い。二〇一三年度の「住宅・土地統計調査」に基づく推計では、世帯年収の全国平均は四六四・二万円。三大都市圏の自治体の大半は平均以上であり、東京二三区のなかで平均以下なのは、貧困世帯が集中していることで知られる足立区だけである。そして、全国の市区町村別のランキングの上位五〇位は三大都市圏の自治体で占められる。地域ブロック別にみると、一人当たり県民所得は、北海道、東北や南九州、沖縄で低くなる傾向があるが、同じエリアであっても、**「地方中枢拠点都市圏」の中心とその「条件不利地域圏」との間にある収入格差**も明白である。広島県内の市区町村に限ってみても、ランキング上位に広島市やその周辺の自治体が並び、下位に並ぶのはいずれも「条件不利地域圏」の自治体である。

調査地である広島都市圏内の府中町は四六六・三万円とほぼ全国平均並みだが、広島県内では最も高いレベルである。これに対して、条件不利地域圏の三次市は四〇七・五万円。同じ県内であるが、世帯年収の格差がある。広島二〇〜三〇代調査では、その平均値は府中町五四三万円に対して、三次市は五〇四万円と差が開いている（高齢者の単身世帯が除かれるので、若干高くなる）。また、「高収入層」（世帯年収六〇〇万円以上）は府中町のほうが六・一％多く（三六・二％）、「低収入層」（世帯年収四〇〇万円未満）は三次市が一一・七％も多い（四一・五％）。世帯の平均居住者数は三次市のほうが多いので、一人あたりで考えるとさらに格差は広がる。

個人収入の平均についていうと、二〇代についてはそれほど収入格差は大きくない。一般的に言って、収入の地域間格差に寄与が大きいのはミドル以降の男性労働者の収入であると言われるが、[3]三〇代男性について言うと、府中町四五一万円、三次市三八二万円と大きな差がついている。

また、地方の階層構造の特徴として、**三大都市圏に比べて高額所得者層が薄い**という点が指摘できる。年収一千万円以上の世帯は、前述の「住宅・土地統計調査」では府中町六・三％、三次市三・六

%。広島二〇~三〇代調査では府中町四・四%、三次市四・五%にとどまる。東京都の自治体はおおむね一〇%を超えており、この点が大きく異なる。三大都市圏では、高収入の「情報通信業」や「不動産業」の比率が高いが、地方にはこうした業種の従業者が少ない。業種のなかでは、「公務員」が収入階層の頂点をなす。両地域とも、「公務員」の個人年収は四〇〇~五〇〇万円台、世帯年収についても、府中町で七〇〇~八〇〇万円台、三次市は六〇〇~七〇〇万円台と群を抜いて高い。

他方、収入階層の底辺をなすのは、低学歴層あるいは「サービス」職従事者である。既に見たように、**「条件不利地域圏」では若い年齢層でも「高卒」比率が高いし、特に三次市では「サービス」職従事者の比率が高いぶん、低収入傾向が強い。**地方と東京の賃金格差に関する研究で、地方の「サービス業」の賃金は低くそのことが地域間の収入格差に説明力を与えているという知見が提出されているが、こうしたデータを踏まえれば、「条件不利地域圏」でそうした傾向がより強いとも考えられる（橘木・浦川 2012）。

これに関して、学歴別の個人年収の中央値を確認しておく。大卒が府中町四〇〇万円台、三次市三〇〇万円台、高卒が府中町三〇〇万円台、三次市二〇〇万円台と、その差は明瞭である。世帯年収でも大卒は五〇〇万円台、高卒は四〇〇万円台と百万円ほど差がついている。また、**「サービス」職（業種では「飲食店・宿泊サービス業」「生活関連サービス業」）については個人年収が年代を問わず百万円台と突出して低く、**世帯年収も四〇〇万円台でやはり低めである。

このように「三大都市圏／地方中枢拠点都市圏／条件不利地域圏」のあいだには収入格差がみられるが、その一方、物価の安さや住宅環境など、地方ないし地元のほうが安価に生活できる条件についても考えてみる必要がある。そして、主観的評価のデータを見る限り、**「金銭的な余裕」についてははっきりとした地域差が無いということに注目できる**。二〇〇九年に東京都足立区が二〇〜三〇代の区民を対象に行った郵送調査（比較対象として足立区以外の東京二三区の区民にも同項目でインターネット調査を実施）には、「経済的ゆとりがありますか」という項目がある。[4] これに対して、広島二〇〜三〇代調査でも類似の「金銭的余裕がある生活が送っている」かどうかを尋ねる項目があり、両調査とも同じ四件法で尋ねている。足立区は東京二三区のなかで最も低所得者が多いことで知られているが、この調査によると、足立区は「余裕がある」が三八・八％、足立区以外の東京二三区が三九・〇％で有意な差がない。そして、同じ項目について、府中町四三・三％、三次市三四・四％。全体のなかで府中町が最も高く、三次市が最も低いように見える。だが、t検定の結果では、両地域の差は有意ではない。つまり、地域間に客観的な年収差はあっても、主観的な「金銭的余裕」の程度としては、その差は現れていない。

(3) 就業者の構成の違い

それでは、雇用形態に関する地域差は見られるだろうか。非正規雇用比率についていうと、国勢調査データを見る限り、北海道や沖縄県で高いが、大阪府においても高く、大都市圏と地方圏との違いは単純に数字としては表れていない。ただ、特徴が明確なのは、**「条件不利地域圏」の「自営業」比率の高さ**である。国勢調査データを分析すると、「自営業」の比率は三大都市圏で低く、南九州、東北などで高い傾向があり、市町村ベースで見ると、「条件不利地域圏」の市町村が上位に並ぶ。広島二〇〜三〇代調査では、「自営業主または家族従業員」の比率は、府中町で一・五％にとどまるのに対して、三次市は五・八％とやや多い。事業所数が少ない「条件不利地域圏」では、「正規雇用」としての仕事につかない／つけない場合に、家業を継いだり、「なりわい」を自ら作ったりすることの意味が相対的に重要になってくる。

産業別・職業別就業者の構成については、三大都市圏の特徴として「情報通信業」「金融保険業」「不動産業」の就業者比率の高さが確認できる。特に首都圏は「情報通信業」の比率が高い。また、職種では「事務職」比率の高さも確認できる。これらはいずれも大卒ホワイトカラーの比率が高い職業である。**大卒ホワイトカラーが就く職業の選択の幅の広さという点では、三大都市圏に優位性があると言える**。

その一方、「条件不利地域圏」は、就業者全体に占める「農林業」「漁業」比率が高い。ただし、注意が必要なのは、日本の「農林漁業」従事者の平均年齢は六〇代であり、若い世代の従事者比率はかなり低いという点である。その大半が農山村地域である三次市でも、国勢調査人口では職種としての農林漁業従事者は六・〇％を占めるが、広島二〇〜三〇代調査では業種としては三・七％、職種としては二・六％にとどまる。**「条件不利地域圏」といっても、社会経済全体に占めるシェア、雇用のシェアという観点からすれば、農林漁業はマイナーな位置を占めているに過ぎない**。若者世代は、田圃に囲まれた環境で育っていても、営農団体等に耕作を任せ、自分で農作業をしたことがないという者が大半になっている。

地方圏の二〇〜三〇代の就業人口の多数を占める産業は「製造業」「卸売・小売業」「医療・福祉」

「サービス業」である。このうち「医療・福祉」「サービス業」については、地方圏のほうが三大都市圏よりも総じて比率が高いといえるが、その他については地域差が大きく、「三大都市圏／地方中枢拠点都市圏／条件不利地域圏」の三層構造だけでは説明しきれない。

三層構造の視点から、産業・職業構成を類型化するうえで最も重要な要素は、地域における製造業のあり方の違いである。国勢調査によると、三大都市圏は「製造業従事者」の比率が低下している首都圏、関西圏と、高い比率を維持している中京圏とに分かれる[5]。ただし、「製造業従事者のうち専門技術職比率」について言うと、首都圏も含め、三大都市圏の都府県はいずれも相対的に高い水準である[6]。これに対して、地方圏でも広島県や茨城県などは、大手製造業の主要拠点が立地する関係で、三大都市圏なみに「製造業従事者のうち専門技術職比率」が高い。そして、「専門技術職の比率」の高さは、地域全体の平均年収の高さにも寄与する。だが、そのような一部の工業県を除けば、地方圏の大半はその比率が低いぶん、年収も低い。製造業のシェアが大きい地域であっても、その多くが中小企業や分工場であり、そうでなければ業種では「医療・福祉」の比率が、そして職種では「サービス」職の比率が高くなる（沖縄、九州、山陰、北東北、北海道）。

ただし、「地方中枢拠点都市圏」と「条件不利地域圏」の差異に注目すると、たとえば専門技術職の比率が高いとされた広島県においても、地域内格差があることに注目ができる。大手製造業の本社や拠点工場は、地方圏にあったとしても「条件不利地域圏」には立地する場合が少ない。**「条件不利地域圏」については、製造業中心の経済構造でも中小の地場産業か分工場であり、生産工程に関わる従業者が中心となる。あるいは、そのような製造業の立地にも乏しいところでは、「サービス」職の**

比率が高くなり、いずれにしても平均世帯年収は低くなる。この点、調査地である府中町と三次市の製造業のあり方は対照的である。府中町は、大手自動車メーカーのＭ社の本社および拠点工場が立地するという特殊性があるために、二〇〜三〇代の「製造業」従事者比率は比較的高く（一七・一％）、そのうち専門技術職の比率は三四・〇％に上る。その一方で府中町の西部はイオンモールを核とした商業地域でもあり、「販売」職（その五〇％は非正規雇用）も少なくない（一三・五％）。それに対して、三次市は核となる地場産業があるわけでも、企業城下町であるわけでもなく、広島や福山に本社のある企業の「分工場経済」としての性格が色濃い。そのため、「製造業」従事者比率は比較的低く（一一・〇％）、製造業の専門技術職の比率についても一一・八％と府中町の約三分の一にとどまっている。他方で、業種では「医療・福祉」の割合が高く（三次市一三・五％、府中町一三・一％）、職種では「サービス」職の割合の高さが目立つ（三次市一七・三％、府中町一一・四％）。

そして、「サービス」職のあり方についても、府中町と三次市とでは違いがあり、「地方中枢都市圏」と「条件不利地域圏」の特徴が見える。府中町の場合は「サービス」職のうち正規雇用は二八・三％にとどまり、男性比率は一〇・九％と低いが、三次市の場合は正規雇用が五一・二％と過半数を占め、男性比率も府中町の倍以上の二五・六％である。正規雇用を含めても「サービス」職の年収は中央値が百万円台と低く、その比率が高いことが、三次市全体の収入水準の低さにも繋がっている。

また、**「医療・福祉」産業は、高齢者比率の高さを背景に、一般的に言って地方圏の女性にとって最もシェアの大きい就業先**となっている。先にも見たように「製造業」の求心力が弱い三次市のようなタイプの地域においては、特にその傾向が強いと言える。三次市の二〇〜三〇代女性のうち、正規雇用の就職先として、そのシェアは過半数に達している（府中町三七・二％、三次市五三・三％）。「医療・福祉」産業については、専門技術職比率も三大都市圏と比べて変わらず、女性の高学歴層を多く吸収している。

雇用形態や職業の違いは、仕事をはじめとする意識に影響を与える。とくに三次市に多い「サービス職」は生活が厳しいだけではなく、現状評価が低い点が目立つが、だからといって三次市全体で見ると、必ずしも府中町よりネガティブであるわけではない。地域差よりも個々の職業のあいだの格差が大きいと見られる。（⇩3-3）

（4）結婚の状況についての違い

次に、結婚の状況についての地域間格差について見てみよう。

まず、地方圏は三大都市圏より早婚傾向があり、平均初婚年齢が低いという点が指摘できる。三次市と府中町を比較すると、二〇代の有配偶者率は三次市のほうが高く、特に地元在住者に限ると、三次市三五・二％、府中町二〇・七％と大きく開いている。国勢調査の市区町村別データを見ても、地方圏は三大都市圏より女性の未婚率が一般的に言って低い。また、男性については、三大都市圏で未婚率が高いが、条件不利地域圏においても未婚率の高い地域がある。特に二五〜三九歳女性について言うと、三層構造による違いが明確に出ている。三大都市圏には未婚率が五〇％を超える自治体も多いが、地方中枢拠点都市圏ではおおむね三〇％台、条件不利地域圏では二〇％台ととても低い自治体が目立つ。

ところが、三〇代になると、三次市と府中町の有配偶者率に有意差はなくなる。つまり、**三次市のほうが小・中高の同級生やそのつながりで結婚するケースが比較的多いが、その他の選択肢に乏しいためである。**人口規模の小さい条件不利地域圏では、同級生ネットワーク以外で出会いの機会を広げることはなかなか難しく、そのために結婚の決断は相対的に早い。ただし、もしそのチャンスを逸してしまった場合には、むしろ出会いの機会が多い都市部のほうに優位性があると考えられる。これに関して、橋木俊詔と迫田さやかは、独自の意識調査に基づき、地方は都会よりも「交際」が「結婚」に結びつく傾向が関係していると論じている（橘木・迫田 2013）。その意味は、地方が「交際」の機会に相対的に乏しいということである。こうした事情は、「地方中枢拠点都市圏」と「条件不利地域圏」の差異としても考えることができる。じっさい、この点は意識調査データからもうかがえる。未婚者について「今後、結婚できないのではないかと心配しなくていいと思う」人の割合が、府中町五九・三％、三次市五一・九％と有意な差がついている。**交際相手を見つけるハードルの高さは、人口規模の少ない地域に生きる三次市の若者のほうが強く感じていると結論づけられる。**

（5） 地域活動・社会活動の参加度の格差

人口規模が少ないゆえに、三次市のほうが人との「接触可能性」（クロード・フィッシャー）が限られるという点は、意識調査項目においても表れている。「現在住んでいる地域には、刺激的な人との出会いの機会が多い」「自分と近い仲間たちと交流する仲間たちと交流する機会に恵まれ、深い絆を築けていると思う」「自分と異なる世界の人たちと出会う機会に恵まれ、視野を広げられていると思う」といった項目のいずれについても、三次市のほうが府中町よりも評価は低い。

だが、その一方で「友人関係に満足している」という項目に関しては両地域に有意差はない。それは、「条件不利地域圏」の若者が、人との出会いを求める機会への期待度がより高く、実際に行動を起こすことによって、不利な条件を克服しているというふうに考えることもできる。広島二〇～三〇代調査によると、各種の地域活動・社会活動のうち、どれか一つでも**「積極的に参加」した経験のある人の比率は、府中町二五・七％、三次市三四・三％と三次市のほうが高くなっている。**

広島二〇～三〇代調査では、各種の地域活動・社会活動のそれぞれについて、個人の参加度を「積極的参加」「一般的参加」「消極的参加」「参加なし」の四段階に分けて尋ねている。それをまとめたのが図表2-3である。これを見てもわかるように、「NPO等」については有意な差はないが、「趣味関係」「職場関係」「地縁組織」「学校等関係」のいずれについても、三次市のほうが参加の度合いが高い傾向にある。参加度を目的変数とみなして、基本属性を説明変数にして重回帰分析をすると、最も説明力があるのは「他地域で就学後Uターン」したという居住歴で、特に「趣味関係のグループの活動」の積極度がきわだつ。三次市は府中町と比べて「他地域で就学後Uターン」した者の比率が高いが、そのことが両地域の差につながっている。また、「職場関係のグループの活動」については、地域差そのものに説明力がある。三次市のほうが地域に密着した仕事が多いということがその背景として考えられる。こうした分析も踏まえ、**地域活動・社会活動について「条件不利地域圏」のほうが「地方中枢拠点都市圏」よりも活発であると考えられる。**「今後、地域活動に積極的に参加したいと思っている」と回答した人の比率についても、三次市は府中町よりも有意に高い（四五・六％＞三八・

図表 2-3　地域活動の参加度

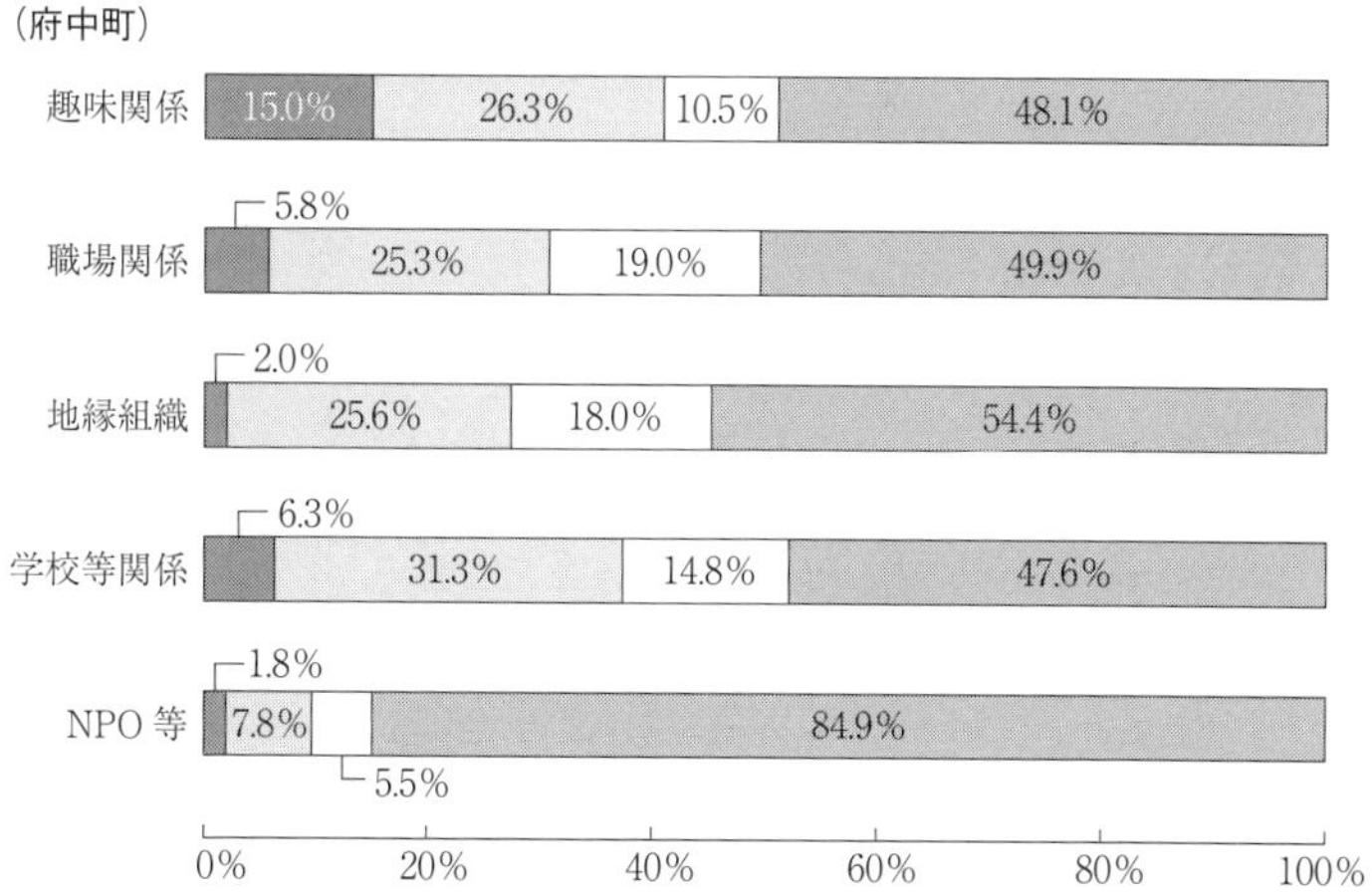

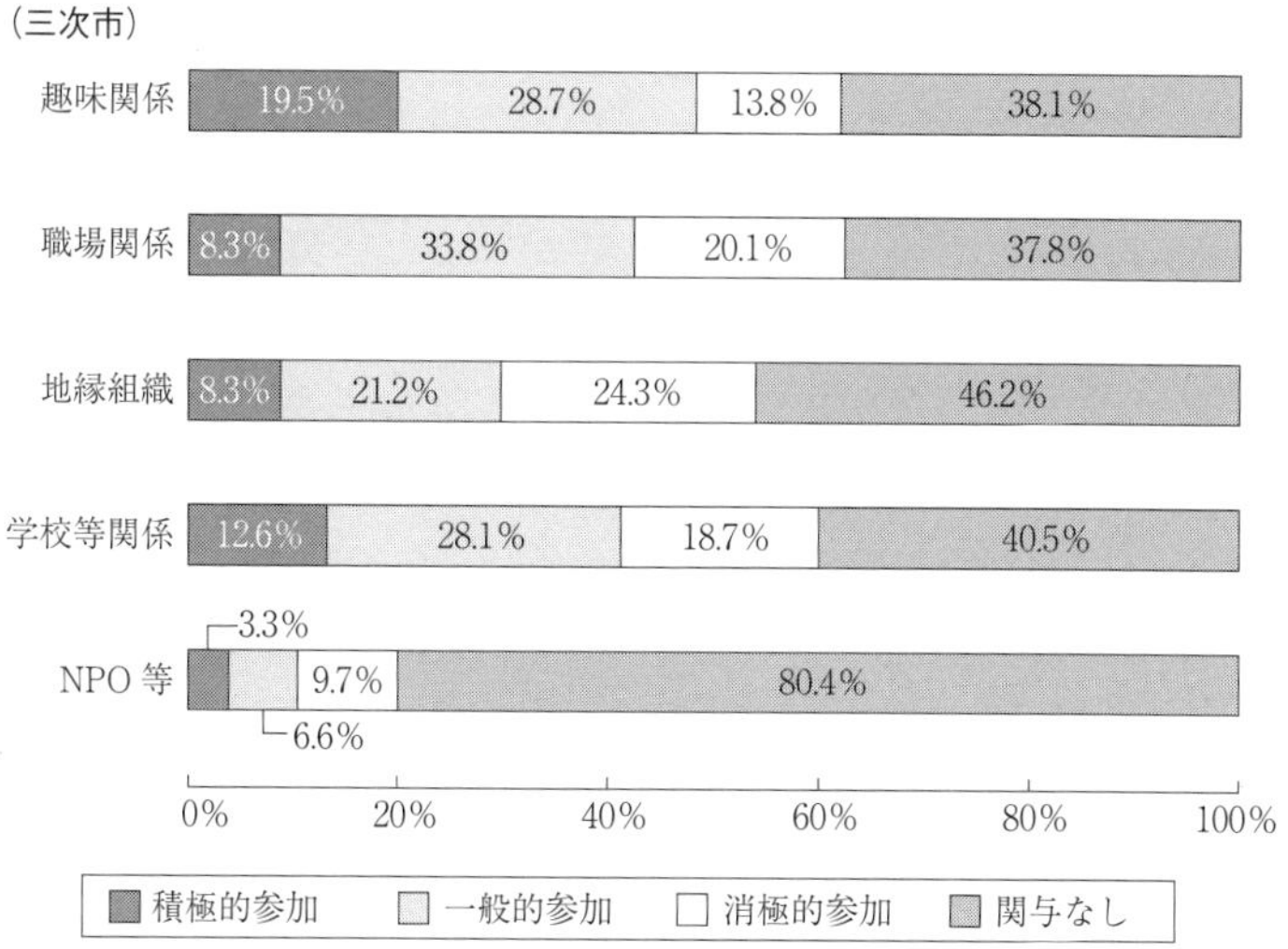

一％）。

この点、一般的考察のために、ボランタリーな活動の参加度の地域差に関する全国データを参照してみる。内閣府の「社会生活基本調査」（二〇一一年）で行われている「ボランティア行動者率」の調査では、三大都市圏を含む都府県の参加率は全て二六％以下と、いずれも平均を下回る。三大都市圏では出会いの機会も多く、あえて地域コミュニティや社会活動と関わろうとする人が少ないということは一般的に言えそうである。ところが、同じ地方圏でも、山形、島根、鳥取、鹿児島などの三〇％台の最も高い水準の地域がある一方、沖縄、青森、高知などの二五％を下回る最も低い水準の地域もあるなど、その傾向は大きく分かれている。つまり、コミュニティ活動や社会活動の参加率について、三大都市圏の比率が低いのは確かであるが、すべての地方圏でコミュニティ活動や社会活動が活発であるとは言えず、地方圏のなかでの格差が生じる理由については別途考察が必要である。

2-3　居住歴の多様性――「地元」中心のバイアスを避ける

(1)　居住歴の差異

本節では、広島二〇～三〇代調査のデータをベースにして、「地方中枢拠点都市圏」と「条件不利地域圏」のあいだの居住歴に関わる状況の違いについて、特に「地元層」と「転入層」との分断に注目しつつ分析する。

図表2-4は、府中町と三次市の二〇～三〇代の居住歴を対比したものである。ここから、三つの

ポイントに注目することができる。

第一に、「ずっと地元」で他地域での生活を経験したことのないという層は、府中町のほうが圧倒的に多い（二五・七％。二〇代では府中町三九・一％、三次市一三・三％、三〇代で府中町一八・二％、三次市九・九％）。主観的な「地元」とは別に、親の居住地との関係も踏まえれば、広島都市圏を出た経験がないという者はさらに多く、半数を超えるとみられる。これは、前節ですでにみたように、「地元から押し出す力」に差があるためである。自宅から通える範囲の高等教育機会や就業機会が両地域では全く異なり、三次市の場合は外に出ていかなければいけない構造がある。したがって、同じ「ずっと地元層」であっても、府中町は「高卒」よりも（一六・五％）、「大卒以上」が多いのに対して（三六・五％）、三次市は「高卒」（五七・七％）が「大卒以上」（九・六％）よりも圧倒的に多い。

第二に、三次市はUターン層の比率が高い。二〇～三〇代について、「就学後Uターン」は、三次市二五・三％に対して府中町一〇・六％、「就職後Uターン」についても、三次市一四・九％に対して府中町は四・七％と低い。あわせるとUターン層の占める割合は、府中町では一五・三％にとどまるが、三次市はその倍以上の四〇・二％にも達している。その事情については、第4章、第5章で詳述するが、総じて「地元にひきつける力（引き戻す力）」は三次市のほうが強いと言える。

第三に、転入層の比率は、両地域とも高い。**二〇～三〇代全体で、「地元に住んでいる」と回答した者の比率は、府中町四四・一％に対して、三次市はそれよりも多い五二・三％であるが、それでも半数をやや超える程度**である。とくに多いのが「結婚のため転入」した者（府中町二三・八％、三次市一二・一％）と、「仕事のため転入」した者（府中町一六・六％、三次市一九・九％）である。転入層を

図表 2-4　居住歴

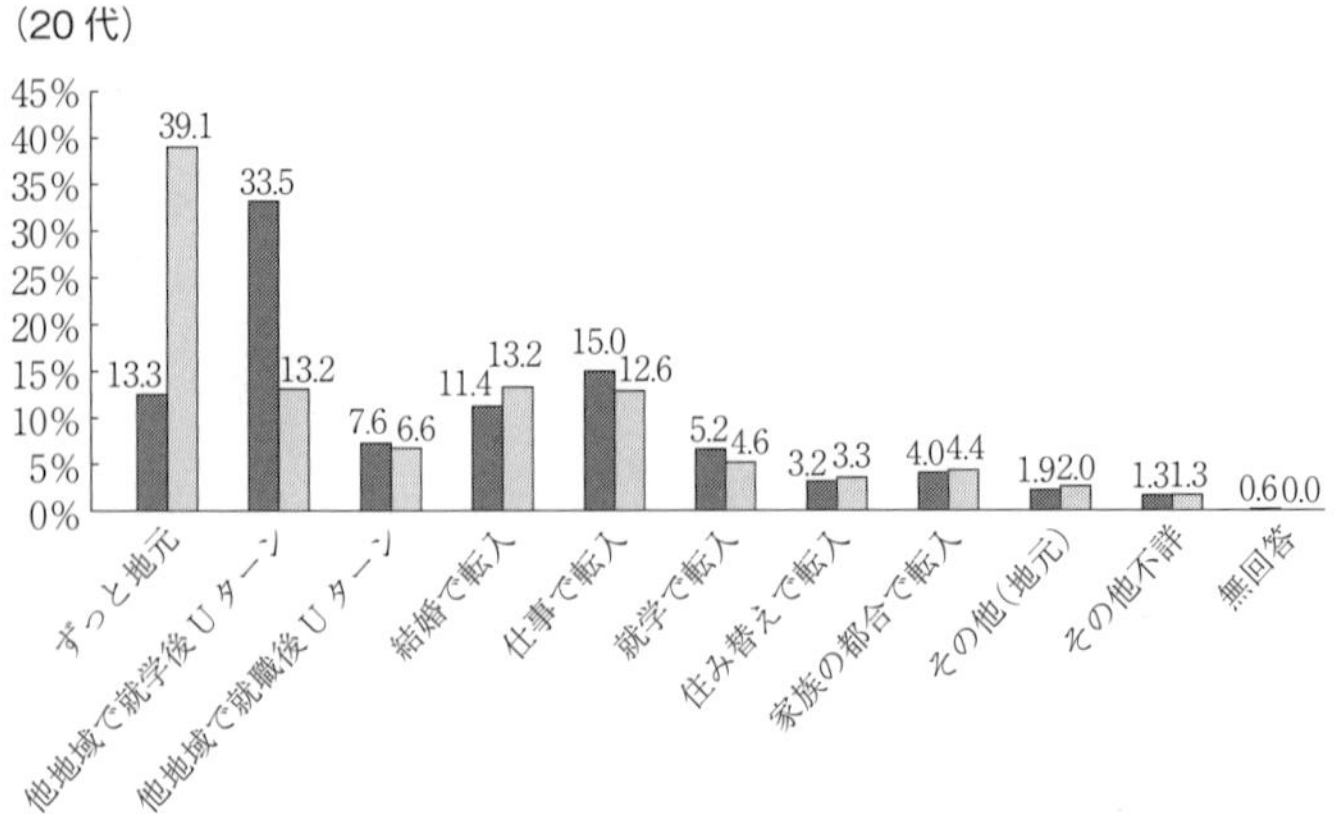
(20 代)
45%
40%
35%
30%
25%
20%
15%
10%
5%
0%
39.1
33.5
13.3
13.2
7.6
6.6
11.4
13.2
15.0
12.6
5.2
4.6
3.2
3.3
4.0
4.4
1.9
2.0
1.3
1.3
0.6
0.0
ずっと地元
他地域で就学後Uターン
他地域で就職後Uターン
結婚で転入
仕事で転入
就学で転入
住み替えで転入
家族の都合で転入
その他(地元)
その他不詳
無回答

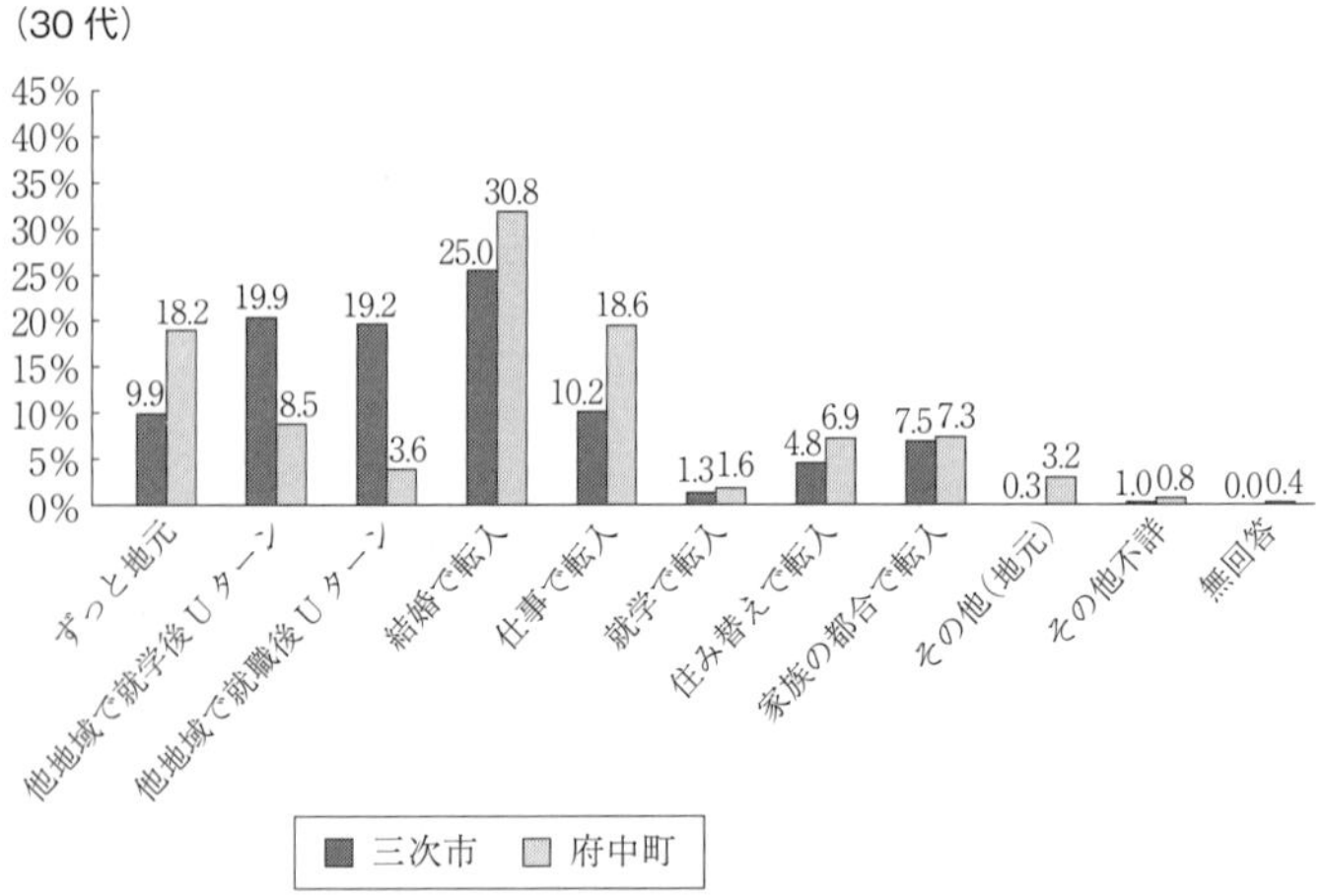
(30 代)
45%
40%
35%
30%
25%
20%
15%
10%
5%
0%
9.9
18.2
19.9
8.5
19.2
3.6
25.0
30.8
10.2
18.6
1.3
1.6
4.8
6.9
7.5
7.3
0.3
3.2
1.0
0.8
0.0
0.4
ずっと地元
他地域で就学後Uターン
他地域で就職後Uターン
結婚で転入
仕事で転入
就学で転入
住み替えで転入
家族の都合で転入
その他(地元)
その他不詳
無回答
三次市
府中町

地元でもない「地域にひきつける力」としては、なによりも結婚相手の存在と、仕事の勤務先があるということが圧倒的に大きい。

「実家から一時間以内に居住」していることを客観的な地元定義としたばあいには、「地元」居住率はもう少し増えて、府中町六四・八％、三次市七〇・三％とやはり三次市が多めになる。この点、国立社会保障・人口問題研究所の『第7回　人口移動調査報告書』（二〇一一年）を参照すると、二〇～三〇代の東京都の「地元」居住率についても上昇傾向にあり、やはり七割程度で、府中町や三次市とそれほど変わらない。**地方が「地元」居住者が多くて、三大都市圏は流動的であるという見方はあたらなくなってきている一方、地方圏も一定の規模で流動性があり、地元居住者が大多数を占めるという見方はバイアスがかかっているということを確認しておく必要がある。**

広島二〇～三〇代調査では「地元の範囲」について、主観的な回答を尋ねている。それによると、最も多かった回答は「出身の市町村全体」（府中町四五・八％、三次市五四・〇％）で、それよりも狭い「小学校区」あるいは「中学校区」と回答した者も三分の一程度いる（府中町三二・四％、三次市三四・四％）。そして、この**主観的な地元定義は、「親との同居」とかなりの程度重なり合う**。「親と同居」している者（府中町二七・三％、三次市三三・七％）のうち、府中町では八六・五％、三次市では八五・八％が「地元在住」と回答している一方、親が「実家から一時間以内」に居住している「近居」者については、「地元在住」と回答するのは少数派である（府中町一五・〇％、三次市二〇・四％）。つまり、例えば府中町のばあいであれば広島都市圏内、三次市であれば市内に実家があったとしても、それとは別の地区に住居をかまえているような場合には、その地域は「地元」ではないというのが一般的な考え方だということである。

（2）親世代との同居・近居状況の違い

親または配偶者の親との同居・近居の状況についての調査データをまとめたものが、図表2-5である。

二〇～三〇代の未婚者の親同居率は、府中町六九・四％、三次市六六・五％。両自治体の差はあまりない。国勢調査（二〇一〇年）によると、首都圏・関西圏の自治体については六一・九％であり、地方暮らしの未婚の若者の親同居率はこれよりもやや高い（認定ＮＰＯ法人ビックイシュー基金 2014; 山田 2016）。

ただし、ここで注目できるのは、府中町と三次市とのあいだに有意な差がみられない一方で、地区の内部の比率の差が大きいという点である。

府中町では東部は七五・六％と高いのに対し（二〇代に限れば、西部六五・二％、東部八七・五％）、西部については六〇・三％と首都圏・関西圏並みに低い。東部は高度経済成長期以降に開発された、比較的古い郊外住宅地であり、二〇～三〇代については多くが「郊外二世」と見られる。これに対して、西部は広島市中心部に近く、イオンモールが立地するだけでなく、新規の一戸建てやマンションの立地が活発であり、新規居住者が多い住環境である。

その一方、三次市では農山村地域からなる周辺部が七九・七％（二〇代は七二・七％）と高いのに対して、四つの中学校区からなる中心市街地については五九・四％（二〇代は五八・八％）とやはり

図表 2-5　親世代との同居・近居状況

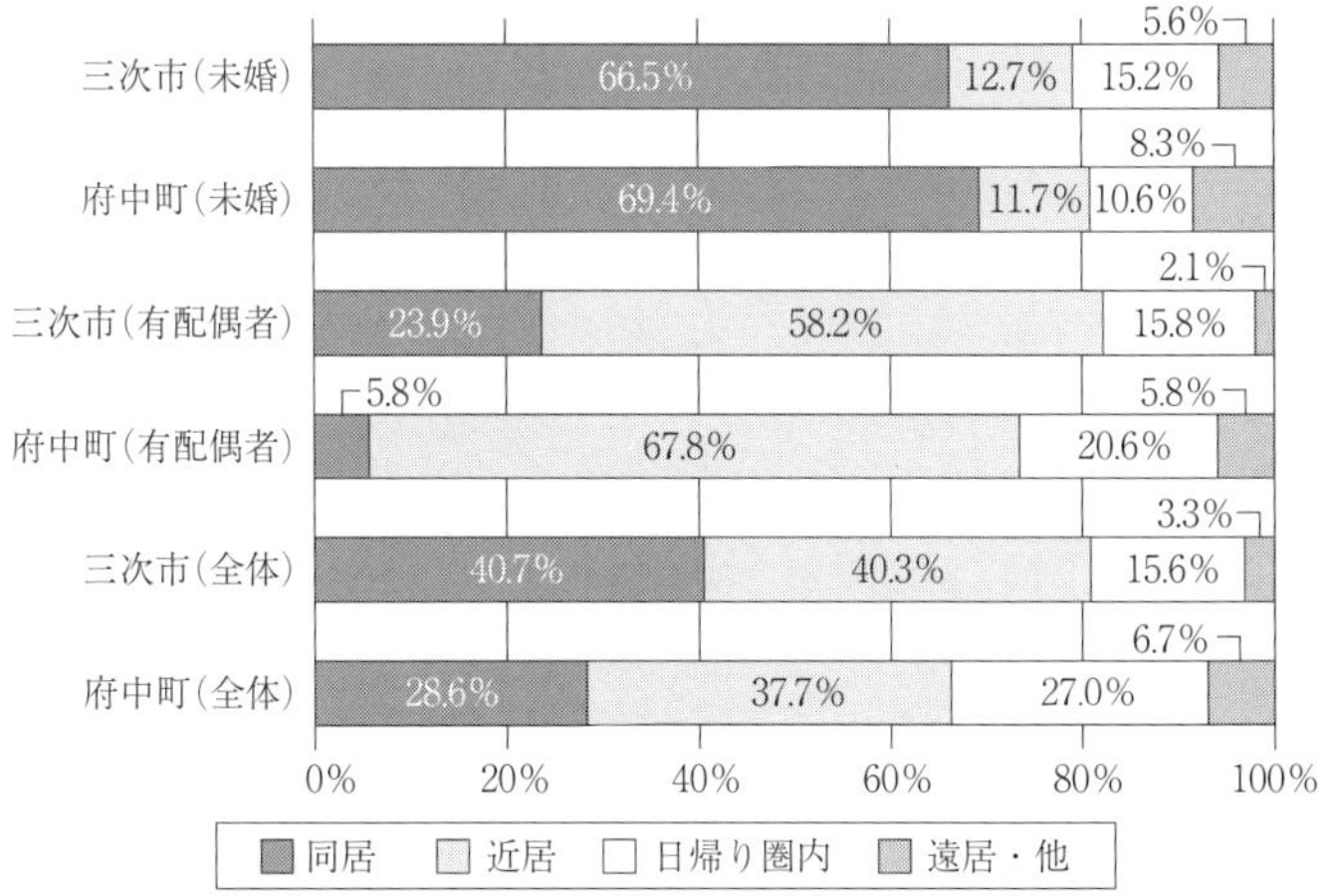

大都市並みに低い。同じ自治体のなかでも**単身やファミリー向けの住宅市場の供給が活発な地区とそうでない地区とのあいだで、未婚者の親同居率（＝「主観的な地元」居住率）は大きく変わる。**首都圏・関東圏の自治体についても、例えば杉並区のように開発時期が古い地域においては、未婚者の親同居率が非常に高くなっていることが明らかにされている[7]。

つまり、未婚者の親同居率については、大都市圏も含めて、地域内の地域特性の違いが重要である。すなわち、新規の住宅供給が豊かな地区で少なく、逆に流動性の乏しい地区で高いというコントラストがある。「大都市圏」でも開発時期の古い住宅地が多くを占める地区では、新規の住宅供給が乏しいために平均年齢が上がり、そこに住む二〇～三〇代は「地元民＝郊外二世」が主になる。この事情は「地方中枢拠点都市圏」においても全く変わらない。一方、「条件不利地域圏」においては「農山村地域」の親同居未婚者の比率が高くなる。

他方、分譲や賃貸住宅が集中する地区は、若者の単身世帯や、若い世代の夫婦家族・核家族、すなわち「転入層」が多くなる。特に近年は人口減少を受けた再都心化が進んでいるため、若い転入層が住みたがるのは、東京では「閑静な郊外住宅地」ではなく、都心に近くて便利なエリアとなっているといわれる（速水 2016）。この事情は、コンパクト化が進む地方中枢拠点都市圏でも同じで、広島でも郊外の丘陵部に造成された住宅地よりも、大型ショッピングモール近くの商業的に便利な地区のほうが人気は高い。一方、条件不利地域圏にある自治体でも、その中心市街地（最小規模のＤＩＤを含む）には流動性の高い地区があり、若い夫婦世帯や転入単身世帯はそうしたエリアでの居住を希望する傾向がある。

一方、有配偶者の親もしくは配偶者の親との同居率についてはどうか。国勢調査データを都道府県ベースで比較をすると、東京都、神奈川県、大阪府などの三世代同居率はとても低いが、地方圏のそれが高いとは一概に言えない。市区町村ベースで比較すると、「地方中枢拠点都市圏」については、三大都市圏とほぼ同程度に三世代同居を選択する者は極めて少ないと言える。広島二〇～三〇代調査のデータにおいても、有配偶者のうち、親または配偶者の親と同居している者の比率については府中町五・八％、三次市二三・九％。府中町で結婚後に親または配偶者の親と同居するケースは非常にまれであるということがわかる。

これに対して、三次市のような「条件不利地域圏」の三世代同居率は高めであり、親または配偶者の親との同居は珍しいことではない。そうはいうものの、三次市のばあいも四分の三は別居を選択しており、「同居」は少数派になっている。特に、二〇～三〇代は不便さを避けて、実家のある農山村地域ではなく、中心市街地に居住したいと考える傾向も強い。一般的に言って、地方圏では若い夫婦は親または配偶者の親と「同居」するよりも、一時間以内の場所に「近居」している者の比率が多数を占める(8)。有配偶者の近居率は府中町で五八・二%、三次市で六七・二%にもなる。府中町にしても三次市にしても、大半の若い夫婦が親または配偶者の親のサポートを受けられる距離に住んでいて、特に同居・近居を合わせて八二・一%にもなる三次市にはその傾向が強いと言える。

また、通勤上の利便性と実家との相互扶助のバランスを保とうという動機から、時間距離にして一時間程度以上の日帰り圏内に居住する形態について、建築学者の上和田茂は「準近居」と呼んでいるが、特に府中町では配偶者の有無を問わず、このパターンが多い（上和田 2014）。自分の親、あるいは配偶者の親と「同居または近居」は全体で府中町七六・三%、三次市八一・〇%であるが、「日帰り可能な場所に住んでいる」という者を含めれば、全体で府中町九三・三%、三次市九六・七%にもなる。その実家の大半は広島都市圏外であっても、広島県内や近隣の中国ブロックにあるとみられる。いわゆる「スープがさめない距離＝近居」というのは三〇分ないし一時間の範囲になるが、それよりも離れているとしても、同じ広島県内に住んでいるのであれば、日常的に親のサポートを受けることができるし、逆に実家に何か問題が起きたときに、すぐに駆けつけることもできるメリットがある。この点、**三大都市圏に暮らす若者は「遠居」の比率が高く、この点では「近居」や「準近居」の多い地方中枢拠点都市とは事情を異にする。**

（3）共働き率と子育て環境の違い

親または配偶者の親との同居・近居率の差は、女性の結婚・出産後の就業選択に大きな影響を与えていると見られる。国勢調査データに基づく都道府県比較からは、三世代同居率が高い山形県や北陸、山陰などの日本海側の諸県で「夫婦共働き率」が高いことがわかる。これに対して、三大都市圏の郊外にあたる神奈川県や埼玉県、奈良県で「専業主婦率」が最も高くなる。橘木俊詔と迫田さやかは、こうしたデータに加えて、都市規模別の事例比較を通して、「都市で専業主婦が多く、地方で夫婦共働き率が高くなる」という一般化をしている。そして、その原因として、第一に、地方は「三世代同居率」が高く、親のサポートがあるために就業しやすいという点、第二に、夫の収入が低いので妻が働かなくてはいけない状況があるという点を指摘している（橘木・迫田 2012）。

ただ、「三層構造モデル」に着目する視点からすると、地方と一括りにするのではなく、「地方中枢拠点都市圏」と「条件不利地域圏」の差異が気になるところである。専業主婦率の高い自治体を市区町村レベルで見てみると、「地方中枢拠点都市圏」の郊外の自治体も大都市郊外の水準に近い。**「三世代同居率」が高いのは、地方圏全体というより「条件不利地域圏」と言うべきである。**広島二〇〜三〇代調査によると、三〇代の専業主婦率は府中町三九・九％であるのに対して、三次市は二四・三％。**共働き率は明らかに三次市のほうが高い。**他方、三〇代女性の正規雇用率については、府中町の二七・五％よりも、三次市の三六・四％のほうが高い。また、先述のとおり、三次市のほうが親または配偶者の親との同居・近居率も高い。つまり、**三次市のような「条件不利地域圏」は親または配偶者の親のサポートを得られやすいために、府中町のような「地方中枢拠点都市圏」の郊外よりも共働き**

率が高いと言える。その一方、府中町は広島市の中心に近い郊外部にあり、県外からの転入者の比率も高い。県外からの転入者は親または配偶者のサポートを望めないため、育児の必要上、やむをえず専業主婦となる者も多いと見られる。

そして、共働き率の高さは、合計特殊出生率の高さにも結びついている。厚生省の「人口動態保健所・市区町村別統計」（二〇〇八〜二〇一二年）によると、合計特殊出生率の全国上位には沖縄や南九州の自治体が並ぶが、そのあとに全国の「条件不利地域圏」が続く(9)。そのなかで、三次市は一・八五という全国上位の高水準であり、これに対して、三大都市圏や地方中枢拠点都市圏で一・七〇以上の自治体は存在しない。他方、全国下位には単身者の多い三大都市圏の都心部の自治体が並び、東京都の自治体についてはすべて全国平均一・三八を下回る。そして、それに次ぐのが関西圏や中京圏の郊外および地方中枢都市圏であり、全国平均前後。そのなかで府中町は全国平均よりやや高い程度の一・六五である。こうしたランキングを見るかぎりは、**北海道・東北地方を除けば、合計特殊出生率はおおむね三層構造モデルと対応しており、条件不利地域圏で高く、三大都市圏で低い**。ただし、二〇〇〇年から二〇一〇年の間に、首都圏と近畿の出生率が下げ止まったのに対して、地方では東北や北陸などで雇用情勢の悪化の影響が著しく、地方のほうが都市より出生率が高いという構造が崩れつつあるという指摘もある。また、市区町村別の待機児童数についていうと、「地方中枢拠点都市圏」にはその比率が高い自治体もあるが、人口規模の少ない「条件不利地域圏」の自治体の保育の状況は比較的良好であると言える（松田 2013）。

図表2-6にまとめたように、三次市は夫婦共働き率や合計特殊出生率が高いというだけでなく、

図表2-6　女性正規雇用に関するデータ

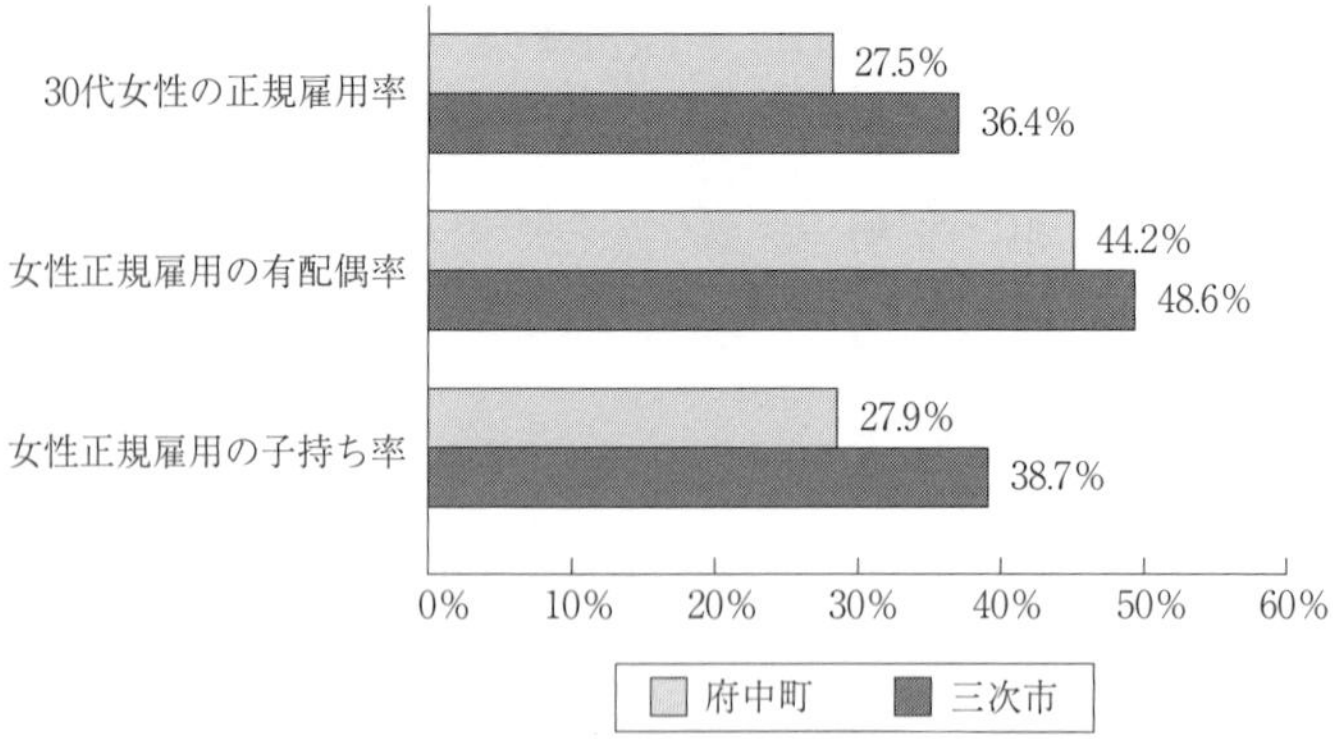

女性の正社員率、女性正社員の有配偶率や子どもがいる比率のいずれにおいても、府中町よりも数値が高く、女性の就労および子育ての両立に関する状況が比較的良いということがわかる。そして、それは三世代同居率や地元居住率の高さと関連すると見られる。つまり、夫婦共働き規範や子育てのしやすさの背景は、親または配偶者の親によるサポートが前提になっているということである。これは、いわゆる「福井モデル」の特徴と重なり合う。「福井モデル」とは、各種の住みよさランキングでトップを占めることが多い福井県のアドバンテージを説明する議論であるが、その核心には三世代同居率の高さを背景にした夫婦共働き規範があるとされ、注目を集めている（藤吉 2015）。

だが、「福井モデル」は親との相互扶助が可能な「地元」居住を前提としている。それは、家族主義的な幸福モデルであり、家族資源を利用できない転入層はそこから排除されているという点から、これを過大に評価することはできない。この問題については第3章、第7章においても議論する。

2-4 小括——行政区分ではなく、個人の生活圏から考える

この章では、「地方暮らしの若者」の社会的実態を一般性のある形で考察するために、基本データを参照しつつ、県や市のような行政区分からではなく、個人の生活圏のリアリティに立脚する視点を提示した。

第一には、「地方圏」を「地方中枢拠点都市圏」と「条件不利地域圏」に対比して分析する視点である。「三大都市圏」と「地方圏」のあいだだけではなく、「地方中枢拠点都市圏」と「条件不利地域圏」とのあいだには、収入や就業構造をはじめとする経済格差があるし、居住地域内での人間関係上の出会いの可能性についても格差があることが確かめられた。これまで、「地方圏」については、都道府県間比較を主目的にした地域区分が提示されることが多かったが、県内格差を捉えきれない弱みがあった。一方、本章で示した「都市雇用圏」の人口規模による地域分類は、個人の平日生活圏に対応した現実性があり、日本全国の地域間格差の全体を把握するうえでも汎用性の高い比較の枠組みであると考えている。

第二には、主観的な地元定義を中心に「地方暮らしの若者」の居住歴の多様性に注意を促した。地方の問題は、「地元」を中心とした枠組みで捉えられがちで、それに沿って実家や地元の友人つながりの存在を基礎とした家族主義的な幸福モデルが強調されがちである。だが、現実の地方暮らしの若者の半数近くは転入層であり、「地元」在住者にも他地域での生活経験のある者が多い。そうしたこ

とを踏まえれば、若者の地方暮らしに対する社会課題としては、「地元」中心のバイアスを避け、「地元層」と「転入層」が分断しない道筋を考えることが大切である。

注

(1) Densely Inhabited District の略。市区町村の区域内で、人口密度が四〇〇〇人/平方キロメートル以上の地区が互いに隣接し、合わせて五〇〇〇人以上となる地区に設定される。

(2) ただし、全国の「地方中枢拠点都市圏」を比較してみると、その求心力に差はある。たとえば、県内大学進学率の下位県(二〇一五年学校基本調査で二〇%以下)である山形県の山形都市圏のばあいはそこから一時間程度しか離れていない仙台都市圏に流れる傾向がある。同様に下位県である島根県の場合は、中心となる松江都市圏の人口規模が三〇万人未満であり、広島都市圏や岡山都市圏に流れる傾向も強い。一方、富山県のばあい、県内のどこに居住していても富山市への通勤・通学がほぼ可能であり「条件不利地域圏」が定義上は存在していないが、金沢都市圏と隣接しているために相互の交流も多い。このように、大学進学選択については「地方中枢拠点都市圏」間の距離や規模に影響を受ける。

(3) 二〇代男性については府中町二五〇万円、三次市二四五万円であまり差がない。女性については、二〇代は府中町一六〇万円、三次市一三九万円であるのが、三〇代では府中町一四三万円、三次市一六六万円と三次市のほうが若干多くなる。これは、先に見たように府中町の専業主婦率が高いためである。

(4) http://www.city.adachi.tokyo.jp/kuse/ku/mado/monitor-20-30ishiki.html(二〇一七年一月一日最終閲覧)

(5) 「製造業」従事者比率は、一九八〇年代までは三大都市圏に集中する傾向があったが、一九九〇年代以降のグローバル化の加速度的な進行のなかで、東京圏と関西圏から海外や地方への工場移転が進み、地方圏に分工場の立地が進んだ。だが、この動きは、日本の工業の縮小過程の一側面に過ぎず、長期的には「製造業」従事者人口比率は減少すると見られている（松橋 2014）。

（6）大和総研による国勢調査の二次分析資料に、製造業従事者比率を横軸に、その専門技術職の割合を縦軸にとった散布図があり、各都道府県を類型化している。http://www5.cao.go.jp/keizai2/keizai-syakai/report/chiikishikinjunkan_report_2.pdf（二〇一七年一月一日最終閲覧）

（7）松田美佐・辻泉・浅野智彦によって杉並区と松山市在住の二〇歳の住民を対象に実施された「若者の生活と文化に関する調査」（二〇一五年実施）。第八九回日本社会学会大会で集計結果の報告がなされた。

（8）先行研究では「近居」とひとくくりにするのではなく、実家の敷地内の別棟に住む「隣居」、三〇分ないし一時間以内に居住する「近居」、さらには日帰り圏内に居住する「準近居」といった居住形態とその意味について議論が展開されている（大月・住総研 2014）。

（9）ただし、北海道、東北については全体的に合計特殊出生率が低く、その多くが全国ランキングの下位を占める。

第3章　「地方暮らしの幸福」の規定要因
――広島二〇～三〇代調査の統計分析から

本章の目的は、地方暮らしの若者の「幸福」あるいは各種の満足度を規定する要因について、広島二〇～三〇代調査の統計データをベースにし、全国調査や国際比較調査も参照しつつ、その傾向について素描することである。

第一に、各種の総合的満足度、そして「幸福度」を尋ねた質問項目の調査結果を地域間格差という観点から考える。すなわち、第2章で見たような地方中枢拠点都市圏とその条件不利地域圏の対比に注目しつつ、地域特性の違いが当事者の現状評価とどのように結びついているのかについて明らかにする（3-1）。

そして、第2節以降では「地域内格差」、すなわち地域特性以外の個人の社会的属性によって、現状評価がどのように異なってくるのかについて焦点を当てる。まずは「経済的要因」に関わる社会的属性の影響を（3-2）、その後に「存在論的要因」に関わる社会的属性の影響に注目する（3-3）。

3-1　地域間の満足度格差

（1）「幸福な地域」は存在するのか？

経済水準が一定レベルに達した国のあいだでは、幸福度と一人あたりGDPとは相関しない。これは「幸福のパラドックス」として知られている現象である（Easterlin 1974）。こうした認識を受けて、経済成長ではなく人々の幸福の実現を政策の目標とみる考え方が起こり、国連開発計画による「人間開発指数（HDI）」の策定、OECDによる「より良い生活指標（Better Life Index: BLI）」、そしてスティグリッツ委員会レポートを踏まえたEUの「GDPを超える幸福の新指標」策定など、幸福度の指標づくりの動きが国際的に強まりつつある（大竹・白石・筒井 2010）。

その一方、幸福度ないし各種の満足度を新たな政策目標とする取り組みは、日本の場合は政府よりも一部の地方自治体において先行して試みられている。地域の経済規模を拡大するための大規模投資は財政的な制約を受けるようになっており、むしろ住民のニーズに直接答えて、その満足度を高めることがより効果的であるという認識が広まっているためである。また、所得格差以外の指標を用いれば、三大都市圏よりも地方圏が優位である側面を可視化しやすいという事情もあるだろう。

「幸福度の高い地域」を把捉するために、生活、仕事、社会参加などさまざまな統計指標を合成した客観的な指標づくりが試みられている。そうしたなか、『都道府県幸福度ランキング』（寺島実郎監修、日本総合研究所）はじめとするランキングで上位を占めることが多いのが、福井県である[1]。福井県は一人あたり県民所得などの主要な経済指標においては、全国的に見るとそれほど高いわけではない。だが、男女とも就業率が高く、生活保護率も低く、子どもの学力水準も高い。そして、「暮らし向きがいい」と考えている人の比率も高い。また、このランキングにおいてはライフステージの違いも意識されていて、高齢者の暮らしやすさにおいて優れた島根県や長野県のモデルと、就労や子育てなどの若い年齢層の暮らしやすさにおいて際立つ福井県のモデルを区別する工夫も見られる。

ただし、その一方、「幸福度の高い地域」を捉えるためには、住民に主観的な幸福度を直接に尋ねる方法があり、こうしたランキングにおいては福井県の主観的幸福度のランクはかならずしも高くない。主観的幸福度の説明変数に関する先行研究の多くは、地域属性の違いは単独では主観的幸福度を説明する要因にはなりえず、むしろそれは所得の違いや配偶者の有無などの個人の社会的属性の違いによるところが大きいことを示唆している（筒井 2010; 古里・佐藤 2014）。つまり、**「幸福な地域」が存在するという仮説を立証するのは難しく、地域間に数値上の差があるとしても、地域差そのものに説明力があるのではなく、個人の社会的構成の違いに解消できる可能性が高い**、ということである。

主観的幸福度の説明要因に関し、これとは異なる知見もある。それは、「地域への愛着」に着目する見方である。「幸福度」に着目している福井県の報告書によると、「地域への愛着」ないし「地元愛」が強い地域ほど主観的幸福度が高いという説明図式が示され、「地域の絆」を強め、「愛着」を高めるための施策が重要であると結論づけられている（福井県 2015）。これに関して経済学者の神野直彦は「地域力」が高いということには、「地域社会の「共同の不幸」を解決する能力」を形成する意味があるとし、それを構成する三つの要素として、地域社会の共生意識、参加意識、そして「愛着」

を指標として示される帰属意識を挙げ、これを高めることを政策目標とする考え方を支持する（神野2012）。だが、幸福度が地域差そのものによるのではなく、個人の社会的属性の差異に帰せられるのだとしたら、当該地域で仕事や家族生活が成り立っていて定住意思が強い層が、結果として「地域への愛着」を強めているとも考えられる。もしそうならば、「地域への愛着」と主観的幸福度との間に、相関関係はあっても因果関係は無いということになる。

こうした論争点を含みつつ、現状評価を「幸福度」だけではなく、多角的な視点の満足度として捉えた場合に、地域特性の違いは、どのように変数として評価できるのだろうか。また、本書が注目する「地方中枢拠点都市圏」と「条件不利地域圏」との対比において、どのような変数が若者の現状評価を左右する要因になっているといえるのだろうか。このような問題について、本節では広島二〇～三〇代調査のデータを参照することによって明らかにしていきたい。

（2）各種満足度の格差

広島二〇～三〇代調査では、さまざまなかたちで現状満足度を尋ねている。そのうち、「生活」「仕事」「地域」「日本社会・政治」「人生」についての総合的満足度、そして「幸福度」を尋ねた各質問項目の調査結果をまとめたものが図表3-1である。

図表3-1を見ると、三つの点に注目ができる。まず、第一に、**府中町と三次市との間にとても大きな「地域満足度」の差がついている**点である。府中町は八九・八％と満足度が非常に高く、不満のほうが強い人はほとんどいない。これに対して、三次市はそれより三〇ポイント以上も下回る五八・

図表 3-1　各種満足度，幸福度（府中町と三次市の比較）

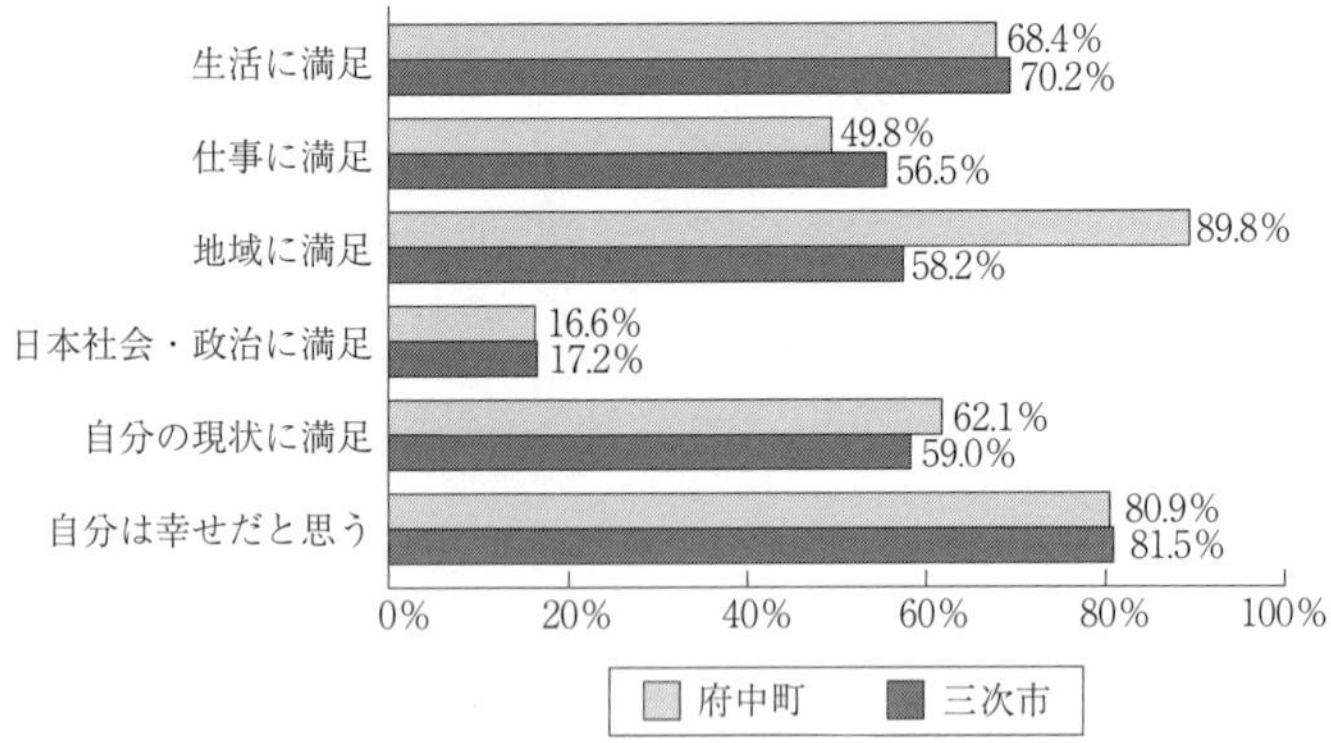

二％となっている。そして、第二に、それにもかかわらず、両地域のあいだには、「生活満足度」「人生満足度」「日本社会・政治満足度」については、有意差が無いということである。第三に、「仕事満足度」については全体では有意差がないが、女性に限ると三次市の満足度のほうが高くなっているという点にも注目できる。

こうしたデータから、地方中枢拠点都市圏とその条件不利地域圏との格差、ひいては大都市圏との地域間格差について、どのような知見が得られるだろうか。

（3）地域満足度格差の意味

まず、府中町と三次市との間の「地域満足度」の格差がとても大きいという点について、どのように説明できるだろう。重回帰分析（ステップワイズ法）によって、説明力のある変数を検討すると、両地域を構成する二〇～三〇代の社会的属性の違いは重要ではなく、「地域差」そのものによって説明できる部分がほとんどであるとわかる。[2] 第2章で見たような、両地域の間に見られた収入格差や社会的属性の違いは、地域の現状評価に対しては全く説明力がないのである。つまり、**地域満足度の格差は、経済階層、性別や年齢、学歴や職業に左右されるものではない**。

地区別で見ると、同じ府中町でも西部（府中中央小学校区、府中小学校区）で特に高く、実に九三・〇％が満足と回答している。この地区は、イオンモール広島府中が立地し、広島市中心部に出るのにもアクセスが良く、分譲や賃貸の住宅供給も活発であり、広島都市圏でも若年単身者やニューファミリーが住むうえで指折りの人気エリアである。他方、府中町の東部（府中東小学校、府中南小学校区、府中北小学校区）は高度経済成長期に開発されたニュータウンを中心とする住宅地で、若年層の比率は低い。西部よりも交通アクセスが悪くなるぶん満足度が七八・三％と下がる。利便性が比較的に悪い地域は若年層の人口比率が低く、「地域満足度」も低めであると言える。

一方、**三次市では商業開発の進んだ「中心市街地」（DIDを含む四地区）と「周辺農山村」（一五地区）との「地域満足度」格差は大きい**。中心部は四つの中学校区からなり、それほど広くない範囲に、商店や病院などの最低限の生活インフラは整っている。ただし、「中心市街地」で最も満足度の高い「酒屋地区」（三次ワイナリー、三次工業団地、市立三次中央病院が立地して、近年最も住宅開発が進んでいる地区）であっても七一・四％にとどまり、府中町で最も満足度の低いエリアにも及ばない。他方、「周辺農山村」はおおむね車が無いと生活が成り立たない地域であるが、その中でも詳しく見ると、主に中心部へのアクセスの違いによって、満足度に差異が見られる。中心部に車で一〇分程度と近い「和田地区」「神杉地区」「粟屋地区」の三地区については、実数は少ないが満足度が七〇％を超えている。他方、「青河地区」「川西地区」「布野町」「作木町」「甲奴町」の五地区については、満足している人の割合が非常に少なく、いずれも三割台以下である。これらの五地区は、地区内にほとんど商店がない農山村地域であり、なおかつ、三次市中心市街地への移動のために、唯一の移動手段である車を使っても数十分かかるようなアクセスの悪さという点で共通している。

こうして見ると、**「地域満足度」を規定する「地域」変数のかなりの部分が、消費環境と交通アクセスの便利さの格差から説明されることは明白**である。この点、関連の質問項目においても同じ結果が出ている。「現在住んでいる地域の生活で、交通の不便を感じることはない」人の比率についても、府中町六九・九％、三次市三八・一％と評価はかなり明白にネガ・ポジに分かれる。こうした結果は、全国調査から得られた知見とも一致する。橋木俊詔と浦川邦夫による調査では、「地域満足度」と「アクセシビリティ」の相関はとても強く、住環境にフォーカスした「リバビリティ（住みやすさ）」や、知り合いの量にフォーカスした「人的ネットワーク」の豊かさはそれに及ばないことが示されている（橘木・浦川 2012）。

そして、**府中町の「総合的な地域満足度」は八九・八％と驚くべき高さであり、これほどの高い数値は全国最高レベルと言えるかもしれない**。先述の橘木と浦川の研究では「リバビリティ」においては、三大都市圏の満足度は地方に劣るという調査結果が示されている。職場や商業施設への「アクセスの良さ」では三大都市圏も評価が高いが、居住環境としての「住みやすさ」を総合した場合に、地方中枢拠点都市圏の優位性は高く、特にそのなかでも巨大なショッピングモールが立地し、広島中心部へのアクセスも良い府中町の消費環境は、大多数の住民に充足感を与えるに十分なものであると言えるだろう。

一方、三次市の地域満足度が府中町と比べて三〇ポイント以上も低いという事実は、**若者に地域間格差が強く意識されている**ことを示す証左である。「地域に若者や子育て世代が暮らしやすい生活環境がある」という項目についても、府中町七八・二％、三次市三二・五％という大差がついている。三次市の二〇〜三〇代の居住地域の生活環境についての自己評価は、府中町に比べて総じて低い。このほか、地域定住志向も三次市は府中町に比べるとはるかに低いが、この点については第6章で引き続き検討してみたい。

以上のデータから一般化して言えば、主観的な地域満足度に関しては、地方中枢拠点都市圏の評価は非常に高く、その一方で条件不利地域圏との格差はとても大きいということが言えそうである。そして、それは所得や学歴など両地域を構成する人々の社会的属性の違いによるものではなく、大型商業施設に象徴される消費環境の格差によって説明される。

（4）生活満足度に地域間格差なし

第2章で見たように、府中町と三次市の間には、経済的格差に直結するような収入差や学歴差、職業構造の違いがある。三次市のほうが「高卒」や「サービス職」が多く、それと対応して収入も低い。そうしたことからすると、両地域の間には各種の満足度に差が出ることも予想できる。ところが、じっさいには**地域満足度を除く各種の満足度について、府中町のほうが三次市を上回る項目はない**。つまり、三次市の二〇〜三〇代は、地域の現状については相対的にネガティブに捉える傾向が強いが、自身の生活や仕事、そして社会や人生についての捉え方について、府中町や全国データと比較して、特にネガティブな傾向が強いということは決してないのである。

まず、「総合的に見て、今の生活に満足している」者の比率は、府中町六八・四%、三次市七〇・二%と有意差はない。ほぼ同一の質問についての全国調査と比べても、値はあまり変わらず、「生活満足度」に対して地域差そのものに説明力はない。(3) そして、重回帰分析によると、最も重要な説明力があるのは「世帯年収」である。これに関連し、「金銭的に全く余裕がない」と回答した者については、「生活満足度」は府中町三四・〇%、三次市三四・九%ときわめて低くなる。また、「父または母との同居」の有無によるところも大きい。詳しく見ると、配偶者がいないばあいは有意差がなく、差があるのは有配偶者の場合である。有配偶者で「父または母との同居」のばあいは府中町五八・三%、三次市六五・七%に下がる。(4) 親から独立したくてもできない事情があることが考えられる。また、「ずっと地元」という居住歴は生活満足度が低いが、これも有配偶者のばあいに府中町六四・三%、三次市五二・七%とその低さが鮮明である。そして、職種として「製造作業・機械操作」や「サービス」、そして「建設作業」の満足度は低い。学歴とも相関があり、特に「中卒」は低い。そして、「職場参加としての地域活動・社会活動」への参加度の高さも関係がある。この他、未婚者に限ると、「世帯年収」ではなく、「個人年収」、「趣味関係のグループの活動」への参加度の高さ、そして、「年齢の若さ」、「就業時間の短さ」の説明力が顕著である。

「毎日の生活が「楽しい」と感じられる」についても、府中町七〇・四%、三次市六七・九%でやはり地域間に有意差はない。この項目は「生活満足度」と相関関係は高いが、回答傾向はかなり異なっていて、重回帰分析によると、世帯年収や雇用形態など、経済的な変数については説明力がない。

最も強い説明力があるのは「配偶者の有無」である。「配偶者あり」が府中町七七・六%、三次市七八・九%であるのに対し、「配偶者なし」は府中町五五・三%、三次市五二・二%にとどまっている。このほかは「生活満足度」と回答傾向が似ていて、やはり「職業参加としての地域活動・社会活動」への参加がポジティブに作用し、「製造作業・機械操作」のネガティブさが目立つ。また「父または母と同居」のばあいも「毎日の生活が楽しい」人は少ない（府中町五一・二%、三次市五一・三%）。このほか、「大卒以上」で「楽しい」人の比率が府中町七二・一%、三次市七七・五%と高めである。そして、この項目も未婚者に限ると「趣味関係のグループの活動」への参加度にポジティブな説明力がある。

このほか、社会関係についていうと、第2章で見たように人との交際の機会の多さという点については府中町のほうが優位であるのだが、「友人関係に満足している」かどうかについて言うと、府中町と三次市とのあいだに有意差はない。他の社会関係に関わる項目を見ても、**三次市は人の交際の機会が少ないとしても、友人関係や家族関係の満足度が低いわけではない**ということがわかる。その一方、「配偶者あり」の場合のポジティブな傾向や、「製造作業・機械操作」のネガティブな傾向は一貫している。

(5) 人生に関する現状評価についても地域間格差なし

「総合的に見て、自分の現状に満足している」のは府中町六二・一%、三次市五九・〇%。これも両地域に有意差はない。

内閣府の「我が国と諸外国の若者の意識に関する調査」（平成二五年度）では、「自分自身に満足している」者の比率が四五・八％と低く、そこから日本人の若者の自己肯定感の低さが議論されている。それに比べると、対象となる年齢層がそれよりも高いということもあって、広島調査の水準はやや高めであるが、それでも同調査の比較対象とされている六か国の水準と比べるとかなり低い。

「自分の現状についての満足度」について重要性が高いと見なされるのは以下の変数である。第一に、「父または母と同居」している者が生活満足度と同様にネガティブである傾向が目立つ（府中町四八・二％、三次市四四・二％）。これも府中町の未婚者についてはそのような傾向はなく、顕著であるのは、有配偶者の場合である（府中町四一・七％、三次市四二・八％）。第二に「職場関係の地域活動・社会活動」への参加度。これは仕事満足度に説明力を持つ変数であり、仕事への積極的なコミットが自己評価全体に大きく関わるものと考えられる。そして、第三に「世帯年収」。「世帯年収四〇〇万円未満」で、満足度は一〇ポイントほど下がる（府中町五〇・〇％、三次市五〇・六％）。第四に、性別によって異なる「就労時間」の効果で、「仕事が主」の女性はそうでない女性よりも現状評価が高いが、男性の場合は就労時間が長いと自己評価が下がる傾向が見られる。第五に学歴差に注目でき、「専門学校卒」や「高卒」でネガティブな傾向が強い。

「自分の現状」についての評価に関連し、「自分の将来に明るい希望を持っている」という項目について言うと、府中町五五・九％、三次市五三・一％。内閣府の若者を対象にした調査の類似の質問で、二五〜二九歳について「希望あり」は五五％とほぼ同じ値が出ている。数字だけを見ると過半数に達しているが、社会学者の鈴木賢二によれば、やはり国際的に見たばあいにとても低い水準であると指摘されている（鈴木 2016）。そして、重回帰分析をすると、「家事も通学もしていない無業者」のネガティブさが強い以外は、経済格差に関わるような変数には説明力が無い。(5)「自分の将来への明るい希望」について、最も重要な変数は「配偶者の有無」である。配偶者がいない場合は、府中町四四・四％、三次市四一・〇％と半数を下回る。また、年齢は高いほうが下がる傾向があり、二〇代については府中町六一・六％、三次市五四・一％とやや高めになる。この他、未婚者に限ると、「職場参加としての地域活動・社会活動」の説明力が大きく、仕事へのコミットの深さと将来に対する希望との関わりの深さがうかがわれる。

そして、幸福度の指標とされる「自分は幸せだと思う」かどうかについては、府中町八〇・九％、三次市八一・五％が「幸せ」と回答し、やはり有意差はない。**幸福度に関して注目できるのは、経済的要因を示す世帯年収や個人年収の説明力が有意ではない**という点である。最も説明力があるのはやはり「配偶者の有無」で、「配偶者なし」の場合は府中町六五・九％、三次市七〇・二％となっている。また、やはり「職場参加の地域活動・社会活動」の参加度が高い人のポジティブな傾向が目立ち、「趣味関係のグループの活動」に参加度の高い人の幸福度の高さについても注目できる。(6) また、学歴については「専門学校卒」や「高卒」で比較的ネガティブであるほか、職種では「サービス」や「建設作業」、業種では「製造業」で幸福度が下がる。また、「家事も通学もしていない無業者」（ニート）もネガティブな傾向を示す。

(6) 仕事満足度――女性については、三次市のほうが高い

次に、総合的な「仕事満足度」については、府中町四九・八%、三次市五六・五%。類似の質問についての全国調査と比べてもほぼ同じ水準であり、国際的にみると決して高い水準であるとは言えない。[7] **府中町と三次市の数値は全体では有意差はないが、女性に限るとむしろ三次市の満足度の高さが有意となる。** その理由については、第2章で述べたように、「福井モデル」との関連性が考えられる。三次市のほうが女性正社員で配偶者・子どもがいる比率が高く、子育てと仕事を両立しやすい状況があることが関係していると見られる。

基本属性を説明変数とする重回帰分析では、特に**男性の「就労時間」の長さが与える負の影響が最も強い説明力**を持っていることに注目できる。現在の仕事に「全く満足していない」人の週当たり就労時間(男性)の中央値は、府中町六〇時間、三次市五〇時間と長めである。「個人年収」の説明力がそれに次ぎ、年収四〇〇万円未満のばあい、「不満」が大半を占める。長時間労働の男性正社員の比率は三大都市圏と比べても遜色なく高く(府中町二五・三%、三次市二二・二%)、地方での働き方が大都市のそれと比べて「楽」であるとはけっして言えない。この点については、第7章で掘り下げてみたい。

このほか、総合的な「仕事満足度」に関しては「サービス」職従事者(府中町四六・一%、三次市四四・二%)と「製造作業・機械操作」従事者(府中町三〇・〇%、三次市四一・一%)の満足度の低さが顕著である。

（7）日本社会・政治についての満足度の低さ

「総合的に見て、日本社会や政治の現状について満足している」のは府中町一六・六％、三次市一七・二％。やはり両地域の間に有意差はないということと、満足度の値がとても低いことが注目できる。基本属性を説明変数とする重回帰分析では「世帯年収」に有意性があるが、「年収六〇〇万円以上」でも府中町一七・七％、三次市二二・一％と微増にとどまる。また、「子どもあり」の満足度の低さが府中町一三・七％、三次市一三・八％ときわだっており、子育てに関する社会的・政治的不満が強いことをうかがわせる。また、収入階層の最も低い「サービス」職従事者による評価がとても厳しいことに注目ができる（府中町一〇・九％、三次市一一・六％）。これに対して「農林漁業」従事者はややポジティブな傾向があるが、その他に特に高い評価をしている社会的属性は見当たらない。

これに関連して、「日本の将来には明るい希望があると思う」のも、府中町二三・四％、三次市二三・五％と同程度に低い。この結果は内閣府調査（平成二五年度）の類似の質問項目での二八・七％というデータと比べても、やや低い水準となっている。これについても、「農林漁業」従事者がポジティブで、「サービス」職従事者がネガティブという傾向が見られる。

（8）幸福度は「住む場所」では決まらない

このように、各種満足度に関する項目において、府中町と三次市の二〇〜三〇代のあいだには、地域満足度で圧倒的に府中町が高く、女性の仕事満足度について三次市のほうがやや高いという傾向を除いては、総じて有意差がない。こうしたことから、**地域満足度の格差は、生活や人生全般に関する**

満足度には影響しないということがわかる。つまり、消費環境の格差と結びつくかたちで、地域についての満足度の違いは明瞭であるが、そのことは生活や人生の満足度には関係がないということである。アメリカの経済学者エンリコ・モレッティは、「年収は住むところで決まる」といい、魅力的な都市の条件を分析したが、どこに住めば「主観的幸福度」が上がり、生活や人生の「満足度」ないし「質」が高まるかという観点については、一般的な正しい答えはないということである（Moretti 2013＝2014）。あるいは、**地域の機会の多寡や利便性については序列化することが可能かもしれないが、地域の「生活の質」についての評価はそれとは関係なく、個人の社会的属性による分岐のほうが大きいということである。**

こうした結果を踏まえつつ、続く3-2では、経済的要因とそれに関わる社会的属性がどのように地方暮らしの若者の意識や価値観の分岐に関わっているかに着目する。また、3-3では、経済変数以外の存在論的な要素が、どのように生活の質についての感覚の分岐を生み出すのか、やはり個人の社会的属性の分岐に着目して分析する。

3-2　満足度格差と経済的要因

(1) 収入格差と満足度格差

地方暮らしの若者の各種の満足度は、その経済状況によってどのように規定されるのだろうか。個人の社会的属性の違いによって、どのように現状評価が分化しているのだろうか。

前節で確認したように、「世帯年収」が高くても、「自分は幸せだと思う」比率や、「今の生活が楽しいと感じられる」比率が上がるわけではない。幸福度に関していうと、家族を形成し、人間関係において満たされているかどうかという存在論的な要素が優先的な意味を持つ。地方は東京よりも低収入傾向があることは明らかであるが、これが幸福度の格差には全く影響していないことを確認することができる。

だが、そこから敷衍して、地方暮らしの若者は、経済とは全く違うところに生活や人生の価値を見出している、と言うことまではできない。その証拠に、各種の**現状評価の項目において、やはり「世帯年収」は重要な要因である。**「生活満足度」（府中町六八・四％、三次市七〇・二％）については、「世帯年収四〇〇万円未満」で府中町五七・六％、三次市五八・三％と平均より一〇ポイント以上も低くなる。「生活満足度」と経済要因とのつながりの強さは、「金銭的余裕がない」と考える人の生活満足度が府中町三四・〇％、三次市三四・九％と非常に低いことからしても、かなり明瞭である。そして、収入が低いと自己評価が下がる傾向も明確である。例えば、「自分の現状について満足」な人の比率は、「世帯年収四〇〇万円未満」では府中町五〇・〇％、三次市五〇・六％と平均より一〇ポイントほど低い。低収入層のほうが高収入層よりも満足度が高いという逆転現象は見られない。

ただし、注意が必要なのは、府中町でも三次市でも、**地方圏では高収入層はそれほど厚くないため、経済状況についての評価の全体傾向は総じてネガティブ**だという点である。「今後、自分の生活が厳しくなる可能性について、心配しなくていいと思う」という人は少数派にとどまり、府中町二三・八％、三次市一八・四％である。また、「二〇年後、自分は親の生活水準よりも高い暮らしができていると思う」人の比率も府中町三三・九％、三次市二九・四％ととても低い。いずれも世帯年収の説明力が大きいのだが、年収の高い層でもポジティブな評価を下す人は半数に及ばない。

そのような中、「今後、自分の生活が厳しくなる可能性」について「心配しなくていい」と思う傾向が比較的に強いのは、「公務員」「専業主婦」そして「学生」である。公務員とは異なり、専業主婦や学生については必ずしも世帯年収が高くないが、「階層意識」、すなわち生活水準の自己評価は低くない。「階層意識」は「世帯年収」よりも「金銭的余裕がある」という感覚ととても強く結びつく。府中町でも三次市でも「金銭的余裕がある人」は、「生活水準が一般的な家庭と比べて高いほう」と いう自己認識を持っている人である傾向が強く、「年収六〇〇万円以上」の過半数がそれに当てはまる。その一方、四〇〇～五〇〇万円台の中所得層以下では「金銭的余裕がない」という人が大多数となり、「生活水準が高いほう」という人は少数派になる。

（2）学歴格差と満足度格差

世帯年収や個人年収は、直接的に現在の家計に影響することによって、各種の満足度に影響を与えていると考えられる。これに対して、同じ経済的格差と結びつく変数としても、学歴や職業、就業状態・雇用形態の違いは、将来的なキャリアや収入の格差と結びつく性格がある。そのため、地方の経済階層の底辺をなす低学歴層や「サービス」職従事者は、階層意識が低く、「将来不安」が強いという傾向が見られる。これに対して、「大卒以上」や「公務員」は現状肯定志向が比較的強い。したがって、**地方で低収入（あるいは高卒、サービス業）の人たちは、将来への希望も上昇志向もないゆえに、**

現在志向で満足度の高い暮らしをしているという実態は無いのである。

学歴による意識の差を見てみると、階層意識について「大卒以上」と「高卒」の違いは大きい。「現在の生活水準が一般的家庭と比べて高いほう」と回答した者の比率は、「大卒以上」は府中町五三・六％、三次市四一・九％であるのに対して、「高卒」は府中町二六・七％、三次市二九・〇％と大差がついている。各種の満足度のなかでは、「自分の現状に対する満足度」の差が目立ち、「大卒以上」で府中町六五・〇％、三次市六四・六％である（「高卒」は府中町五一・三％、三次市五八・一％）。「自分の将来に明るい希望を持っている」人の比率も、「高卒」は「大卒以上」に比べて低い。高学歴層の自己肯定感が強い傾向ははっきりしており、「今までの人生を振り返って、達成感がある」者も「大卒以上」は平均値よりかなり高い。そして、「自分は幸せだと思う」人や「毎日の生活が「楽しい」と感じられる」人の比率も、「世帯年収」や「個人年収」によって説明できない一方、「高卒」が低い傾向は明らかである。こうしたデータに基づけば、学歴による満足度格差は、単に経済的な意味だけではなく、経験値や人間関係などの存在論的な価値を含む格差を意味していると考えられる。そして、「大卒以上」の多い府中町でも、「高卒以下」の多い三次市でも、こうした学歴による満足度格差の現れ方に違いは見られない。

（3）不満の多い「サービス」職、経済的に充足感の強い「公務員」

第2章で、地方暮らしの若者の世帯年収は、「公務員」を頂点とし、「サービス」職を底辺とする構造になっていると述べたが、この対称性は満足度格差という形でもはっきりと表れている。

「サービス」職従事者については、年収に対応して生活水準が「低いほう」と思っている人が目立って多い（府中町三九・一％、三次市三二・九％）。また、「金銭的に余裕がある」傾向の人は府中町三一・一％、三次市二四・一％と、両地域とも平均（府中町四三・三％、三次市三四・四％）を一〇ポイント以上下回る。さらに、「時間的に余裕がある」人も全職種のなかで最も少ない（府中町四一・三％、三次市四五・六％）。「生活満足度」をはじめとする各種満足度もとても低く、「仕事満足度」や「日本社会・政治の満足度」についても一貫してネガティブである。「幸福度」についても、「建設作業」と並んで最も低い職種である。総じて「サービス」職は収入だけではなく、満足度についても、その低さという点で一貫している。

これに対して、高収入である「公務員」については、「現在の生活水準は一般的な家庭と比べて高いほう」だと思っているのは過半数（府中町七七・八％、三次市五三・九％）を占め、「今後、自分の生活が厳しくなる可能性について、心配しなくていいと思う」傾向や「給料や報酬に満足している」傾向が顕著であり、経済的な充足感の強さでは突出している。公務員は「生活満足度」も平均に比べて有意に高い（府中町八八・九％、三次市九二・三％）。だが、公務員は「自分は幸せである」と考える人や「今の生活が楽しく感じられる」人が特に多いわけではない。また、収入の満足度は高くても、仕事の総合的な満足度については特に高いわけではない。公務員は、経済的には明らかに充足している傾向が強いが、存在論的な意味で充足しているとは必ずしも言えないということがわかる。

（4）正規雇用／非正規雇用の満足度格差

それでは、就業状態・雇用形態による格差についてはどうか。収入格差という点でいうと、もちろん正規雇用と非正規雇用との格差は大きい。非正規雇用もしくは主婦の世帯年収に比べると、正規雇用の世帯年収は総じて高い。

まず、「仕事が主の非正規雇用」の場合の世帯年収は低めであり、「生活水準が高いほうだ」という人も少ない（府中町三一・四％、三次市二八・一％）。その「生活満足度」は府中町五四・九％、三次市五一・四％と平均よりも低い。また、そのうち未婚者で「二〇年後、子育てを経験し、配偶者と暮らしていると思う」比率は、平均値（府中町五二・一％、三次市五六・二％）に比べて極めて少ない（府中町二八・六％、三次市一二・五％）。そして、「二〇年後、今よりも高い給料や報酬をもらって仕事している」比率についても府中町二八・六％、三次市三五・一％と突出して低い。つまり**「仕事が主の非正規雇用」の人たちは、将来、家族形成をするにあたって自信が持てないほどに、経済的には暗い見通しを持っている人が多い**という点で特徴的である。

また、「家事が主の非正規雇用」（ほぼ非正規雇用の主婦）も世帯年収は低めであるが、階層意識も低い。「生活水準が低いほうだ」とする人の比率が高い割合は府中町五九・四％、三次市四五・四％で、全体の平均（府中町二七・六％、三次市二九・九％）を大きく上回る。「心身ともに健康である」という人の比率も有意に低めで、全体としてポジティブな意識傾向があるとは言えない。

そして、「日本はこつこつ努力すれば報われる国だと思う」という見方については、雇用形態の説明力が最も大きく、全体平均（府中町五八・三％、三次市五六・四％）と比べると、「仕事が主の非正規雇用」（府中町五四・九％、三次市四八・二％）と「家事が主の非正規雇用」の人たち（府中町四六・

九%、三次市五一・四%）が共通してネガティブである。特に男性にその傾向が強い。雇用格差の違いは、勤勉さに対する感覚を分かつ重要な要因となっていることが示唆される。

ところが、ここで注意が必要なのは、正規雇用の人たちの収入は高いが、そのぶん現状評価が総じて高いとは必ずしも言えないということである。正規雇用の人たちの「生活満足度」や「仕事満足度」は、全体の平均に比べて高いわけではない。また、「自己の現状満足度」についても同様である。これに関して、二つのポイントを指摘しておきたい。

第一に、**三次市のような条件不利地域圏では、正規雇用であっても低収入の仕事も多いことであり、「若者問題」と「非正規雇用」問題とが必ずしもイコールではないという点である。このあたりが都市部の状況とは異なる点である。**「正規雇用」と「非正規雇用」の収入格差の幅は、三次市のばあいは府中町ほど顕著ではない。「正規雇用」の階層意識についても、府中町の場合は全体平均と比べて「生活水準が高め」と考える人が多いが（四七・四%）、三次市については非正規雇用との間に有意差はない（三八・二%）。「金銭的余裕がある」という人の比率も、府中町の場合は「正規雇用」のほうがその他の人たちより多いが、三次市の場合は有意差がない。

第二に、「仕事満足度」については、重回帰分析によると「就労時間」の説明力が最も大きく、就労時間が長ければ、「正規雇用」でも満足度は低いという点である。**週六〇時間超の長時間の労働者のうち現在の仕事に満足している者の比率は、平均（府中町四九・八%、三次市五六・五%）をはるかに下回る（府中町三一・一%、三次市四四・三%）。**就労時間が長く、「時間的余裕」の感覚がなくなると、仕事の現状評価が下がるばかりか、友人や家族と過ごす時間もなくなり、生活の質全般についての評価が下がるということが考えられる。

（5）階層意識の高い専業主婦

「正規雇用」の人たちが必ずしも各種の満足度が高いわけではないという論点に関連して注目できるのが、「家事が主の無業者」（ほぼ専業主婦）や「学生」が「正規雇用」に比べて「階層意識」が高いという点である。この点は、「仕事が主」もしくは「家事が主」の非正規雇用とは対照的である。これはなぜだろうか。

「専業主婦」の収入は決して多くない。世帯年収も低く、中央値は府中町で四〇〇万円台、三次市で三〇〇万円台にとどまっている。労働政策研究・研修機構の周燕飛は「専業主婦の二極化」傾向を指摘しているが、広島二〇～三〇代調査では世帯年収六〇〇万円以上の高収入世帯の比率は府中町二〇・二%、三次市五・七%しかいない（周 2012）。一般的な言い方をすれば、**地方の専業主婦は、夫の収入があるから働く必要のないというタイプは少ない**。背景には、低収入世帯であるにもかかわらず働かないのは、働くことによって見込める収入が低く、働くことで増大する家事・育児への負担に見合わない、といった事情が考えられる。

だが、**「専業主婦」は世帯年収が平均よりも低いわりには、階層意識は低くない**。特に三次市では、世帯年収の中央値は「三〇〇万円台」と他に比べて低く、「金銭的余裕がある」と考える人も多くないのだが、それと相反して「一般的な家庭と比べて生活水準が高いほう」だという人が平均を上回る四三・五%もいる。また、「生活満足度」について言えば府中町七一・八%、三次市七七・四%と、全体平均を上回る。「今後、自分の生活が厳しくなる可能性について、心配しなくていい」と考える傾向も比較的高い。

このように、同程度の低収入であるのに、なぜ専業主婦の階層意識は高く、各種の満足度も高い傾向にあり、非正規雇用の主婦はそうではないのか。この件について単純な説明は成り立たないと思うが、統計的には**「時間的余裕」の感覚の格差**が明確な形で出ている。「時間的余裕がある」と回答したのは、非正規雇用の主婦では府中町三四・四％、三次市六九・四％であるのに対し、専業主婦は府中町七二・九％、三次市七二・六％（子どものいる場合でも府中町六五・一％、三次市六三・四％）と差がついている。生活時間のゆとりが生活感覚の質を高め、現状肯定傾向を強めていると考えられる。専業主婦はその大半の時間を家族と過ごすことに費やすため、「家族と過ごす時間が満足にとれている」という人は多くなる。ただし、その反面、「自分の自由な時間が満足にとれている」と思う人の比率については平均を下回る満足度しかないという点にも留意が必要である。

(6) 収入の割にはネガティブな「製造作業・機械操作」従事者

「専業主婦」と「学生」は経済階層の割には階層意識や各種満足度が高いが、これと対照的なのが「製造作業・機械操作」従事者である。「製造作業・機械操作」従事者は、「サービス」と異なり、正規雇用比率が高く（府中町八六・八％、三次市七一・四％）、個人年収の中央値は三〇〇万円台で決して低くない。地方においては、高卒男性の安定就職先として見られてきた職種である。ところが、その階層意識は低く、各種満足度についても総じてネガティブである。「生活満足度」も低いが、特に

「仕事満足度」については、平均（府中町四九・八％、三次市五六・五％）に比べて突出して低い点が目立っている（府中町三〇・〇％、三次市四一・一％）。生活水準について「低いほう」と思っている人の比率は、府中町三六・七％、三次市三七・五％にもなる。その一方で、特に「金銭的余裕」が無いわけでも、「将来的な経済的不安」が強いわけでもない。その不満は、収入についてというより、むしろ職場の環境の悪さや仕事のやりがいのなさにあり、経済的な不安というより存在論的な問題のほうに焦点があると見られる。親や友人関係における満足度も有意に低いのは、夜勤シフトなどの生活時間のせいで、共有する時間を十分にとれないという事情が背景に考えられる。そして、未婚男性の単身世帯が多いことも関連し、「幸福度」も平均を有意に下回る。

（7）階層意識の意味

経済格差は階層意識格差と結びつく。そして、多くの場合、各種の満足度あるいは現状肯定意識については、世帯年収や個人年収よりも階層意識との結びつきが強い傾向にあると言える。例えば、主観的幸福度の高さは「世帯年収」や「個人年収」によっては説明できないという結果が出ているが、階層意識とは相関する。**広島二〇〜三〇代調査では、多くの項目について「世帯収入」や「個人収入」以上に、「階層意識」の高さと現状肯定傾向との結びつきの強さが確認される。**そして、階層意識が低い人たちの各種の満足度が、階層意識の高い人たちよりも高くなるという逆転現象は見られない。この点は、社会学者の浅野智彦が、杉並区・神戸市灘区・東灘区在住の一六〜四九歳に対する質問紙調査の分析から指摘している論点でもある（浅野 2016）。

図表3-2　世帯年収と階層意識

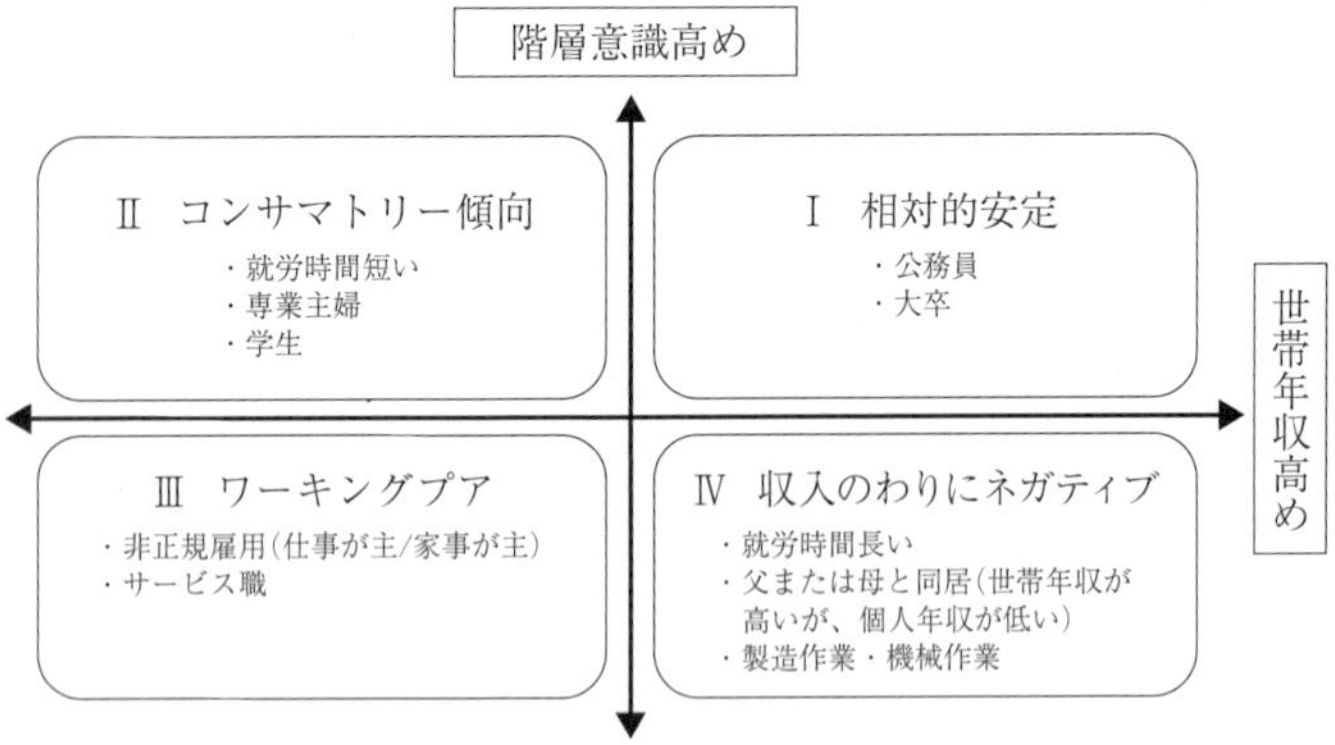

ただし、先に見た「専業主婦」や「製造作業・機械操作」従事者の事例からわかるように、世帯年収と階層意識とは必ずしも一致するわけではない。ここで、両者の関係について図表3-2に整理してみた。まず、正規雇用とそれ以外（仕事が主の非正規雇用、家事が主の非正規雇用、専業主婦）との間には経済格差があり、それに対応して非正規雇用の人たちの階層意識や各種満足度が低い傾向は明らかである。だが、正規雇用といっても、就労時間が長い場合は自己評価が低くなる。また、次節で考察するように、「製造作業・機械操作」従事者についても、収入の割には各種の満足度が低い。これに対して、「世帯年収」の低さのわりには「専業主婦」の現状評価は高めである。

　階層意識は、「生活満足度」「仕事満足度」「地域満足度」「日本社会・政治の満足度」「自分自身の現状についての満足度」のいずれとの間についても、おたがいにいずれも強い正の相関関係がある[8]。すなわち、階層意識が高い者は「現在の生活に満足」し、「仕事」にも「地域」にも「日本社会・政治」にも満足であり、友人や親との関係もよく、「毎日が楽しい」と答える現状肯定傾向において一貫しているということである。

階層意識は、かならずしも経済的要因によってのみ規定されるわけではなく、生活の質についての全体的な評価であると考えられる。したがって、専業主婦について分析したように、時間的余裕があるばあいには、世帯年収が低かったとしても、生活水準に対する評価は高めに見積もられると考えられる。図表3-2において、縦軸と横軸が一致しないのには、そうした非経済的な要因（＝存在論的要因）にも注目する必要がある。

次の節では、この点について考察を深めてみたい。

3-3　満足度格差と存在論的要因

(1) 居住歴の差異——ポジティブな「就学後Uターン層」、ネガティブな「ずっと地元」層

前節での議論を踏まえれば、経済格差と各種満足度は基本的に対応関係にある。しかし、三次市では低収入層や低学歴層が高いにもかかわらず、なぜトータルで府中町よりも満足度が低くはならないのだろうか。それは、経済要因とは別に、生活の質の高さを実感する人の比率が高まる要因、すなわち存在論的要因が機能しているためである。

そのなかで最も重要な要因のひとつとして考えられるのは、第2章で触れた居住歴の差異である。**「ずっと地元」で他地域での生活を経験したことのないという層は、府中町のほうがずっと多いが、この層は「大卒」であっても自身の生活や人生についての現状評価が低く、府中町全体の平均を押し**

図表 3-3 「地元外生活経験」の有無による意識の差

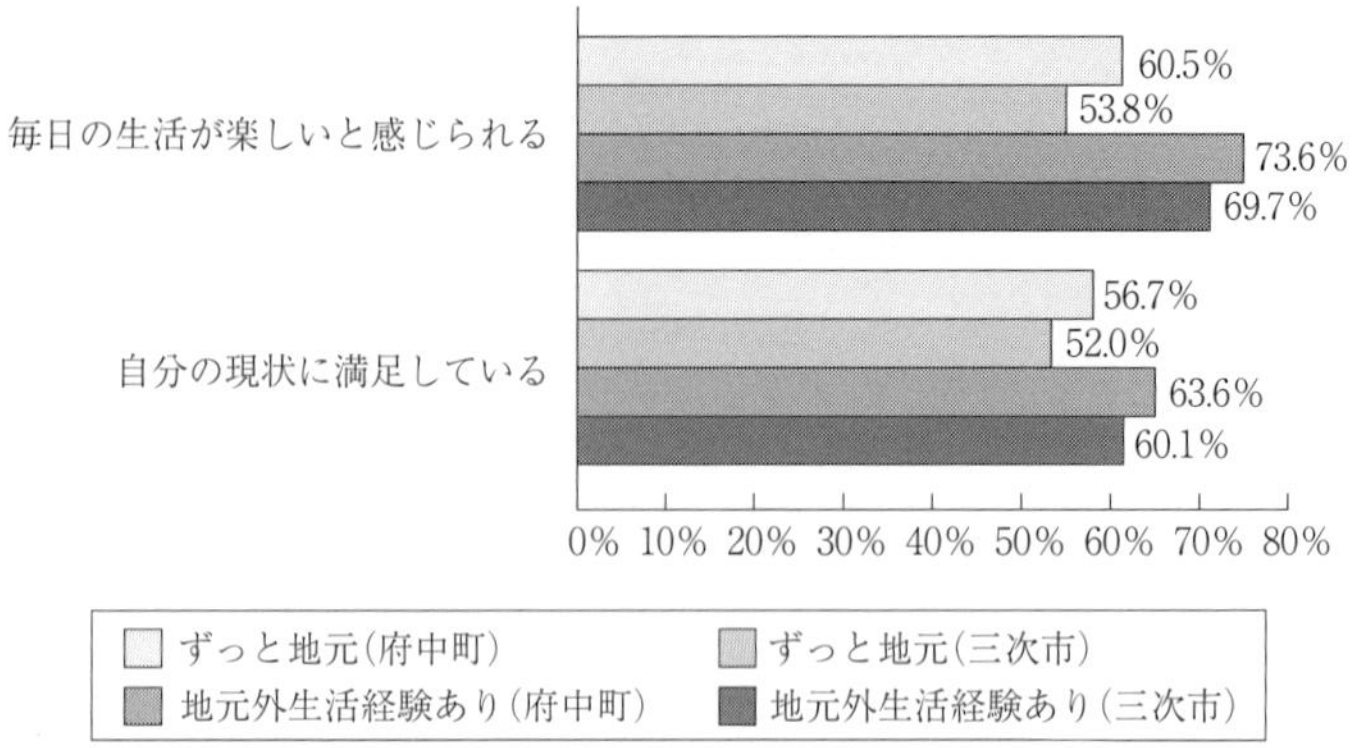

下げている。この点をわかりやすくするために、「ずっと地元」層と「地元外生活経験あり」(Uターン層、転入層)の意識の違いに注目したのが図表3-3である。これを見てもわかるように、どちらの地域においても、**「地元以外で暮らした」ことのある者のほうが「ずっと地元」である者よりも「毎日の生活が楽しいと感じられる」比率や、「自分の現状に満足している」比率が有意に高い**。

近年の「地元ブーム」のなかで語られたイメージのなかでは、「ずっと地元」層の暮らしは「楽しそう」なものであり、そうした印象からすると、この調査結果には意外性があるものといえるかもしれない[9]。だが、「ずっと地元」層が自己評価において、相対的にネガティブである傾向は多くの項目で共通する、一貫した傾向なのである。

その背景の要因として考えられるのが、**「ずっと地元」層の世界の狭さ**である。「ずっと地元」層の人間関係は地元内で完結する傾向が強いが、「地元外で暮らした経験がある」層は、地元外にも視野が広がり、地域外にも人間関係が広がる傾向がある。府中町では「ずっと地元」の者は「他地域に買い物や遊びに行く必要がない」と感じている者が全体の平均に比べるとかなり低くなる。また、三次市において、「交通の不便さ」についての不満は「大卒者」に多く（六七・四％）、それに対して「ずっと地元」が大半を占める「高卒者」（五六・四％）、「中卒者」（一六・六％）は少ない。地元外に居住経験のある「大卒者」のほうが、広島方面などに出かける機会が多いからである。

そして、**「ずっと地元」層は、地域活動・社会活動の参加においても低調**である。この点、同じ「地元在住」であっても、三次市に多い「他地域で就学後Uターン」した層とは対照的である。第2章でも述べたように、「他地域で就学後Uターン」した層については何らかの地域活動・社会活動に「積極的参加」の経験がある人の比率は高いが、「ずっと地元」層は低い。「他地域で就学後Uターン」した層は、大卒比率が高く、人間関係は地域外に広がり、「友人と過ごす時間」の充足度も高い。**Uターン層のポジションは、転入層と同じく地域に対して外部の視点を持ち、なおかつ同級生関係などの地元の人間関係をリソースに使うことができるという意味で、ソーシャル・ネットワークに恵まれ、諸活動のハブになっている**と見られる。一般に各種の満足度は、地域活動・社会活動への参加が積極的である場合に上がる傾向にあるが、三次市は「他地域で就学後Uターン」した層を中心にして、「積極的参加」の度合いが府中町よりも有意に高い（府中町二五・七％、三次市三四・三％）。

（2）「父または母との同居」の満足度は低い

「ずっと地元」に住んでいる者のうち、府中町五八・七％、三次市六七・三％が「父または母と同居」している（未婚者は約九割）。

「父または母と同居」している場合の各種満足度についても、そうでない場合に比べて、かならずしも高くない。例えば「生活満足度」は平均（府中町六八・四％、三次市七〇・二％）を下回り、府中町五一・二％、三次市六一・三％となる。重回帰分析をしてみると、その説明力の強さは、「世帯年収」に次ぐ。親と同居している場合、「毎日の生活が楽しいと感じられる」人の割合も平均（府中町七〇・四％、三次市六七・九％）をかなり下回る（府中町五一・二％、三次市五一・三％）。「父または母と同居」している者は、世帯年収という点では平均より高く、階層意識も低いわけではないので、一般的には暮らし向きはそれほど悪いわけではないと見られる。しかし、個人年収が低いことから、親から独立したくてもできないという状況があるとみられ、現状評価が比較的ネガティブである。たとえば、「毎日が楽しいと感じられる」人の比率が、平均よりかなり低いほか、「自分の現状に満足している」という人の比率も平均（府中町六二・一％、三次市五九・〇％）をはるかに下回る（府中町四八・二％、三次市四四・二％）。特に子どもがいて親と同居している者の場合、自分の現状についてネガティブである上に、「親の援助が全く無くても、今の自分の生活が成り立つ」という者が突出して少ない（府中町一八・二％、三次市一九・二％）。三世代同居を、自立したくても親に頼らざるを得ないネガティブな状況と考えている者が多いと見られる。

（3）地域活動・社会活動の参加と人間関係

第2章でも見たように、地域活動・社会活動への参加については、三次市のほうが府中町よりも比較的に活発である。そして、その参加度が高ければ、階層意識や各種の満足度が高くなるという傾向があると言える。そして、こうした活動への参加は、一般的に言えば、いわゆる「ソーシャル・キャピタル」を形成し、各種満足度を高めると考えられる。

基本属性を説明変数とする重回帰分析によると、「趣味関係のグループの活動」「職場参加としての地域活動・社会活動」、「学校・保育園・幼稚園の保護者・同窓会関係の活動」そして「地縁組織の活動」への参加度の高さには、いずれも総合的な「地域満足度」に対して説明力がある（地域差そのものの説明力に比べるとはるかに小さいが）。そして、これらのいずれの活動についても、その参加度が高ければ、「現在住んでいる地域には、リラックスして付き合える関係の友人が多い」と考える人の比率も多い。特に三次市ではそのような傾向が強い。地域活動・社会活動への参加が深まれば、職場と家族以外のソーシャル・ネットワークが広まる。地域の人間関係が豊かであれば、一般的信頼が高まり、社会的機会も広がるため、現状評価に関わる回答がポジティブになるというわけである。

ただし、ここで注意しなくてはいけないのは、地域活動・社会活動の種類によって、各種満足度との関係は異なるという点である。**どんな種類の活動でも、参加度が高ければ、「生活満足度」や「日本社会・政治満足度」などの各種の満足度についても同様に現状評価傾向が強いということは必ずしも言えない**。例えば、「地縁組織の活動」や「学校・保育園・幼稚園」関係の活動について言うと、参加度が高くても「生活満足度」などの地域以外の現状評価が高くなるわけではない。そもそも、それらの活動への参加は、地域の社会生活を営んでいくうえでの必要性が動機となることが多く、かならずしも生活全体の充実や生きがいにはつながらない。

これに対して、「**職場参加としての地域活動・社会活動**」と「**趣味関係のグループの活動**」につい

ては、参加度が高い人たちの「階層意識」は比較的高く、地域だけではなく、生活満足度や自分の現状評価についても肯定的な傾向が強い。特に友人関係についての充足感の大きさに関わる諸項目との相関関係が強く、「幸福度」や「自分の将来の希望」についてもポジティブな傾向が顕著である。

このうち、「職場参加」のグループ活動は同僚などの組織内コミュニケーションに与える効果が主である。その参加度の高さは「仕事満足度」を高める。積極的に参加している人は、「仕事が楽しい」と感じる場合が多い。そして、「自分と近い仲間たちと交流する機会に恵まれ、深い絆を築けていると思う」人の比率も高い。ただし、「自分と異なる世界の人たちと出会う機会に恵まれ、視野を広げられている」人については特に多いわけではなく、その効果は主に身近な人間関係の一体感を強めることに限られると見られる。

これに対して、「趣味関係のグループの活動」への参加は、同質的な仲間集団を広げる効果だけではない。積極的に参加している者は、「自分と異なる世界の人たちと出会う機会に恵まれ、視野を広げられていると思う」比率も高いし、他の地域活動・社会活動と異なり、「現在住んでいる地域にいる多様な人たちと交流することへの興味」も高い。つまり、**趣味縁には、異質な人たちへの関心や付き合いを広げる効果があるという点で、他の種類の地域活動・社会活動と区別される**ということである。また、「趣味関係のグループの活動」への参加度の高さは、「社会問題や政治に関心があり、知識を得ようと心掛けている」傾向の強さに対しても説明力があり、社会・政治への参画のきっかけという点でも注目できる。

このように、活動の種類によって、ソーシャル・ネットワークの広がり方は異なる。「地縁組織」

の活動が「地域」に密着したものになりがちであるのに対して、「趣味関係のグループの活動」や「職場関係の地域活動・社会活動」は移動の機会が多く、活動の場が地域外にも広がっている。つまり、地縁的な関係にとどまらず、趣味活動や職場の活動を通して、地域外にもソーシャル・ネットワークが広がっている者のほうが各種の満足度は高いということである。特に趣味活動に積極的な人は、職場とは異なったタイプの人間関係を持つことによって充足感を得ている。そうしたデータを踏まえるならば、**地方暮らしの若者たちは、狭い地域の人間関係にとどまっている者よりも、活動の場が地域をこえて広がっている者たちのほうが満足度の高い暮らしを送っている**とまとめることができる。

(4) 結婚と満足度格差

すでに見たように、「自分は幸せであると思う」かどうかに最も関わりの深い変数は、配偶者の有無である。そして、「配偶者あり」の場合は「毎日の生活が楽しいと感じられる」人は平均を大きく上回り、「友人関係に満足している」人の比率も高くなる。「自分の現状満足度」も高く、「自分の将来に明るい希望を持っている」人の比率についても、「配偶者無し」の場合よりも大幅に上回る。「父または母との同居」が満足度を下げるのと同様に、こうした意識の背景には、父母から独立し、配偶者を持つというライフコース達成を標準とする評価基準の根強さがうかがえる。

以上に挙げた配偶者の有無が説明力を持つこれらの項目は、「生活満足度」などと異なり、いずれも世帯年収や個人年収といった経済的要因の説明力はない。府中町においても、三次市においても、**二〇~三〇代にとって、「幸せ」や「楽しさ」という概念が、「配偶者」あるいは「恋人」の存在と結**

びつけて考えられる傾向が圧倒的に強いという現状が確認できる。

ただし、第2章で見たように地方圏は未婚率が高く、交際可能性の乏しさも認識されているため、未婚者の将来不安は大きい。未婚者のうちで、「血縁以外に自分を必要とし大切に思ってくれる人（恋人等）がいて、その関係に満足」という人の比率は、府中町三七・八％、三次市四二・七％にとどまり、「今後、結婚できないのではないかと心配」なのは、府中町六四・三％、三次市六八・五％と三分の二ほどを占める。そのなかでも注目できるのは**特に「大卒以上」の女性の結婚不安が大きいこと**で、府中町七七・二％、三次市九一・六％にもなる。そして、「二〇年後、子育てを経験し、配偶者と暮らしていると思う」未婚者は、半数をやや上回る程度にとどまり（府中町五二・一％、三次市五六・二％）、三〇代については府中町二六・七％、三次市四三・〇％ときわめて低くなる。また雇用形態による格差もあり、**「仕事が主の非正規雇用」の場合には、二〇年後までに結婚・子育てを経験できていると予測している者は少数派で、特に三次市の場合は約一割にしかならない**（府中町二八・六％、三次市一二・五％）。

（5）年齢と満足度格差

人生に対する評価に関しては、年齢による違いが大きい。年齢が若いほうが階層意識を高めに見積もり、人生をポジティブに捉える傾向がある。図表3-4は、二〇代と三〇代の意識の差についてまとめたものである。これを見てもわかるように、二〇代は三〇代よりも「自分自身の将来に対する希望」についてややポジティブである。また、「今後の人生では、無理をしてでも高い目標を立ててチ

図表 3-4　20 代と 30 代の意識の差

府中町

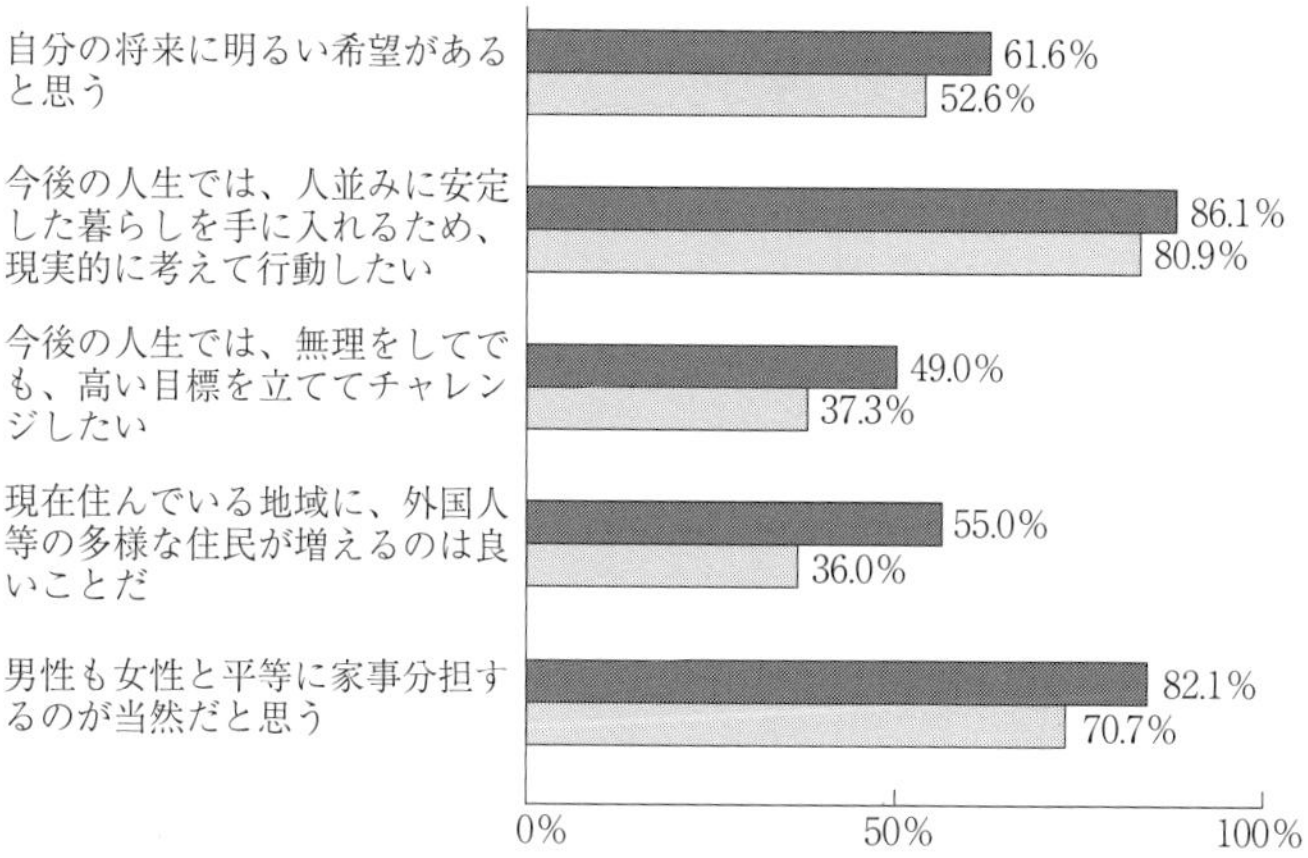

三次市

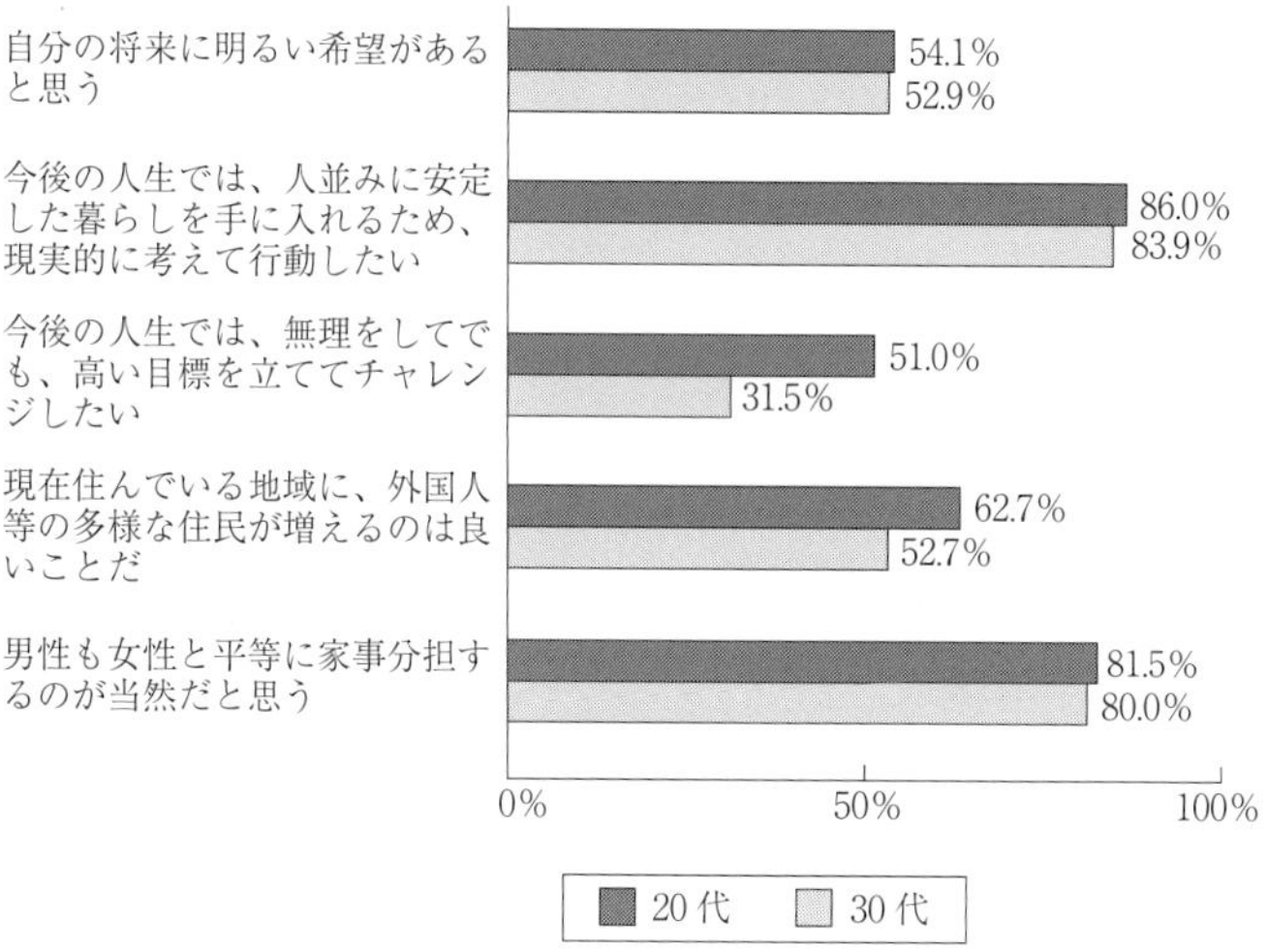

ャレンジしたい」と考える者の比率も、二〇代は三〇代よりかなり高い。また、「男性も女性と平等に家事分担するのは当然」と考える人は、特に府中町で三〇代より比率が高いし、「現在住んでいる地域に、外国人等の多様な住民が増えるのは良いことだ」と考える傾向が二〇代のほうが強い。

経年調査ではないので、加齢効果と世代効果を区別することはできない。ただ、他調査のデータにも照らして考えれば、二〇代は三〇代に比べて、人生に希望を持ち、チャレンジ精神も旺盛で、他者に対してもオープンであり、加齢にともなって「内向き化」あるいは「保守化」する傾向が出た結果であると思う。少なくとも、これらのデータから**下の世代のほうが「内向きである」とか「保守的である」という判断は出てこない**。

ただし、そういった加齢＝保守化仮説だけで考えるなら、「今後の人生では、人並みに安定した暮らしを手に入れるため、現実的に考えて行動したい」という項目について二〇代が三〇代より賛同する者の比率が高い点については説明できない。しかも**圧倒的に多数の割合が「人並み」や「安定」といった、上昇志向のある者にとってはネガティブにも響く言葉について肯定的に受け止めている状況については、新しい世代の価値観の兆候とも考えられる**。そして、これは地方暮らし＝安定志向という見方を裏切らない結果であるが、大都市の若者にも同じ傾向が見られるのかどうかについては、さらに比較検討を要する。

3-4　小括——地域満足度と主観的な「暮らしの質」との違い

この章では、「幸福度」や各種の「満足度」に、地域間格差や社会的属性の違いがどのように関わっているかについて、統計データ分析から考察をした。

まず、地域間格差と満足度格差に関するおもな知見は、以下に集約できる。

第一に、「地方中枢拠点都市圏」と「条件不利地域圏」との間には大きな「地域満足度」の格差がある点である。その原因は、ほとんど両地域間にある生活環境の格差から説明される。**「地方中枢拠点都市圏」の地域満足度は、三大都市圏と比べても劣るとは考えられないほどに高い値**を示している。

第二に、**「地域満足度」に大きな格差が見られるにもかかわらず、その影響は「生活満足度」、「人生満足度」、「幸福度」の格差には及んでいない**という点である。これは「条件不利地域圏」の若者が必ずしも居住地域に閉じこもっていないことを意味する。特にUターン層の友人付き合いは地域を越えて広がっている。つまり、**個人の主観的な「暮らしの質」は、若者のモビリティを考慮に入れれば、住んでいる地域の特性によっては決まらず、むしろ個人の社会的属性の違いのほうが重要**だということである。

そして、個人の社会的属性の違いと満足度格差に関するおもな知見は、以下に集約できる。

第一に、収入や学歴・職業等と結びついた経済格差は、それぞれに満足度の格差として表れており、**経済水準が低い属性の満足度が高いという逆転現象は存在しない**。ただし、満足度格差には、収入よりも階層意識との結びつきが強い。階層意識は時間的余裕などの生活の質の評価次第によっては、低収入にもかかわらず高く見積もられるということがある。

第二に、居住歴の格差、父または母との同居、地域活動・社会活動への参加と人間関係の広がり、そして配偶者の有無や年齢といった存在論的な条件の違いによっても、各種満足度の格差は説明される。特に、**地元外での生活経験があり、活動の範囲が居住地域を越えて広がっている者は、生活や人生の自己評価が高い傾向がある**ことがわかった。そして、「地方中枢拠点都市圏」と「条件不利地域圏」に暮らす若者のあいだには経済的格差やそれにかかわる学歴格差があるにもかかわらず、こうした存在論的要因によって相殺された結果として、各種満足度の差がないことが明らかになった。

こうした結果を総合的に考えると、条件不利地域圏における地域満足度の低さを憂慮し、狭い居住地域に対する愛着を高めるべきだという判断は、若者の生活や人生の満足度という観点では的を外している。むしろその点では、モビリティを高め、関係性の幅を広げることの意味のほうが大きい。居住地域についての満足度それ自体は、生活や人生の評価には大きく影響しないからである。一方、地方中枢拠点都市圏の居住地域の満足度が高かったとしても、それは消費や交通の側面に過ぎず、それが個々の生活や人生の潜在能力を豊かに発揮しうる「幸福な地域」であるかどうかという問題とは別である。

注

（1）『四七都道府県　幸福度ランキング』は、二〇一三年度から毎年、雑誌『東洋経済新報』で発表されるほか、単行本が発行されている。

（2）重回帰分析の手続きおよび本書における結果の記述の方針については、序章を参照。地域満足度のばあい、他の変数に比べて、府中町と三次市の「地域差」そのものの説明力が圧倒的に強い。

（3）内閣府の「国民生活に関する世論調査」では「現在の生活に満足している」について「満足してい

る」「まあ満足している」を合わせた比率は、二〇代が七九・一%、三〇代は七〇・七%と、広島二〇～三〇代調査よりやや高めになっている。一方、青少年研究会によるインターネット調査は、一六歳から二九歳までを対象にした全国調査であるが、「現在の生活に満足している」かについて「そうだ」と「どちらかといえばそうだ」を合わせると六一・七%。こちらは逆にやや低めになっている。

（4）同様に「配偶者の親と同居」のばあいも生活満足度は相対的に低い。

（5）「配偶者あり」の場合のみ、世帯年収と学歴が将来に対する希望について説明力がある。

（6）「職場参加の地域活動・社会活動」に積極的に参加している人のうち「幸せ」であると回答したのは、府中町九一・三%、三次市九二・一%。「趣味活動のグループ活動」に積極参加している人についても、府中町八一・七%、三次市八九・九%と高率である。

（7）NHK放送文化研究所が参加する国際比較調査グループISSPによる調査では、世界三二か国のうち、日本の総合的な仕事満足度は下から二位という結果が出ている。また、二五～三四歳を対象としたベネッセによる「仕事生活満足度調査」（二〇〇六年）では、広島二〇～三〇代調査とほぼ同一の質問に対して「とても満足している」「まあ満足している」を合わせて五四・三%となっている。

（8）五つの「満足度」のうち、肯定的回答が七割近くの「生活満足度」と、一割台の「日本社会・政治の満足度」では全体的傾向がかなり異なるし、基本属性を説明変数とする重回帰分析をすると、それぞれの項目の回答傾向について説明力のある社会的属性も同じではない。だが、「階層意識」に関わる二項目と、各種の満足度に関わる五項目の相関関係は強く、この五つの変数のクロンバックのα係数は〇・七一〇、「階層意識」に関わる二項目を加えると〇・七五四と上がり、回答傾向が類似した質問項目であるということがわかる。

（9）原田曜平の『ヤンキー経済』では、地元にこもりがちな「マイルドヤンキー」の生態が描かれているが、その本の帯には「なぜ彼らは楽しそうなのか？」と書かれている（原田 2014）。

第Ⅱ部　各論・事例分析編

F15（30代女性，一般事務嘱託）	多くの職を転々としつつ，正社員経験なし．だが「仕事人間」としての矜持があり，働き続けたい．多忙につき，イオンモールが「私の生活のすべて」．	ずっと広島（結婚で転入）	既婚（近居）
F16（20代女性，専業主婦）	専業主婦だがパートに出たい．夫は不動産管理会社勤務で不在がち．夫の両親所有のマンションに住むが，いずれは広島市内の実家に戻りたい．	ずっと広島（結婚で転入）	既婚（近居）
F17（30代女性，専業主婦）	三児の母で，経済的に厳しく，近場でパートに出たい．転入者であり，地元外での子育ての厳しさを痛感．子育て関係の会議に呼ばれる立場．	ずっと広島（結婚で転入）	既婚（近居）
F18（20代男性，製造作業）	バンドマンを目指すが諦めて，自動車工場の期間工に．その後，正社員として採用．夜勤シフトのないスタッフになる道を探る．	ずっと広島（結婚で転入）	既婚（近居）
F19（30代女性，食品販売自営）	車で30分ほどの熊野町出身．夫の営むコーヒー豆の販売店からのれん分け．地域に暮らす女性のニーズを意識した店舗づくりに腐心．	ずっと広島（結婚で転入）	既婚（夫家同居）
F20（30代男性，公務員）	地元は三次市．高校から広島に出て寮生活．大阪の設計コンサルタントから転職で，公務員受験をし，たまたま受かった府中町役場に就職．	Jターン転職	既婚（準近居）
F21（30代女性，公務員）	三次市の母子家庭に育つ．高卒後，数年間実家で公務員試験の勉強をした末に，府中町役場に就職．その後，職場結婚．安定志向の気持ちが強い．	就職で転入（県内）	既婚（準近居）
F22（20代男性，製造作業）	熊本の田舎の工業高校出身で自動車工場のラインで働く．夜勤のあるキャリアから抜け出したい．彼女がいないのが悩みで，合コンに積極的に参加．	就職で転入	未婚（遠居）
F23（20代女性，製造作業）	山口県防府市の高校を卒業後，大手製造業のラインに就職して3年．会社の寮暮らし．想定外の県外就職だったが生活を楽しむ．ずっと仕事を続けたい．	就職で転入	未婚（遠居）
F24（30代男性，製造業技能職）	多くの責任ある仕事を引き受け，オーバーワーク気味．同郷の妻と地元の長崎に帰るか，今の大手製造業者でキャリアアップするか，人生の岐路．	就職で転入	既婚（遠居）
F25（30代男性，ギフト店営業）	九州の農村が地元．高卒後，広島でDJに．再三の転職後にギフト店営業職に．妻は広島が地元で，大企業の事務総合職．共働きで，生活に安定感．	就職で転入	既婚（妻家近居）
F26（30代男性，飲食サービス）	愛媛出身．広島の大学を中退後，ピザ宅配の中小チェーン店でアルバイトから正社員に．離婚後，シングル・ファザーに．PTAのつながりを楽しむ．	就学で広島	シングル父（遠居）
F27（30代男性，エンジニア）	関西出身の技術職エリート．仕事のやりがいの高さについてきらきらと語る．自身のコントロール能力に自信を持ち，海外勤務も厭わない．	就職で転入	未婚（遠居）
F28（20代男性，事務総合職）	関東出身の大企業社員．技術職として入ったが，事務部門に配属され，キャリアの壁について悩む．地元府中町の女性と結婚し，地域社会を意識し始める．	就職で転入	既婚（妻家近居）

デプス・インタビュー対象者の概要（府中町）

F1（20代男性，ニート）	大学中退後，ニート生活．好きだったアイドルのおっかけも諦める．和太鼓が得意で，地域の祭りによく誘われる．地元の友人とつるむ．	ずっと地元	未婚（実家）
F2（20代女性，フリーター）	女子大になじめず中退後，コンビニでフリーター．将来はそこで正社員になりたい．親と関係が悪く，一人暮らし．地元の友人つながりに救われる．	ずっと地元（離家）	未婚（近居）
F3（20代男性，学生→NPO職員）	大学在学中に地元府中町のNPOのボランティアに．地元つながりの仲間と楽しめる活動が楽しくなり，そのままNPOに就職．	ずっと地元	未婚（実家）
F4（30代男性，製造作業）	ずっと府中町で生活．製造業の中小業者でリストラされ，別の下請会社の現場で働く．地域の安全に興味をもち，同級生と自主的な夜回り活動を行う．	ずっと地元	既婚（実家）
F5（30代女性，医療事務）	高卒後，各種職業を経験したが，医療事務の仕事でついに正社員に．地元つながりを中心に，頻繁に夜の居酒屋へ．地元に大人の居場所が欲しいと願う．	ずっと地元	未婚（実家）
F6（30代女性，食品販売自営）	結婚後も実家近くに住み，父が亡くなったあと家の店の仕事を継ぐ．地元の人間関係が豊かで，そのなかでの暮らしがとても「楽しい」．	ずっと地元（結婚で転居）	既婚（近居）
F7（20代女性，一般事務嘱託）	実家暮らし．歯科受付となるが，1日16時間の長時間労働に耐えられず，他の事務職に転職．結婚願望強く，現状評価は低い．スノボ仲間と友人付き合い．	ずっと地元	未婚（実家）
F8（20代男性，スポーツクラブ嘱託）	実家暮らし．東京の大学に進学するも，学習意欲が低く中退．スポーツクラブの仕事にやりがいを見出し，土日もなく働くが，給料が低く未来を描けない．	就学後Uターン	未婚（実家）
F9（30代男性，美容師）	高卒後，海外で美容師修行を積み，広島での勤務を経て，地元で父の美容院を継ぐ．福祉施設や自宅などへの訪問出張カットを手掛ける．趣味はゴルフ．	海外からUターン	既婚（近居）
F10（30代女性，NPOスタッフ）	地元で一人暮らし．父の死を機に，保育補助の仕事を辞め，無職．広島市内のNPOでノウハウを学びつつ，地元に子育て世代の居場所を作る活動を準備中．	海外からUターン	未婚（親死亡）
F11（30代女性，事務総合職）	アメリカ留学後にUターン．クリエイティブ志向が強く，地元大手製造業に転職後，商品企画の仕事で能力を発揮し，派遣社員から正社員に．	海外からUターン転職	既婚（近居）
F12（30代女性，専業主婦）	夫は保険会社勤務で，転勤族なので仕事ができないという専業主婦．子育て環境の良さを考えて府中町に居住．いずれ地元の九州に戻りたい．	転勤で転入	既婚（遠居）
F13（30代女性，専業主婦）	東広島の田舎が地元．派遣社員として働いた後，出産を機に専業主婦に．夫は製造業の現場勤め．社宅が無くなり，夫実家近くに二世帯住宅を購入．	ずっと広島（結婚で転入）	既婚（夫家隣居）
F14（30代女性，専業主婦）	広告代理店勤務の夫の実家と隣居．高齢化する団地で，若い子育て世代が少なく，近所づきあいは乏しい．「人と話をしたい」ので仕事したい．	ずっと広島（結婚で転入）	既婚（近居）

M16（30 代男性，JA 営業職）	大学卒業後に地元に戻って親に言われるまま就職．町内会などの古い地縁組織の男の付き合いを楽しむ．JA の経営を取り巻く政治状況を憂慮．	就学後 U ターン	未婚（実家）
M17（30 代女性，美容師）	市南部の旧甲奴町出身．数年間，広島の美容院で約 10 年修業したが，その後，夫と市中心部で美容院を開業．研修等で頻繁に広島市へ出かける．	就職後 U ターン	既婚（近居）
M18（30 代男性，農業）	大阪のレストランに勤務していたが，離婚後，地元に戻って専業農家としての家業を継ぐ．地域に足場を築こうと，地域と積極的に関わる．	就職後 U ターン	離婚（実家）
M19（30 代男性，郵便局員）	広島の大学を卒業後，東京の金融会社に勤務するも仕事が合わず，農山村部の実家に U ターン．結婚を機に三次市中心部に転出．	就職後 U ターン	未婚（実家）
M20（30 代男性，飲食店自営）	広島市内で飲食店勤務をしつつバンドマンを目指すが，諦めて地元に戻り，中心市街地でバーを開業．夜の仕事に疲れ，実家近くで個人飲食店を開業．	就職後 U ターン	未婚（実家）
M21（20 代男性，鍼灸院経営）	大阪で就職していたが「正しい物を食べて，正しい暮らしをしたい」と，農山村部の地元に U ターンし，実家の隣に鍼灸整骨院を開業．	就職後 U ターン	既婚（隣居）
M22（20 代女性，一般事務）	広島に出て，百貨店の化粧販売員に．街中の暮らしに馴染めず，農村部の実家に戻る．定時に帰れる事務職をしつつ，地元の友人と活発に交流．	就職後 U ターン	未婚（実家）
M23（20 代女性，助産師）	広島市内の病院で助産師として勤務していたが，地元の人間関係に魅力を感じて，農山村部の地元に戻る．地元にキャリアを役立てたい．	就職後 U ターン	未婚（実家）
M24（30 代男性，用務員パート／ヨガ講師）	東京郊外が地元．旅先で出会った広島の女性と結婚し，空家となっていたその祖母宅に暮らす．半日勤務の学校用務員の仕事をしつつ，ヨガ講師．	就職で転入	既婚（遠居）
M25（20 代男性，製造作業）	地元は山口．広島の大学を卒業と同時に結婚し，妻実家に近い三次へ．パチンコ店勤務を経て，工場作業員に．趣味は車いじりで，地域に馴染めず．	結婚で転入	既婚（妻家近居）
M26（30 代女性，小学校教員）	呉市出身．4 子が生まれ，4 年連続で育休中．同じ教員の夫の赴任先である三次に転入．夫の両親が毎日通って援助．田舎暮らしに馴染む．	結婚で転入	既婚（夫家近居）
M27（30 代女性，写真店パート）	熊本の出身．広島の大学の同級生と結婚．夫就職先である三次に転入．地元外の子育ての困難に向き合う．放射線技師の仕事に戻りたいが都合が悪い．	就職で転入	既婚（遠居）
M28（30 代男性，消防士）	広島市出身．消防士試験に合格したのがたまたま三次だった．結婚し，市中心部に中古の戸建ても購入し，地域に馴染んできた．	就職で転入	既婚（妻家近居）
M29（30 代女性，県職員）	淡路島出身．大学で広島に出て，林業職として三次への赴任を希望．そこで三次市農村部の男性と結婚し，三世代同居．「木育」の普及が目標．	就職で転入	既婚（夫家同居）
M30（20 代男性，農業アルバイト）	広島市の実家を離れて，単身で農山村の空き家暮らし．里山の生き物と親しむ暮らしをするのが目標だが，経済的に安定させるのが困難．	就職で転入	未婚（準近居）

デプス・インタビュー対象者の概要（三次市）

M1（20代女性，NPOスタッフ）	東広島で高校教師をしていたが，農山村の実家にUターン．仕事を転々としつつ，地域づくりをなりわいにすることを目指す．	就職後Uターン	未婚（実家）
M2（30代男性，政治家）	高校時代から広島に出て寮生活．若い人のやる気をバックアップできるような態勢と仕組みづくりを目指す．祖父，父を継いで政治家に．	就学後Uターン	既婚（実家）
M3（20代男性，車販売営業）	隣の府中市上下町出身．結婚で転入．軟式野球一本の青春．仕事はやりがいがなく，収入のためとわりきる．地元で家業（広告看板製作）を継ぐか迷う．	結婚で転入	既婚（近居）
M4（30代女性，訪問介護パート）	北部の旧布野村が地元．結婚後は市中心部に住むが，子育ての不都合から実家へ．訪問介護をしつつ，地域情報誌の編集員に．栄養士の仕事をしたい．	就学後Uターン	既婚（実家）
M5（20代男性，建設作業）	岡山県内の大学を卒業後，紹介されるままに地元建設会社に就職．仕事の帰りが遅く，毎晩コンビニ弁当．月に一回のフットサルが楽しみ．	就学後Uターン	未婚（実家）
M6（30代女性，アパレル店員）	東京に出てモデルを目指すが，限界を感じて，市中心部の実家に戻る．アパレル店販売員で落ち着く．自由なロマン派を自称．ダーツのプロ資格を持つ．	就職後Uターン	未婚（実家）
M7（20代女性，保育士）	子ども時代は不登校．保育士として地元就職．新婚で市中心部に住み，妊娠中．安月給に不満があり，キャリア継続意思は弱い．M6さんの妹．	就学後Uターン	既婚（近居）
M8（30代女性，中学教員）	地元は尾道市．教員臨時採用の仕事を得て転入し，単身暮らし．仕事の多忙化に悩みつつ，地域社会との関わりがない．休日は頻繁に市外の商業施設へ．	就職で転入	未婚（準近居）
M9（30代女性，飲食店パート）	カフェでパートをしつつ，子育て中．専門学校卒業後すぐに高校の同級生と結婚・出産．スーパー勤務の超長時間労働の夫を心配しつつ，支える．	就学後Uターン	既婚（近居）
M10（30代女性，医療事務パート）	市北部の旧作木村の出身．高卒後，地元を一度も出たことがない．結婚・出産後は，市街地から車で15分ほどの農村に中古戸建を購入．	ずっと地元（結婚で転居）	既婚（近居）
M11（30代男性，製造作業）	農村部の実家を離れたことがない．高卒後，地元アパレル工場の技師に．出身小学校は廃校になり，地元愛は乏しい．ロッククライミングが趣味．	ずっと地元（実家）	既婚（実家）
M12（30代男性，公務員）	地元に戻り，熱意をアピールし，公務員に．地域活動に休みもなく顔を出してきたが，最近，強烈な退屈さを感じ，行き詰まりを感じている．	就学後Uターン	未婚（実家）
M13（20代男性，食品加工）	関東の大学を出た後，公務員就職が叶わず，地元のワイン工場に勤務．母が山間部の実家に戻ったため，市中心部で単身生活．市の観光ボランティアに参加．	就学後Uターン	未婚（近居）
M14（30代男性，ホテル営業職）	大卒後，地元JAに就職していたが，ビジネスとしてのやりがいを求めてホテルの営業職に転職．大型商業施設のある街が好きで，三次の状況に悲観的．	就学後Uターン	既婚（近居）
M15（30代男性，僧職）	市中心部で家業の僧職を継ぐ．横浜の音楽プロダクションで勤務した経験を活かし，従来の地縁組織にこだわらない，若者たちの活動の中心人物に．	就学後Uターン→県外→再Uターン	既婚（実家）

第4章　地元定住／地域移動の事例分析（1）

——地方中枢拠点都市圏（安芸郡府中町）の場合

この章では、広島県安芸郡府中町で行った二八人のデプス・インタビューの事例について、その地元定住あるいは地域移動の経験がどう意味づけられているのかを中心に分析する。第2章で見たように、府中町は「地方中枢拠点都市圏」の典型と考えられ、「ずっと地元層」や「転入層」が多く、「Uターン」層の割合が少ない。この章では、まず府中町を「地元」と捉える人の事例を分析し（4－1）、それに次いで「転入層」の事例に注目し（4－2）、地方中枢拠点都市圏における「地元」や「地域」の意味に関する知見を提示したい（4－3）。

4-1　地元に残る／地元に戻る

(1) 府中町を出たことがない理由

第2章で見たように、安芸郡府中町の若者の居住歴の特徴として、生まれてから「ずっと地元」に住んでいるという人が二五・六％と、もう一つの調査地である三次市と比べて圧倒的に多い。インタビュー対象者のなかでは七名がそれに該当する。そして、このほかに府中町が地元でなくても、広島都市圏内の移動にとどまっている人たちもかなり多い。インタビュー対象者でそれにあたるのは八名で、これを合わせると、**二〇～三〇代の過半数が「広島以外で暮らしたことがない」ということになる。**この節では、まずは、その「地元志向」の意味について注目してみたいと思う。

なぜ、府中町の二〇～三〇代で「他県で暮らしたことがない」人が多いのか。一言でいえば、それは、教育や労働市場の機会構造の面で、「地元から押し出す力」があまり強くないためである。府中町内に二校ある中学校から一番進学者数が多いのは、町内唯一の高校である安芸府中高校。インタビュー対象者のなかでも数名がその卒業生である。だが、府中町からは広島市内の高校はすべて自宅から通学が可能であり、進学先の高校は多岐にわたっている。大学についても、通学可能な広島都市圏だけで一六校が立地しており、一通りの専門学科は揃っている。また、就職市場についても、学卒者の就職率が三大都市圏に比べて低いわけではない。一般的に言って、「地方中枢拠点都市圏」である**府中町から若者たちを地元の外へと押し出す力は、「条件不利地域圏」と比べると、あまり強くない**

と言うことができる。

　ただし、広島都市圏においても、エリート志向や一流志向の強い者については、一定程度の割合で県外に流れる基本傾向がある。三大都市圏への進学率については、広島県は全国的に比較的高いレベルで推移している。広島には大学の数は多いが、銘柄大学については広島大学に限られること、そして三大都市圏にも九州や東北・北海道に比べると近接しているためである（朴澤 2016）。広島県の実施した「若者の社会動態に関する意識調査」（二〇一五年）でも、高校生の進学希望者（うち半数超が広島都市圏）のうち、県内は四一・四％と半数以下にとどまり、東京圏・大阪圏・その他の関西圏に出たいと考えている者は合わせて三六・五％と三分の一を超える。そして、いったん県外に出ると、そのまま戻ってこないほうが多数を占める。一五～三四歳の「県出身者」（大半は東京または関西に在住、出身は半数超が広島都市圏）について言うと、県内に戻ることを五年以内に検討しているのは三〇・五％だけである（広島県 2015）。

　このような状況のなかで、「ずっと地元」府中町を離れないという選択にはどのような意味があるのだろうか。七人の事例を取り上げて分析してみたい。

（2）地元つながりのメリット

　F1さん、F2さん、F3さんは、「ずっと地元」で生活していて、生活圏である府中町を離れたことがない二〇代前半の友人グループである。**三人とも、高度経済成長期以降に親が府中町の住宅地に転入して家を建てた「郊外二世」**であり、父親はいずれも製造業である。

〈F1さん（二〇代男性、ニート）～両親と同じ会社は嫌。でも地元が居場所。〉

F1さんは実家を離れたことがない。両親は既に離婚しており、F1さんは母親に育てられた。自ら「広島の底辺高校」と語る公立高校の総合学科を卒業後、広島の私立大学の工学系の学科に進学した。しかし、「自分にとって、大学の勉強がすごく難しかったんですよ」ということで、二年で中途退学をしてしまった。現在は家事を手伝いながら、アルバイトもしていない。パソコンスクールなどに通いつつも、「体を動かすほうが好き」ということで、建設か製造の現場仕事に就こうと、玉掛けやフォークリフトの免許取得を目指しているところである。学生時代はAKB48のおっかけに命を費やしていたが、今はお金が無いのでやめたという。「今、家の手伝いしかしていないんで、さすがにそれはまずいかな」と、自己評価はとても低く、将来について焦りがある。

両親が、地域で最も有名な製造業大手M社の事務系の正社員であるということに負い目を感じていて、「親のいるところは嫌ですね。就職しても、M社だけは嫌」と言う。ちゃんと仕事についたら「実家は離れたい」という思いが強い。その一方で、「俺はばくち打ちじゃなくて、人並みの幸せがあって、無難にやれればなあ」ということで、仕事を求めて他の地域に出たくはないと思っている。車の免許もなく、府中町を出ることはほとんどない。「狭く深くというタイプで、人付き合いは苦手」ということで、ほぼいつも同じ地元の友人たちと一緒にいる。地元の祭りに誘われれば、得意の和太鼓の技を披露して、友人たちのリスペクトを集めている。

インタビューの時点では、地元へのこだわりが強かったが、その後、F1さんは結局、広島を出て、静岡県にある工場に工員として就職した。さしあたり、両親から離れて生活を立てることに向けて一歩踏み出したのだ。

〈F2さん（二〇代女性、フリーター）～親と関係悪化。地元の友人つながりに救われる。〉

一方、F2さんもまた、広島市内の大学を中退している。付属高校から持ち上がり進学の特例で安い学費で進学できた大学であったが、入学後に親との関係が悪くなり、精神的にきつくなって休学。そのあと復学しようとしたら学費が上がり、払いきれなくなったというのがきっかけだった。けっして大学がつまらないというわけではなかったが、強いモチベーションはなかった。小学校の同級生たちとの繋がりで、地元NPOのボランティア・サークルに参加し、そこでのイベント運営の活動などのほうが楽しくなったことも一因であった。

現在、関係が悪化した親とは連絡を絶ち、三万三千円の家賃を払い、ワンルームの一人暮らしをしている。派遣社員としてコールセンターで働いたり、寿司屋で接客のアルバイトをしたりもしたが、結局、広島駅近いところにあるコンビニのアルバイトに落ち着いた。そのコンビニはフランチャイズの店舗で、そこでの人間関係も悪くないので、気に入っている。正社員登用への道もあるということで、それに期待している。「コンビニの仕事けっこう好きなんです。単純作業とか結構好きですし、適度に人とも関われるし、事務の作業とかもできるし。」ということで、F2さんは二〇年後もコンビニで働いているような将来をイメージしている。

このほかF1さん、F2さんの両方と交友関係があり、府中町の児童センターの運営に関わるNPOのスタッフを務めるのがF3さん（二〇代男性、学生→NPO職員）である。F3さんも府中町の住宅地の生まれ育ちで、一度も地元を離れたことがない。「自信もないですから、広島を出たいとは思いません」と言う。実家から通える私立大学に通うが、工学系学科ということで、最初のインタビュー時は就活前で、地元メーカーでエンジニアとして働けたらいいと語っていた。価値観としては「安定」が第一で、就職して、いずれは家を買って、実家を出るのが目標であるとのことだった。ところが、その後、大きな方向転換があった。学生時代からボランティアスタッフとして関わっていた地元NPOの活動にやりがいを感じ、そのまま正規職員として就職したのである。

親世代が建てた家で生まれ育った「郊外二世」である先述の三人の境遇はそれぞれであるが、共通点がある。**地元の友人づきあいに居心地の良さを感じ、地元の周辺で暮らしたいと願っているが、その一方で親が建てた家から出て、親から独立したいという思いを持っている**という点だ。ただし、実家を離れて府中町で新しく家を建てるためには、相当の安定した仕事と収入が必要だ。府中町に家を買うことができた親はそれなりに経済力があり、三人ともその水準を超える自信はなく、「親世代よりも高い生活水準」の暮らしは難しいと語っている。

次に、やはり府中町を一度も離れたことのない、三〇代の二人のプロフィールを見てみよう。

〈F4さん（三〇代男性、製造作業）～地元の同級生たちと防犯パトロール活動。〉

F4さんは、府中町の住宅地の生まれ育ちで、町内唯一の高校である安芸府中高校に進学した。当時、安芸府中高校は「進学七割、就職三割という感じ」で進学校ではなかった。Ｆ４さんも「家庭も恵まれたほうではなかったから、本当なら就職というパターンだった」が「そこを変えてみようと思って」、広島大学に受験して合格し、そののち地元メーカーの工員として就職した。結婚して子どももでき、生まれ育った府中町南部の実家は売って、北部のほうに新しい家も建てた。今は母とともに、府中町では珍しい三世代同居をしている。

ところが、リーマンショックのさいに勤務先のメーカーは会社更生法の適用を受けて倒産し、失業の憂き目にあった。その後、別のメーカーに転職したが、正直言って仕事にあまりやりがいは感じられず、ぱっとした話題がない。その一方で、Ｆ４さんはボランティア活動にやりがいを見出している。自主的に取り組んでいるのは、地域の防犯パトロール活動である。その動機は、子どもが生まれてから、地域で起きた犯罪や事故のニュースについての話題にとても敏感になったからだ。一緒に活動しているのは、気心の知れた地元の三〇代の中学校・高校の同級生つながりである。（⇒第8章）

〈Ｆ５さん（三〇代女性、医療事務）～数多くの転職を経験するも、地元つながりは一貫。〉

Ｆ５さんは、府中町の自営業者の娘で、母親と二人で実家に暮らし続けている。戦後に祖父母が建てた実家はメンテナンスを必要とし、いつか建て替えたいと願っている。広島市内の高校を卒業後、中心市街地にある手芸店に就職して、数年間そこで働いた。もともと独立店舗であったが、その店が駅前の商業施設に入ることになり、商売の仕方に自由がなくなったのを不満に思って退職。それからしばらくは、フリーター生活。「いろんな経験をしてみたくて」、郵便局の仕分けから、交通量のカウント、イオンモールのスーパーの在庫管理など、最大で同時期に六種類のアルバイトをした。特に長時間労働は苦ではなく、仕事をするのは「趣味みたいもので楽しい」から「あれもやりたい、これもやりたいとなってしまった」という。そうした状態を数年経て、現在の歯科受付の仕事に落ち着いた。全く経験のない業界で、知識がなくてついていけないことも多く、仕事の現状評価は低い。
だが、受付の仕事を通して人といろいろ話をできることは「楽しい」。F5さんが大事にしているのは何よりも「人との付き合い」。平日も休日も関係なく、夜には主に独身の友人どうしでしょっちゅう飲みに出ている。府中町は住宅街で飲み屋がないので、自転車で三〇分ほどかけて広島市内の中心部まで出かけることが多い。地元つながりの友達は歩いて行ける範囲にたくさん住んでいて、その繋がりは「とても濃い」。集まっては「府中町を盛り上げたいね」と語り合っているのだという。最近、父が亡くなり、寂しくなった母のことがとても気になっているということもあって、地元を離れたくないという思いを強くしている。今後、結婚したり、職場を変えたりすることも考えられるが、今の人間関係を考えると、できれば「二〇年後も府中町を出たくないんです」と語る。府中町のなかに「大人が集まれるようなカフェとか」、地元の友人たちで集まれる居場所があればいいなあ、と強く思っている。

このように、「ずっと地元」の府中町出身者は、経済的側面から見れば、実家に住むことで何とか成り立っているというケースが多く、自身の仕事や人生についての現状評価は必ずしも高くない一方、地元つながりを核とした人間関係に幸福のリソースを見出しているという点において共通している。

その中でも、親が古くから自営業をやっていて、その地元ネットワークを引き継いだ者は、そのつながりの中心となることがあり、その関係はとても密である。父親が府中町で数十年間やってきた小さな飲食販売の店舗を受け継いだF6さん（三〇代女性、食品販売自営）は、たいていは店先に出ているので、仕事柄、ふつうに暮らしているだけで同級生の動向が全部耳に入って来る。近所でばったり出くわすことも多いし、SNSでもつながっていて、毎日そこから逃れることはできない。複数のラインのグループで濃いつながりができていて、一つのグループで同窓会を開く提案があると、もう一つのグループで「どうする、行く?」と友人間で相談が始まるという感じだ。

ただし、このような**同窓生を核とした地元つながりは、リラックスできる関係性ではあるが、広がりに欠ける。地元つながりだけでは、新しい出会いは期待できず、結婚につながらない**。この点についての悩みを最も強調するのが以下の事例である。

〈F7さん（一般事務嘱託、二〇代女性）～キャリア願望が薄く、結婚願望が強い。趣味縁で出会いを広げたい。〉

F7さんは、府中町内の不動産業者の娘。年収はフルタイムでも一〇〇万円台と低いが、「両親と住んでいるので、金銭的に困ることはない」という。親に生活費を入れようとするが、まだ現役で働いている親が「受け取ってくれない」ということで、家事も含めて親に完全に頼り切っている。広島市にある私立の女子大学を卒業後、市内の歯科助手として三年勤務したが、ワンマン院長の指導下のもとでの厳しい労働環境に耐えられず退職となった（⇒第7章）。その後は、地元・府中町内の社団法人で、嘱託の事務職員として働いている。だが、それも薄給でボーナスが出ないので、「来年度はもういいかなという思い」があり、キャリア意識は弱い。結婚したら、できれば働きたくないなあと思っている。仕事へのモチベーションがその程度でも、生活にはそこそこ満足しているというのは、やはり地元つながりの友人関係が充実しているため。「(府中町は)地元で友達も周りにいるので、そんなに不自由なく楽しいですね。あんまり出たくない方が強いです」と語る。
だが、その一方で、F7さんは「友達は同級生つながりがほとんどで、そのほかには作ろうと思っていますが、なかなか……」と嘆く。F7さんについて、生活面での目下の最大の悩みは、「何よりも結婚してないこと」。二〇代も後半となり、地元に残っている友人の多くは結婚し、「ピークは第一次も第二次も過ぎた」ということで、焦る気持ちが大きいという。「結婚して子どもを産んだら仕事はやめます。でも家計が苦しかったら働きます」ということで主婦志向が強いのだが、現時点で彼氏がいないということで、人生の現状評価は高くはない。そんななか、F7さんは、ラインのグループでつながっている趣味のスノボ関係の人たちとのつながりを大事にしている。地元ではない新しい人間関係も広がるし、「趣味が合っていれば何をやっても楽しいと思う」からだ。

以上のように、府中町を離れたことのない若者の多くは、地元に残ることについて、さまざまなメリットを語っている。経済的には、それぞれの収入はかならずしも高くはなく、現在の生活水準を維持していくだけで精一杯という人たちがほとんどであるが、地元にいるメリットを享受することによって、失業の期間があっても、貧困に追い込まれずにいる。何らかのかたちで実家に依存し、安価に暮らすことができるからだ。その一方、存在論的には、居心地のいい地元の友人関係によって支えられている。地元の友人関係は広がりを欠くけれども、毎日でも顔を合わせることのできる仲の良い人間関係は、毎日の生活を楽しく過ごすうえで欠かせない存在だ。そうした友達がいる日常を捨ててまで、見知らぬ土地に出て苦労することの意味がまったくわからないというわけだ。

(3) 東京から地元に引き戻される

府中町ないし広島の多くの若者が地元の外に行こうと考えないことを、F1さん(二〇代男性、ニート)は、「安全第一ですから」と表現した。広島を出たことのない若者たちには、エリート養成型の銘柄大学への進学を志したり、美容やファッションなどの高い専門性を身に付けて一流を目指したりという形での地位達成志向はあまりない。

だが、先にも見たように、地位達成志向を有する若者たちに関しては、地元を離れる傾向がある。また、地元から通える範囲に学校や就職先がないという理由で「押し出されるように」大都市に出るばあいはUターン志向も強くなると考えられるが、地位達成志向があって「あえて」三大都市圏に出ていくパターンについては、むしろ都会定住傾向が強くなる。三次市と比べて府中町で二〇~三〇代のUターン比率が低めになっているのもそのためだろう。

それでは、府中町の二〇~三〇代の県外に出て、そののちに地元にUターンしてくる地域移動のおもなる理由はいかなるものなのだろうか。最も主流だとされるのは、地元を離れた時点で、将来的に公務員や教員などのローカル・エリートとしてのキャリアを想定していた者や、地元で何らかの専門性を生かした仕事につくうえでの明確なキャリア・パスを心に描いて都会に出た者である。だが、Uターン／Jターン歴のあるインタビュー対象者の中ではそのタイプは少なく、むしろ、地元を離れた時点では、「とりあえず一人暮らしをしてみたかった」「若いうちにいろんな経験を積んでおきたいと思った」といった存在論的な動機を強調するケースが目立った。例えば、首都圏の大学に進学するも、二年で退学してUターンしてきた次のケースを見てみよう。

〈F8さん（二〇代男性、スポーツクラブ嘱託職員）～「とりあえず一人暮らし」と上京するも、大学中退でUターン。〉

F8さんは、受験時に東京の銘柄大学を志望したが失敗。滑り止めで受かった東京の都心部にある大学に進学した。その水準の大学であれば、自宅から通える広島市内の大学でもいくつかの選択肢はある。だが、「**とりあえず一人暮らしがしたかったんです。親とはいろいろもめとったんで**」ということで、上京することを選択した。じっさい親元を離れた都会の生活は楽しかった。ところが、大学の専門についてはまったく興味が持てず、だからといって「ほんまにしたいことが無かったんで」、授業には欠席しがちになり、ずるずるとアルバイトにはまった。そして、アルバイト先で友達を作って楽しくなり、遊び過ぎてしまった。「気づいたらピンチで、うちも裕福な家庭ではないんで、奨学金で行っていたんですけど、全部奨学金に最終的に手を付けてしまいまして、払えなくなって、帰って来いと。すいませんでしたって言って、帰ってきたと。」

F8さんは、府中町の実家に戻ってきてからしばらくは無職であったが、子ども時代に世話になっていたスポーツクラブの職員に誘われて、そこの嘱託職員になり、施設管理や小学生相手のスポーツ指導などの仕事をしている。土日のほとんどは、地元の小学生を相手に、各種のスポーツを教えている。「子どもらと関わるのは楽しいです。大人は黒いですから」ということで、仕事内容は嫌いではない。だが、非正規の職員ということで、ボーナスもなく、年収は一〇〇万円台。このままでは親から自立することも結婚することもできない。「(今の職場も)昇給制度とかちゃんとしてくれないと、さよならですね」と、焦りを感じている。

「大学もちゃんと卒業して、ちゃんと就職しとけばこういうことにはなっとらんかった」という思いから、F8さんの自己評価は低い。「劣等感のかたまり」になってしまうため、高校の友人たちとはあまり会いたいとは思わないという。F8さんの出身高校は進学校で、「医者とか東大京大当たり前みたいなところ」だったからだ。その一方、地元の小学校の友人とはラインでつながっているが「みんな出て行っているので」、盆や正月に誘われたら飲みに行く程度。そんななか、退学という結果になったにもかかわらず、東京に出たことについては、地元以外に人間関係を広げることができたという意味で「ほんまよかった」と強調する。東京時代の友人とは、関東での結婚式に呼んでもらったり、広島に遊びに来たりするような関係を継続していて、それはずっと「すげえ財産」だと思っている。

社会学者の難波功士は、近年の若者の「上京」について、「どうしても「一旗」という衝迫もなければ、田舎から「脱出」せねばという切実もなく、「最先端」を目ざすなら是が非でも東京へという焦燥もない。それは、かつての高等遊民たちの「遊学」が、一般化、大衆化したということかもしれない」と述べている（難波 2012）。F８さんの上京も、そのような体験であったといえる。そして、地元つながりに居心地の悪さを抱えるF８さんにとって、それは中途半端なかたちで終わったとしても、肯定的に捉えられるべき人生経験であった。その一方、F８さんが経済困難から二年で帰らざるをえなかったという事実は、雇用不安が高まるなか、エリートとして就職するわけでなければ経済的便益もなく、たいして目的意識もなければ東京にこだわる意味がないという状況を象徴的に示しているとも言える。

（4）海外体験から地元へ

一般的に言えば、**エリート志向が強かったり、何らかの強い目的意識があったりするわけでもないのに、地方中枢拠点都市圏からあえて生活費が高い三大都市圏に移動するメリットは次第に薄れつつあると言える**。「現在住んでいる地域の外に行く機会がなくても、退屈とは感じないと思う」かどうかと尋ねられると、「そう思う」人の比率が、中国山地の三次市がわずかに一七・七％であるのに対して、府中町は四五・七％と高い。この点について居住歴に差があり、府中町で「ずっと地元」に住んでいる人については五七・七％とさらに高くなる。

しかし、こうした数字にもかかわらず、府中町の若者は地域の外に出ることに関心がないと簡単に結論することはできない。注目したいのは、「長い休みがとれたとしたら、海外に行くなど遠出をして、見聞を広げることに興味がある」という人については、府中町は三次市よりも高く、七〇・六％

もの人が肯定的な回答をしているということだ。

ずっと府中町を離れたことがない、先述のF7さん（二〇代女性、一般事務嘱託）も東京よりも海外に関心がある、と次のように語る。「私たちの年代になると、時間にもお金にもちょっと余裕が出てくると、県外によく行きますけど、東京よりもむしろ韓国とかに行きますね。韓国とか興味ある人は多いですね。私も一回行きました。友達が韓国で結婚したので、その子が住んでいるから行ったのがきっかけです。東京は苦手です。生き急いでいるような感じが。歩いているのもみんな急いでいるような気がして。姉が東京に一時期住んでいたので、銀座とかに遊びに行っていたんですよ。それでイメージがついちゃいました。」

この発言に象徴的なように、府中町の若者の多くは、それなりに「外の世界」に対する目は向いていて、実際に地元を離れて暮らしてみたいという「憧れ」を持つ者も多い。だから、若者が内向きになって、海外留学や海外就職への興味関心を失っているという決めつけはよくない。むしろ、東京と地方中枢拠点都市圏とのあいだの消費社会的な格差が縮小するなかで、**「東京」は海外も含め、数ある「外の世界」のうちの一つに過ぎなくなっているのである**。インタビュー対象者のなかでは、広島都市圏を地元とし、府中町に住んでいる五人のUターン者のうち、三人が海外に居住した経験を持っている。それぞれの海外体験とその移動歴について注目してみたい。

〈F9さん（三〇代男性、美容師）〜「ハサミをもって世界を渡り歩く」思いを内に秘めて、地元Uターン。〉

F9さんは、府中町内で親が経営する理容院の息子として生まれ育った。だが、小さい頃はそれを継ごうという意識はなく、海外に行きたいという思いがとりわけ強かった。進学した高校は、地元・安芸府中高校の国際コース。特に銘柄大学に進学する者が多い高校ではないが、英語教育に力を入れている国際コースについては、とりわけ外に目が向いた子が集まっていて、現在も「知っとるのが一〇人おったら、半分は外に出て戻ってきていない」。F9さんもアメリカに行ってみたいという一心で、卒業時には自分のキャリアのことは考えてなかった。だが、親を納得させるためには語学だけでは無理だということで、F9さんはロサンゼルスにある美容専門学校に留学した。

F9さんは、美容師としてのキャリアを歩み始めたときは「ハサミを持って世界を渡り歩く」というイメージを持っていた。東京から発信されるファッション雑誌は職業柄ひととおりチェックしているが、その情報を後追いするだけでなく、自分のセンスに自信を持ちたかった。だが、「四〇代で続けている人は一割」というこの業界の競争の厳しさを自覚し、帰国して広島市内の美容院で勤務しながら、通信教育で日本の美容師資格を取得する。その後も、親を継ぐつもりはなく、広島市内で一人暮らしをし、他店で働いていた。だが、年月とともに仕事の先輩としての父親への尊敬の情もわいてきて、結局三〇歳で府中町に戻って、父親の店を継ぐ道を選ぶ。海外体験もした自身の美容師としてのキャリアに自信があり、お店を大きくしたいという思いはあるが、地元のつながりを考えると、これからもずっと府中町を拠点に置いて商売を続けるのがベストであるだろうと考えている。

〈F10さん（三〇代女性、NPOスタッフ）～人生経験を「地元」でのなりわいに生かす夢。〉

F10さんは、府中町生まれ育ち。両親とも教員で、自らも広島大学の小学校教員養成コースに進むが、「子どもたちの自由な表現」を大事にしたいという自身の考えが教員には合わないと感じて方向転換。新卒で広島市内の企業に就職し、営業職として訪問販売などを行っていた。ところが、母親が癌になったのをきっかけに介護のために仕事を辞め、その後に亡くなったあとには、ずっと憧れだった海外生活を経験するためにワーキングホリデーで一年間オーストラリアで暮らした。主に経験したのは、特に将来のキャリアにつながるわけでもないワイン用のブドウの摘み取り等の仕事だったが、何より「人に対するオープンさ」「笑顔でたいていのことは乗り切れること」を学んだことが財産になったという。帰国後は実家に戻り、花屋で働きながらアートセラピーの勉強をするなどしていたが、通信教育で保育士の資格をとったあとは、府中町の保育所で臨時職員として働き始めた。だが、近年、同居していた父も亡くなり、一人暮らしに。それまでの保育士の仕事だけでは生計を立てられないということで辞めた。インタビュー当時は「無職」で、あらたに出張整体マッサージの仕事を始めようかというところであった。

現在は、収入源にはなっていないが、F10さんが一番エネルギーを注いでいるのは、数年前から関わっている広島市の基町を拠点としているNPOのスタッフとしての活動である。そのNPOでは、子どもに自由な表現の場を提供することを目的とした活動を行っている。F10さんは、そこで学んだノウハウを、いずれは地元の府中町で展開することを目標としている。イメージは、一人暮らしとなった自宅を開放して、子育て支援の場と、大人が語り合えるような居場所を作ること。町の面白い人たちを繋ぐ「近所のおばさん的なもの」になれればと思っている。自宅の畑では野菜を育てて、自給自足的なこともしてみたい、と夢を見る。これまで、海外体験を含めてさまざまな仕事や活動に手を広げてきたF10さんであるが、今は「若い頃にがちゃがちゃとやっていたことをようやく自分のところでやっていこうかなという時期」だと思っていて、両親がいなくなった自宅を起点に、地域の居場所を作る夢を広げている。まだ実現に向けた行動をしているわけではないが、そうした青写真について、ずっと府中町にいる小中学校の同級生たちとしょっちゅう熱く語り合っているという。

〈F11さん（三〇代女性、事務総合職）〜海外で培ったクリエイティブなセンスに自信。〉

F11さんは、広島市生まれ。両親の家は、市内で転居を繰り返したので、都市圏の全体が「地元」という感じだという。結婚後に勤務先のある府中町に転入してきた。

現在大手製造業者の企画部で正社員の総合職として仕事をしているが、クリエイティブ志向の強さが核にあるという点で一貫している人である。ジャーナリストを目指して、東京の私立大学に進学し、社会学や文化人類学を勉強したが、一年で物足りないと思って中退する。「海外に出たほうがためになると考えて」アメリカにわたり、短大を卒業した。その後、アメリカに残ってしばらく翻訳などの仕事をしたのち、帰国して神奈川県の茅ヶ崎市に住んで、外資系のIT企業の広報マーケティングを担当した。ただし、そこで家庭の事情が生じたのを機に、広島の実家に戻ることにした。

広島に帰るにあたっては「高スペックなものでなければ私は嫌」とこだわり、「英語力を生かしてものつくりに生かせる仕事」を探したが、「自分のレジュメに合う企業はほとんどなかった」。その結果、府中町に立地する大手製造業にプロジェクト採用されるが、当初は派遣社員であった。だが、就職した直後にリーマンショックが勤務先の会社を襲う。派遣社員はほぼ全員がリストラ。そんななか、F11さんは高い英語能力と企画能力を買われて、契約を継続された「たいへんレアなケース」であった。数年後には正社員の試験を受けるように勧められ、正社員となった。現在は、商品企画というクリエイティブな業務を任され、とてもやりがいを感じている。

プライベートでは三年前に高校教師と結婚し、府中町に引っ越した。「クリエイティブであること」を大事にしているF11さんとしては、府中町の環境についてはただの田舎の住宅街だと思っていて、「都会的な楽しみがない」と酷評する。だが、広島市の中心部にはクリエイティブなコミュニティが十分にあり、そこに移動していけばよいので、生活のなかでは全く不満を感じていないという。仕事とは別に、広島のライブハウスを拠点に音楽活動もしていて、交友関係も広めている。もちろん、ときには広島の外の地域に行く必要もあるが、仕事で年に何度か東京に行っているので、それで十分だと感じている。仕事が多忙になり、海外に行くことについては自由にできなくなった。だが、アメリカで暮らした「過去の資産」があって、それが自分のセンスを作っている重要な部分だと感じている。

この三人の海外Uターン経験者は、その体験を通して特定のスキルを得たというよりも、「オープンさ」や「クリエイティブな感覚」といった存在論的な価値をむしろ強調する。そして、いずれもその体験を自信にし、生まれ育った地域でのキャリアに結び付けようとしつつ、地域の外にもアンテナを張っている。ただし、実家のある府中町に戻ったF9さんやF10さんと、広島都市圏内で移動を繰り返しているF11さんとでは「地元」の感覚がだいぶ異なっている。F9さんやF10さんの場合は、海外経験等で培った自分のキャリアを府中町の同級生つながりを核とする地元コミュニティに接続することをゴールと考えている。これに対し、広島市内から府中町に転入したＦ11さんのいう「地元の友人」とは、東京や海外に行く前の同級生の友人たちとの関係ではなく、Ｕターン後に仕事やクラブハウス等で知り合った広島の友人たちとの交友関係のことを指している。府中町内のコミュニティとの交流には、ほとんど興味がない。

この節でこれまで取り上げてきた十人の事例は、いずれも地元である府中町に住んでおり、小中学校以来の人間関係を少なからず意識しながら生活していた。これに対して、Ｆ11さんは、府中町内の地元コミュニティとの関わりには距離を感じている。次節では、Ｆ11さんのように府中町に転入してきた「非地元民」としての意識を持っている人たちにとっての地域移動の意味について考察してみよう。

4-2 地域にひきつけられる

(1) 広島都市圏内で移動する――利便性の高さを求めて

府中町はリバビリティの高さ（消費環境や保育園・幼稚園などの生活環境の充実）と、アクセシビリティの高さ（通勤上の便利さ）という点で、広島都市圏内でも人気のある場所であるため、結婚や就職を機に多くの転入者を集めている。(1) 府中町は転入層の専業主婦率が高いが、賃貸住宅の供給も多く、流動性が高い地区があるということも関連がある。例えば、Ｆ12さん（三〇代女性、専業主婦）は、夫婦ともに北九州市が地元であるが、夫は保険会社に勤務する転勤族であり、毎日仕事の帰りも遅いので、「自分が仕事にはまったら困ることになる」という理由で専業主婦なのだと語っている。F12さんは、子育て事情を仔細に調べ、それを最優先に府中町への転入を決めている。

ただし、転入層は県外出身者よりも、広島都市圏内出身者のほうが多い。広島都市圏内で地域移動を繰り返した経験のある人については、府中町も含めて「広島都市圏」全体を地元と捉えるばあいもある。だが、一般には、いま居住している府中町を「地元」には含めて考えない人が多い。

県外から府中町に転居するばあいは「仕事」を理由にするばあいが多いが、広島都市圏の「地元」から府中町に転居する契機は「結婚」が主である。主婦層のばあいは夫の生活を第一に考え、夫実家が府中町にあることや夫の通勤事情を理由として挙げ、共働き層のばあいは夫婦の生活ないし仕事・通勤上の利便性を強調する。

夫の実家が府中町にあるために転入した事例は四ケース。いずれも乳幼児の子育て中の女性である。そのうち以下のF13さんは、府中町の夫の実家を二世帯住宅に建て替え、そこに引っ越してきたという事例である。

〈F13さん（三〇代、専業主婦）〜社宅住まいから夫実家との二世帯住宅へ。〉

F13さんは、広島中心部から一時間近くかかる東広島市が地元。地元は田舎で、「将来はもっと街中に住みたい」とずっと思っていた。そのため、実家から一時間ほどの距離にある府中町内の高校までわざわざ通い、大学も二時間かけて広島市内の私立大学に通学した。卒業後は、広島市の派遣会社に登録し、製造業大手のＭ社の派遣社員となったが、ずっと実家住まいだった。仕事は、海外の短期留学を経験しているために英語力を売りに、外国人研修生の対応をしていた。ところが、リーマンショックのあとの不況が襲い、Ｆ13さんは派遣切りの憂き目にあって、仕事を失った。そのあと別の派遣先で働いていたが、Ｍ社時代に知り合った同僚の工員と結婚・出産し、その後は専業主婦となる。夫は職場が府中町であるだけでなく、地元も府中町。ところが、結婚後はそこから一時間離れたところにあるファミリー用の社宅住まいであった。高度経済成長に建った社宅は、設備がたいへん古かったが、家賃がほとんどかからないという魅力があった。

社宅には数年住んだが、ファミリー用の社宅制度自体が廃止されて立ち退きとなった。それと前後するタイミングで、府中町にある夫の実家のほうも、駅前再開発で立ち退きとなった。そこで、Ｆ13さんらは立ち退き料を得て、府中町内に二世帯住宅を新築して、そこに転居した。

新築住まいでまだ一年しかたっていないが、消費環境が充実し、市街地へのアクセスもよく、子育て関連のインフラなども整っているということで、府中町の環境は「たいへん暮らしやすいところ」だと思っている。夫の地元が府中町だというのが大きく、「完全によそものだというかんじはしない」。

夫実家が府中町にあるために広島都市圏内から転居してきたケースはほかに三ケースあるが、居住形態や居住に至る経緯はそれぞれ異なる。

Ｆ14さん（三〇代女性、専業主婦）のばあいは丘陵部の団地で三世代同居をしている。町内は子ども会も解散してしまったような高齢化した地区で、できれば「もうすこし便利なところ」に引っ越して、夫の両親とは別に暮らしたいと思っている。また、Ｆ15さん（三〇代女性、契約事務職員）とＦ16さん（二〇代女性、専業主婦）については、夫実家の近くのアパートに居住している。このうちＦ16さんについては、実家が広島市内で米穀販売店をやっているが、親が年をとって廃業したら、自分の実家のほうに住みたいと考えている。妻実家と夫実家のどちらの近くに住むかという問題について、広島都市圏内の居住地選択についていえば、その規範はそれほど強いものではないと考えられる。

夫婦どちらかが地元であれば、結婚して転入してきたとしても、自然なかたちで府中町内の地元コミュニティに入り込むことができる。だが、夫婦いずれもそうした縁故がなければ、同じ広島の人間であるとしても、地元コミュニティとの関わりの難しさを意識することになる。そのような転入者の三人の事例は以下のとおりである。

〈Ｆ17さん（三〇代女性、専業主婦）～子育てを通して感じる「地元コミュニティ」の壁。〉

Ｆ17さんは広島市の安佐北区の出身。二〇一四年夏に起きた土砂崩れの被災地にも近い、郊外住宅地が地元である。地元からは距離的にはそう遠くはないが、二人の乳幼児の子育てで精一杯であるために、あまり府中町外に出ることはなく、付き合いは疎遠になっている。世帯年収は四人家族で三〇〇万円台と高くはなく、「家を買おうという現実的なプランは無く」、賃貸アパート暮らし。生活は決して楽ではない。両親も祖父母の介護をしているので、子育てを手伝ってもらうことを期待できない。二〇年後は子どもの学費を払いつつ、両親の介護もしているのではないかと考えると、明るいイメージはない。「仕事しなければやっていけない」から近場で仕事を探したいが、「子育てに支障が無い範囲の時間帯でできたら」と考えるとなかなか難しい。

Ｆ17さんは、もともと全く知り合いのなかった府中町のなかで、子育て支援に関わる施設を積極的に利用し、ママ友を広げている。そんななか、行政や地元コミュニティと関わる機会も多いが、「**他所から来た人、つまり転勤族とか結婚を機に来た人と、古くから住んでいる人とがなかなか交わり合わない感じ**」に違和感を抱いている。町の政治の中心にいる「古くから住んでいる人」のコミュニティは超高齢化しており、たとえば町内会はあっても子ども会がないという地域も少なく、子育ての問題を言ってもなかなか話が通じないと不満を述べる。これは、府中町の「山側」と「平野側」の違いとも感じられていて、「山側」は地元層が多く、子育てにあたっても親世代の手伝いを期待できるが、「平野側」は転入層が多く、分譲マンションや賃貸アパートに住み、誰の援助も得られずに子育てに苦労している人が多いというイメージがある。**府中町は転入層の専業主婦比率が多いが、それは子育てにあたって簡単に親に頼ることが難しい事情があるためであり、決して働かなくてもいいほど豊かであるというわけではない。**（⇒第7章）

〈Ｆ18さん（二〇代男性、製造作業）～製造業大手の工員。通勤の都合上、府中町に転入。〉

府中町内にある大手の製造工場で工員を務めるＦ18さんは、広島市佐伯区の郊外住宅地にある団地が地元である。高度経済成長期に造成された古いタイプの郊外住宅地で、近所の付き合いも密だったという。しかし、中心部から三〇分以上かかり、交通アクセスはあまり良くない地区であるため、高校時代に広島駅近くの東区に家族で引っ越した。Ｆ18さんはそこから広島市内の音楽の専門学校に通って、ミュージシャンを目指し、専門学校を卒業後もフリーター生活をしながらバンド活動を継続していた。ミュージシャンとして成功したいという上昇志向もあった。だが、ライブハウスで知り合った看護師をしている女性と付き合い、結婚を視野に入れ始めたのを機に考え方が変わった。「ちゃんと仕事をしろ」とプレッシャーをかけられたこともあり、覚悟を決めてバンド活動をやめて、大手企業の工場の期間工になった。その後、たいへんレアなケースであるが、仕事の優秀さが認められ、正規の工員として採用されたのを機に結婚を決めた。一週間交代で夜勤シフトがある製造作業の仕事では、通勤に負担がかからないほうがいいという事情で、府中町にある会社から徒歩圏内のところにアパートを借りた。

F18さんは、広島については「(中学校などの) 地元の友人がおるけえ多分好きなんだと思います」と言う。ラインのコミュニティで繋がっていて、「ふだんから連絡をとるんかっていったらそうではなくて、ただ、そういうところで繋がっているから安心しとるんでしょうね。連絡しようとおもったら、いつでもとれるけ」というわけである。そうは言うものの、夜勤仕事なので友人付き合いはじっさいにはほとんど無く、同じ広島にいても、地元の同級生たちともめったに会えない。一方、今住んでいる府中町については「地元よりも便利だから好きですね」という。何より会社から近いのがいい。だけど、地域で人間関係を広げることには興味がないという。地域の人との交流の機会にも「参加したいとかないですね。地元のときは、小学校のときとかはあったんですけど、年齢が上がっていくと面倒くさい。全く興味はないですね」と言い切る。「僕と嫁さんだけの二人だけの生活で近所の付き合いを考えると、正直言うと面倒くさい」とのこと。だが、将来、こんなに知り合いのいない地域で子育てができるのかという不安もある。「団地で暮らしていた身として、隣の人間を知らないというのはちょっと気持ち悪いというか、変な感じはあります。団地では町内の活動とかあったんで。子どもを育てる環境としては、近所の付き合いがあったほうがいいと思うんですよ。」

〈F19さん（三〇代女性、食品販売自営）～商売上の都合で転入。地域商売だが、地縁組織とは無縁。〉

F19さんは、ぎりぎり広島都市圏に含まれる山間の安芸郡熊野町の出身。広島市内の専門学校に通い、その後、歯科助手として働いていた独身時代は、実家から一時間ほどをかけて通っていた。その後、広島市東区で食品販売業を営んでいた夫と結婚し、すぐに子どももできたので専業主婦となった。ただし、夫の実家も交通アクセスの悪いところにあり、ビジネス上の都合としては良くなかった。そこで、結婚を機に、双方の実家の中間点にあるエリアという点を考慮し、府中町に居を構え、そのすぐ近くに店を開店した。その後、夫の母も府中町に転居し、子育てを手伝ってもらっている。F19さんは、結婚当初は家事・育児を中心とした生活だったが、次第に夫のコーヒー豆販売の仕事に意欲的になり、最近では夫の店舗と別に、自分自身のテイストが生かされた店舗を暖簾分けし、仕事中心の生活を送っている。

F19さんは地域で友人を作ることに積極的だ。転入してきて以来、ステンドグラス作りや体操などの趣味の活動を通して、地域に人間関係を広げている。地元と比べると圧倒的に便利な府中町の生活は「ポイントが高い」。だが、それでも府中町のコミュニティにはヨソモノの感覚があり、なじめずにいる。「昔からの方は昔からの方でばあっと固まっているので、町内会とかでも役員の方を昔からの方で固めてらっしゃるんですよ。それはそれでいいんですけど、そのわりには新しく入った方にはよくわからないことが多いんです」と言う。「地元の人はわかっているけど、いきなり町内放送がわーっと流れ出して、何を言っているかもわからないし、今のなんだったみたいなことも」よくあるという。地元のコミュニティは高齢者が中心で、子ども会は解散している。だから、ラジオ体操をする場所もわからず、誰に尋ねても要領を得ない。地域の信頼を得ることが大切な自営業者であるため、地縁組織の活動と関わりたい気持ちはあるのだが、一〇年たった今でもほとんど声がかからないという。

このように、広島都市圏が地元で、結婚や仕事を機に府中町に転入した層は、特に子育てを機に地域との関わりを積極的に持ちたいと考える者も少なくない。利便性を求めて転入したケースが多く、定住志向も強い。町外にある実家も一時間以内のところにあるので、子育てのサポートを頼っているばあいも少なくないが、「地元の友人」についてはめったに会えるわけではないので、府中町の地元民のように強いウェイトを占めるものではない。そういうわけで、府中町の「地元」民と同じ広島都市圏の生まれ育ちとは言っても、地域と関わりを持とうとするさいに、濃いつながりのある「地元コミュニティ」の壁をどうしても意識してしまう。

(2) 公務員就職のため転入

ローカル・エリートの人気職種と目される公務員・教員になろうとする場合、採用枠が狭かったり、倍率が高かったりすることも多いので、地元にこだわってもなかなか希望がとおるわけではないことを覚悟しなくてはならない。だから、多くのばあい、県内の複数の自治体に受験し、合格したところに行くという考え方をとらざるをえない。このようなかたちで、地元を離れて県内の別の自治体に住むことになるパターンを、吉川徹のローカル・トラック論は最も主流をなすパターンとして捉え、これを「県内周流」型と呼んでいる（吉川 2003）。

インタビュー対象者のなかでは、府中町役場に勤務するＦ20さん（三〇代男性、公務員）とＦ21さん（三〇代女性、公務員）のばあいがそうで、いずれも地元出身ではなく、本調査のもう一つの調査地である三次市を地元としている。二人とも新卒就職ではなく、苦労の末に公務員として就職をしている。Ｆ20さんは大阪の民間会社からの転職であるし、Ｆ21さんは高卒後に地元で三年間のフリーター生活を経たのちに、府中町で採用となっている。

〈Ｆ20さん（三〇代男性、公務員）～三次市出身。公務員の県内就職にこだわり、たまたま府中町に勤務。〉

Ｆ20さんは、三次市郊外の県営団地が実家。高校のときから「国立大学に進学したい」ということで、実家を離れて広島市内の進学校の寮に入った。その後、山口大学を卒業し、その後は大阪の設計会社に技術職として就職をした。支社が広島にあり、ゆくゆくは戻れるのではないかという考えもあった。ところが、会社の経営が怪しく、業務量も半端なく多い状態で、先行きに不安を感じるようになった。そこで、三年働いたところで辞めて、広島に戻って公務員を目指すことにした。二人きょうだいで、兄は横浜のほうに出ているというのもあって、本当は地元に戻って三次市役所で就職するのがベストだったが、中途採用の募集がなかったので、こだわらずに県内の自治体で受けられるところを受験することにした。その結果、たまたま通ったのが府中町役場であった。

希望通り公務員になれたということで、現状にはとても満足している。職場は安定しており、地元には「よっぽどの事情がないと戻ることは無い」と思っている。最近結婚して子どももでき、どこに家を買ったらいいのか考えている段階である。実家までは車で一時間半ほどかかり、毎日行き来することはできないけれども、二週間に一度くらいのペースで行き来する分には問題がない。この距離は、何かあってもお互いにかけつけることのできる「準近居」の距離感である。毎日行き来するのは困難だが、週末等を利用して実家に帰ることは難しくなく、子どもができても大変な時には親に駆けつけてもらうこともできるからである。地元には継ぐべき田畑も無く、兄もいるという点が大きく、「家を継ぐ」という意識がない。リタイア後も実家に戻るつもりはない。

(3) 広島県外からの高卒就職

広島都市圏は三大都市圏に大卒エリート人材が移動する傾向がある一方、「地方中枢拠点都市圏」としては規模が大きめであり、中四国ブロックの中心都市として、県外から若年労働人口を吸収している側面もある。例えば、全国から人材を集めているM社のようなグローバル企業も立地しており、「支店経済」ということで、全国の大企業の転勤者も少なくない。また、広島という都市自体がプロ野球やJリーグの人気チームがあることに象徴されるように、全国的にも認知された都市としてのソフト・パワーも有している。特に府中町は広島都市圏のなかでも県外からの転入者が多いエリアである。

そのうち、高卒と同時に転入してきたインタビュー対象者は五名。そのうち三名は府中町に本社がある、大手製造業M社の社員である。その地域移動に関する意識を中心に見てみよう。

既に見たように、全国的に言って高卒人材は県内に定着する傾向を増しており、県外就職者の比率は少ない。そうしたなか、高校の職業科から、学校の推薦によって県外の製造業大手で働くというルートは、現在なお高卒県外就職のメインルートであると言える。以下の三人は、このルートを経て、県外から府中町に本社があるM社に入社しているが、いずれも地元では職業選択の幅が限られる西日本の条件不利地域圏の出身である。

〈F22さん（二〇代男性、製造作業）～九州の工業高校から推薦ルートで広島へ。〉

F22さんは、熊本県人吉市の出身。熊本市まで高速を使って一時間程度、八代市まで三〇分程度かかる条件不利地域圏である。F22さんは、地元の工業高校を出て、高校の推薦で府中町に本社のあるM社への就職を決めている。地元については、就職状況が悪く、「田舎で、地元に残れないというか、残ってもあまりいい仕事はない」と思ったからだ。地元には田圃や墓があるが、親も「地元におってもしゃあないけん出たほうがいいよ」と言うので、「残ろうという気持ちはあまりなかった」。「熊本県では自動車のH社くらいしかないので、工業高校の仲間はいろんなところに散らばっていく感じ。女の子とかは残っている人も多いんですけど、働く場所がないんですね」という。高校の推薦枠は成績順に埋まっていく。一番人気なのは、愛知県の自動車大手のT社や、福岡県の鉄鋼大手のS

社などの「名前の売れたところ」。広島のM社はその次のランクだった。
今の現場の製造ラインの仕事は楽しいとは思っていない。「年寄りがほとんどで、毎日イライラする」し、一週間交代で夜勤があって、メンタル的に「どんどん暗くなってしまう」からだ。ただし、休みは、同じ寮の仲間たちとそれなりに楽しんでいて、広島市内に飲みに行くことが多い。男同士ということで、キャバクラに流れたりすることも。「合コン」にも積極的に参加していて、「彼女がいれば現状に満足と言えるんですけど」と語る。ただし、地元については仕事がないので帰るつもりはない。「帰るとしてもすごい年をとってからじゃないかと思います」ということで、現状に不満を抱えつつも、ずっと今の会社で働くつもりでいる。

〈F23さん（二〇代女性、製造作業）～想定外の県外就職だが、広島の寮生活を楽しむ。〉

F23さんは、山口県防府市の出身の就職三年目。高校は商業科であったが工員になろうと思ったのは、地元は田舎で、高卒就職の選択肢が乏しいことがわかったからだったという。「簿記とか資格を持っていたんですけど、銀行の事務とか枠が少なかったりしたんで、難しいなと思って。でも、サービスとかは自分できるかなと思って、うまくしゃべれたりするかなあと。それより作るほうが好きだなと思って、とりあえず製造をやりたいと思いました」ということで、高校の先生に相談をした。防府市には、府中町に本社のある製造業大手の工場があり、そこに地元就職するつもりで高校の推薦枠に入り、受験をして、内定をもらった。ところが、意外なことに、配属先は地元ではなく、隣の広島県にある工場であった。F23さんははからずも地元を離れることになり、社員寮に入った。想定外の地元外就職ではあったが、社員寮のルームメイトは同じ高校の同級生だったため、「地元を離れるのは全くといっていいほど抵抗はなかった」と語る。実家から今の住まいまでは車で三時間余り。ぎりぎり日帰り圏内であることの意味は大きく、地元から母親がよくやって来るという。「山口と広島で、近いっていうのもあると思うんですけど。弟が福岡で、姉が大阪で、それくらいになると帰れない距離だなと思うんですけど。」

Ｆ23さんの現在の友人は、ほぼ同僚。会社のバレーボールやバスケットボールのチームに参加し、休日には女子寮の友達とイオンモールに出かけたり、ラウンドワンで遊んだり、Windsやきゃりーぱみゅぱみゅなどのライブを観に行ったりするなど、広島での生活を健康的に楽しんでいる。フォークリフトを操作して工場内で運搬する仕事が主であるが、日勤の仕事であり、体を動かすのは好きなので問題ないという。女子工員が少ない職場であるが、先輩の女性が育児休暇をとって復帰している例を見ているので、いまの段階では、それほど不安に感じてはいない。二〇年後も今の会社で働き続け、寮を出た後にどこに住むかはわからないが、広島に定住するイメージを持っている。

〈Ｆ24さん（三〇代男性、製造業技能職）～キャリアの継続か、地元に戻るかの曲がり角。〉

県外出身者の工員たちは、おおむね広島の生活環境には満足し、そのまま地元に戻らない考えで生活しているが、キャリアの限界に直面し、地元に帰って転職するという選択肢を考える者もいる。

Ｆ24さんは、長崎県南島原市の出身の三〇代前半。やはり工業高校から、学校推薦を経て、広島に転入している。高校では愛知県のＴ社とその関連のＡ精機が人気だったが、「成績が上の人にとられてしまい」、第三希望であった広島の製造業大手M社の工員となった。高校時代から付き合っていた地元の彼女も追うように広島にやってきて、早い時期に結婚。現在、保育園に通う小さな子どもが二人いる。技能職としてキャリアを積んできたが、最近は設備投資の仕事、若い工員に対する教育、そして地域貢献と担当業務の幅が増えて、仕事のストレスが強すぎる状態になっている。残業も多く、週当たりの労働時間は六〇時間を超える。「仕事と自分の自由時間のバランスで、家族に費やす時間、友人との付き合いに費やす時間をもうちょっとほしいな」ということで、現状評価はおしなべて低い。これだけ働いているのだから、会社からもっと評価されてもいいのではないかという思いもある。

F24さんは、最近、実家のほうで父親と祖父母が立て続けに亡くなり、母親が一人。実家は「本家」があり、「田圃」もあるということで、地元に帰ろうかどうしようかということで、迷っている。妻と同じ地元であるということも大きい。地元のコネで農業系の仕事をするってもあるし、工業高校教師の資格もあるので、やってみようかという気持ちもある。このまま今の会社に勤めていれば、近い将来に中間管理職になる見通しはあるが、「もっと自分の力を発揮できるのがここではないかもしれない」という気がしている。

このように、三人の県外高卒就職者はいずれも条件不利地域圏の出身であり、地元の厳しい就職事情から、押し出されるように広島に転入してきている。「地元」との距離感は三人それぞれであるが、「後継ぎ」であるF22さんとF24さんは地元の「家と田圃」を意識していて、そのうちF24さんについては潜在的地元志向が強く、Uターンを具体的に検討し始めている。
次に、やはり条件不利地域圏の出身であるが、高校の推薦ルートに頼らず、中四国の地域ブロックの中心都市としての「広島」の磁場に引きつけられて転入してきたのが以下の事例である。

〈F25さん（三〇代男性、ギフト店営業職）～DJになろうと広島へ。その後、転職を繰り返した末に、府中町に家を購入。〉

F25さんは、大分県中津市の農村地域の出身。同級生の半分が地元に残っていない過疎地だという。高校時代に、福岡に住んでいた姉に連れられて博多のクラブハウスに行き、DJになりたいという思いを強く持った。高校教師で進路指導を担当していた父親は大反対。しかし、「こんな田舎にいられるものか」と、家出同然で地元を離れ、姉のいる福岡にいると「見つかってしまうということで除外」し、「その次に人が多いところ」ということで視野に入ったのが広島だった。そして、広島随一の歓楽街である流川の近くのクラブハウスで四年ほど働く。ところが、音楽シーンはたちまち変わり、ディスコブームは終焉。F25さんの勤めていた店も閉店となり、それに合わせて徳島や岡山の系列店に移るが、最終的にそれも見切って辞めた。その後、有名なテレビ番組にも取り上げられたことがあるというやり手の起業家に引っ張られる形で、飲食店チェーンに転職し、一時期は東京でも暮らした。だが、そこも浮沈の多い業界で、二年で辞めて携帯ショップに派遣社員として就職。ちょうどその頃、広島で出会った女性と結婚することになったのを機に、正社員としての雇用を求めて、現在のギフト店の営業職にたどり着いた。

F25さんの妻は、広島出身で製造業大手の正社員の総合職。正社員の共働きということで、世帯年収の水準は高い。広島二〇～三〇代調査の数十人のインタビュー対象者のなかで一〇〇〇万円に達しているのはF25さんだけあった。子どもができたのを機に、広島都市圏のなかでも最も人気のエリアの一つと言える、府中町のイオンモールから徒歩圏内のところに一戸建ての住宅を購入した。

ただし、府中町で家を購入するにあたって、F25さんには迷いがあった。大分の農村にいる両親は、F25さんがいつか地元に帰ってくることをいまだに望んでいるからだ。だが、帰っても「仕事は絶対に無い」し、一度も広島を出たことのない妻が納得するわけがないので、そういうことを言われるたびに「突っ返している」。だが、潜在的地元志向はあり、老後に地元に戻る気持ちがないわけではない。だからこそ、広島でも人気のエリアに家を買っておけば、価値もそれほど下がることはなく、将来売って処分することも可能であると考えた。F25さんはそのように府中町に居を定めることに決めた理由を語った。それは人生一四回目の引っ越しであった。

このほか、広島県外から高卒時に進学のため、周辺の中四国ブロックから広島へ転入し、そのまま定住するケースも少なくない。現在、シングル・ファーザーとして二子を育てながら、飲食デリバリー店に勤務している愛媛の四国中央市出身のF26さん（三〇代男性、飲食サービス）がいる。四国中央市のように県内大学へのアクセスが困難な地域からは、日帰り圏内の広島や岡山に移動する者の比率が高くなる。

（4）大都市から転入したエリート

ここまで見てきたケースについて、学歴については旧国立大学では広島大学が二名、山口大学が一名である、その他のエリート養成型の銘柄大学の出身者としては京都府八幡市が地元で大阪大学大学院出身のＦ27さん（三〇代男性、エンジニア）と、神奈川県厚木市が地元で早稲田大学大学院出身のＦ28さん（二〇代男性、事務総合職）がいる。いずれも、広島に本社がある製造業大手のエリート社員であるが、Ｆ27さんがスペシャリスト志向が強く、Ｆ28はジェネラリストとしてのキャリアを歩んでいるという点、そして、Ｆ27さんが独身であるのに対して、Ｆ28さんは地元府中町の女性と結婚しているという点で、その意識のあり方はとても対照的である。

〈Ｆ27さん（三〇代男性、エンジニア）～海外転勤もいとわない適応能力の高いエンジニア。〉

Ｆ27さんの大学院の専門は機械工学。大学院までずっと自宅に住んで、関西を離れたことがなかったが、関西での就職にはこだわっていなかったという。そのときの気持ちについて、「そこを縛ったら何もできないかなと思っていたんで。もともと全部とっぱらって探すべきだと考えていたんで、ぎゃくに地元のところとか就職活動中一個くらいしか受けてなかった」と語る。大都市育ちなので、「向こうのほうが情報量も物の量も、レジャーだろうが何だろうが、何かしようとしたときに圧倒的に便利なのは事実」だとは思う。だが、「僕はそこでいいところを見つけて、それでいいと判断する人なんで、こっちがいいからこれでなきゃ嫌だとは絶対ならないですね」ということで、自らの適応性の高さを強調する。エンジニアのエリートということで、転勤の可能性も十分にある。「たぶん、僕は三年後にはここにいないんじゃないかと。海外に行く可能性が高いと思います。正直、海外には全く興味がないんだけど、そういうことになれば、機会をくれてありがとうって思うタイプです」と、やはり自身の適応力を強調する。仕事は開発部門のエンジニア。「お前の仕事は超花形の仕事だ、と同じエンジニアだった父からも羨ましがられます」と語り、「その分野のスペシャリストとして、世界一を目指している」と自負するF27さんのキャリア観は、グローバル化時代に対応した柔軟性の高いタイプであると言える。

その一方、F27さんは、これまで単身でアパートに暮らしていて、地域の人々との交流には参加したこともないし、全く興味がないという。地域については完全に消費者として関わっているだけで、府中町については「ただのショッピングが便利なところ」であって、地域のコミュニティに関わるつもりはない。

〈F28さん（二〇代男性、事務）～首都圏から就職で広島へ。地元・府中町の女性と結婚し、地域に目を向ける。〉

F28さんは、早稲田大学の大学院の機械工学科を出て、広島の製造業大手企業に採用された。当初は広島で誰も知り合いがいない状態だったが、府中町で家業（自動車部品販売業）を手伝う女性と合コンで知り合って結婚。子どももでき、妻実家の援助を受けて、府中町で中古の一戸建てを新居として購入もした。妻が地元民であるということは大きく、前述のF17さんとは異なり、地域の事情や諸活動にも興味を持っている。海外に出向で二年くらいは行く可能性はあるが、たぶんずっと府中町に定住するのだろうと思っている。

ただし、毎月一〇万円の住宅ローンを払いながら、妻一人と小さな子ども二人を抱えてほぼ片働きということで、収入面で苦しさを感じている。仕事面では、もともとエンジニアのエリートであるが、入社後はむしろジェネラリストとしてのキャリアを積み、現在は本来の専門とは関係のない事務系の部署に配属されている。「もともとが理系人間なので、物を作るほうが楽しい」ということで、その点は物足りなく思っている。だが、「やりがいか収入かと尋ねられると、今は家族を養う立場なので、収入のほうを第一に考えています」とのこと。会社は大企業であるが「いいときもあれば悪いときもある」ということで楽観視していない。「(二〇年後は) リストラされているかもしれませんし」と将来不安も語る。だが「物凄くよくはならないけど、だからといって、物凄く悪くはならないかなと。しぶとく生きているんじゃないかと」ということで、自分の将来には希望を持とうとしている。

4-3 小括——地方中枢拠点都市圏の求心力

この章には、府中町在住・在勤の二八人が登場し、それぞれの地元定住ないし地域移動の来歴およびその現状評価について分析した。それを踏まえて、若干の考察を加えてみたい。

(1) 地元から押し出す力

第一に、「**地元から押し出す力**」について。

府中町を含む広島都市圏には多くの大学が立地しているが、エリート養成型の大学進学や一流の専門性を身に付けようとする地位達成志向があれば、東京や大阪に流れる傾向は依然としてある。銘柄大学の選択肢や文化産業の立地の偏在を考えれば、エリートが三大都市圏に流れるのは経済的便益を考えても必然的であり、その意味での三大都市圏と広島を含む地方圏との間にある進学・就職時における地域移動の格差構造がドラスティックに変化することは考えにくい。ただし、その一方で、広島都市圏から出なくても、通学可能な範囲にある程度の大学の選択肢はあるし、一通りの資格の取得も可能である。したがって、**地位達成志向がない者については、広島都市圏を出て三大都市圏に移動する必然性はなく、その意味で「地元から押し出す力」は弱まっている。**文部科学省の「学校基本調査」を見ても、一九九〇年から二〇一五年の間に、県内高校生の県外大学進学率は全国平均七・七%低下しているが、特に広島県の場合は一七・九%も低下している。じっさい、府中町の実家を出たことがないという七ケース（F1さん～F7さん）には大卒者も含まれるが、総じて地元の人間関係や生活環境に満足しており、いずれも地元を離れたいとは思っていない。この七ケースについては、特に資格や高度な専門性があるわけではないので、経済的メリットを期待できるわけでもなく、地元を離れるリスクのほうが大きいと考えている。

ただし、府中町に暮らす若者たちは、地元外での生活経験がキャリアと結びついたり、経済的メリットをもたらしたりすることが期待できないとしても、地元外に出ることに全く意味がないと思っているわけでは必ずしもない。**「地元から押し出す」力は、経済的要因がなくても、「（地元以外の）人間関係を広げたい」「一人暮らしをしてみたい」「外の世界を見てみたい」といった、ノンメリトクラテ**

イックな存在論的要因によって機能する。地元定住志向の強い若者たちのなかにも、いちどは地元を離れて生活する経験をしてみたいと考える者は多数派であると考えられる。例えば、Ｆ７さんは、地元のなかの人間関係に満たされているが、それだけでは人間関係の幅が広がらず、交際相手が見つからないという悩みについて語っていた。また、Ｆ８さんが東京の大学に進学した理由は「とりあえず親から離れて一人暮らしをしてみたい」ためであり、大学を中退するという不本意な結果になったにもかかわらず、東京で広げた人間関係を財産」と考えていた。

ただし、これらの地元を離れて生活してみたいと考える理由は、かつてのように「東京や大阪への憧れ」と結びつかない。三大都市圏と地方中枢拠点都市圏のあいだでは消費・情報環境のフラット化が進んだため、ほとんどのインタビュー対象者は東京を「憧れ」の対象としては見ていない。むしろＦ９さんやＦ10さん、あるいはＦ11さんは、**直接に海外に向かった経験を説明するさいに東京への憧れがないことを強調しているが、こうした価値観は一般的になっているとも考えられる。**その海外体験の意味は「自分のセンスを作った」とか「自信がついた」といったかたちで、自分の存在論的な価値を高めるうえでの意味づけが重要であり、消費社会的な意味での「憧れ」とも、「グローバル人材」という言葉に象徴されるようなキャリア的達成への期待ともあまり結びつかない[2]。ただし、質問紙調査の結果を見ても、府中町の二〇～三〇代で「海外で見聞を広めたい」と考える者の比率は過半数をはるかに超え、機会があれば海外生活を経験してみたい若者は少なくない。こうしたことから見れば、地方中枢拠点都市圏の若者の価値観を「内向き」と評することは適切ではない。

（2）地元にひきつける力

第二に、「**地元にひきつける力**」について考えてみる。一般的に言って、どこの地域に住んでいるのかを問わず、将来見通しが不安定化する時代状況のなかで地元志向が強まっていると言われるが、こうした価値観は府中町の若者に対するインタビューからもうかがえた。「地元」の機能は、**実家資源の活用等の経済活動上の側面と、同級生などの友人つながりが存在論的な安定をもたらすという側面と**に、さしあたり分けて考えることができる（轡田 2011a）。インタビュー調査の事例を見ると、特に府中町内を「地元」とする者は親が町内に家を購入した「郊外二世」である場合が多く、出身階層的にはそれほど低いわけではない。だが、本人の個人年収は必ずしも高くなく、職業的にも安定していないので、実家資源に依存せざるを得ない事例がいくつかあった。その一方、そのような親子関係に煮詰まり、地元の友人関係のつながりに居場所を求めるケースもあった。ただし、府中町は、イオンモール周辺以外は閑静な郊外住宅地であり、広島市内のように自然に人が集まる都市的な場所に乏しい。そこで、Ｆ5さん（三〇代女性、医療事務）、Ｆ10さん（三〇代女性、ＮＰＯスタッフ）のように、地元の友人どうしが交流しあえる「大人の居場所」がほしいというニーズを熱く語る者もいた。

府中町の地元の若者の友人つながりから、表立った地域活動が発生する場合もある。Ｆ3さんが中心的な役割を果たしている児童センターのボランティア・サークルや、Ｆ4さんの組織した防犯パトロール活動などである。ただし、こうした活動は、世代を同じくする地元の友人コミュニティとしては機能しているが、それ以上に広がるネットワークにはなっていない。だから、**府中町出身者の「地元」感覚と、広島都市圏内部から結婚や就職を機に転入したＦ11さん**（事務総合職、三〇代女性）のよ

うに広島都市圏全体を「地元」と捉える感覚は、おなじ「地元」という言葉を使っていても異なったものだと言える。前者の「地元」は小・中・高の同級生つながりを核とするつながりであるが、後者の「地元」は大人になってから出会った、転入者も含む「地域」のつながりである。この社会感覚の違いについては、第8章でさらに考察をしたい。

(3) 地域のひきつける力

最後に、「**地域のひきつける力**」について。

府中町は進学時の流出があるにもかかわらず、住宅供給が豊富な西の平野部（府中小学校区、府中中央小学校区）を中心にして、広島都市圏内外からの転入人口が多い。町として特に定住化やUターンやIターンのアピールをしているわけではなく、有名な特産品があるわけではないが、ニューファミリー層を中心に町内に移住してくる若者は多い。その転入を促す力は、二つに分けて考えてみることができる。

第一に、「地方中枢拠点都市圏」のなかでも比較的大規模な広島都市圏自体のもつ求心力である。広島都市圏に転入する層は、インタビュー調査のケースを見ても、進学先や就職先の選択肢に乏しい中四国（ばあいによっては九州）の条件不利地域圏出身の若者が多い。全国的に見て、三大都市圏を回避し、日帰りできる範囲の近い地域を目指す傾向が強まるなかで、広島のような地域ブロックの中心都市、あるいは「地方中枢拠点都市圏」は周辺の「条件不利地域圏」からの転入先としての相対的な重要性をさらに高めていくだろう。こうした点を踏まえれば、**若者の地域移動に関しては、三大都**

市圏・対・地方圏という枠組みよりもむしろ、「地方中枢拠点都市圏」とその周辺の「条件不利地域圏」を含む地域ブロックの枠組みに焦点を合わせる必要性が高まってきていると言える。それに加えて、広島のように比較的大規模な「地方中枢拠点都市圏」には、製造業大手企業の本社が立地しているケースが多く、その求心力はより広範囲に及ぶ。府中町に本社のある自動車大手のM社のばあいは、高校からの推薦ルートで、九州の条件不利地域圏に立地する工業高校からも工員を集めているほか、エンジニアや事務職員となるエリート人材については全国から集めている。

第二に、広島都市圏の居住地域としての府中町自体が持つ求心力である。府中町は、イオンモールの立地に代表される充実した消費環境とそれに対応した豊富な住宅供給、そして、広島中心部へのアクセスの良さのために特に広島都市圏内で結婚し、新たに居を定めようとするニューファミリーにとって選ばれる人気エリアとなっている。第3章でも議論したように、府中町の地域満足度の高さは、社会的属性の違いを問わない。地方都市型のライフスタイルを志向する者にとって、その環境は「ほどほどパラダイス」（阿部 2013a）であり、それが人口移動論的には進学時の若者の流出を補うほどの強い誘因となっている。

ただし、より一般的に「地方中枢拠点都市圏」の全体状況を俯瞰すると、イオンモール周辺のように吸引力のある場所ばかりではなく、コンパクト化を志向する都市開発が進む中で、取り残されている郊外地域やインナーシティが拡大していることにも注意が必要である。例えば、府中町でも東部の丘陵地域については、開発時期が比較的古く、高齢化が急速に進んでおり、そこに暮らす郊外二世は親から独立し、実家を離れたいという思いを持ちながら、それが叶わないという者が少なくない。

注

（1）結婚によって府中町に転入してきたと回答している人は、統計調査では二〇～三〇代の二三・八％を占め、居住歴として「ずっと地元」に匹敵する高い割合を占める。

（2）松田美佐は、第八九回日本社会学会大会報告で、杉並区と松山市の調査データをベースにして、「国際性が豊かな人になりたいと思う」と考える若者の減少傾向を指摘している。こうしたことから見ると、国際性とキャリア達成を結びつける考え方が弱まる傾向にあるとも考えられる。

第5章　地元定住／地域移動の事例分析（2）
——条件不利地域圏（三次市）の場合

この章では、広島県三次市で行った三〇人のデプス・インタビューの事例について、その地元定住あるいは地域移動の経験がどう意味づけられているのかを中心に分析する。すでに見たように、三次市は「条件不利地域圏」の典型と考えられ、就学後すぐや就職後の「Uターン層」が四割を占めるのに対して、「ずっと地元」層の割合は少ない。この章では、まず三次市を「地元」と捉える人の事例を分析し（5-1）、それに次いで三次市への「転入層」の事例に注目する（5-2）。そして、前の章で分析した地方中枢拠点都市圏との比較を意識しながら、条件不利地域圏における「地元」や「地域」の意味に関する知見を提示したい（5-3）。

5-1　地元に残る／地元に戻る

（1）地元から出ざるを得ない教育事情

三次市内には、三次高校、三次青陵高校（以前は工業高校）、日彰館高校の三つしか高等学校がない。通学圏にある高校は、この三校だけである。そのため、**少なくとも一割程度の中学生は、より競争的な環境を求めて、広島や福山などの他地域の高校に進学し、寮生活に入る。**例えば、M1さん（二〇代女性、NPOスタッフ）は「学力偏差値的に低いところしかなかったんで」ということで、東広島市にある国立大学の附属高校へ進学し、高校生ながら下宿をし、週末に実家に帰るという生活を経験した。第4章で紹介した三次市出身で、現在は府中町で暮らすF20さん（三〇代男性、公務員）も、「国立大学に進学したくて」広島市内の高校に進学し、一五歳から親元を離れる生活を経験している。あるいは、広島市内のスポーツ系の部活動の寮を備えている学校に進む場合も少なくない。M2さん（三〇代男性、政治家）やM3さん（二〇代男性、車販売営業）も、広島市内の高校の野球部の寮に入り、M2さんには広島県代表として甲子園に出場した経験がある。

また、特に市周辺の農村部の高校生は、どこに行くにも電車やバスでの通学は難しい。そのため、寮を備えている近隣の高校に進学するケースもある。例えば、M4さん（三〇代女性、訪問介護パート）、M5さん（二〇代男性、建設作業）は、いずれも実家の交通アクセスが悪いという事情と「親から離れてみたかった」という理由で、隣の庄原市にある高校に進学し、その寮に入っている。

そのほか、三次市からは高校の選択肢に限りがあるので、**実家に暮らしながら通信制高校に進学するケースも少なくない**。希望する高校に合格するには学力が及ばず、なおかつ他地域の学校に進学するには経済的負担が大きいためである。これは、「条件不利地域圏」に特有の事情と言えるだろう。「地方中枢拠点都市圏」へのアクセスの悪い地域を多く抱える広島県には通信制高校の事務所が多く（二五校）、そのほとんどが広島市か福山市に事務所を置いている。義務教育の段階で不適応を起こし、地域の高校を敬遠するという事情から通信制高校に進む場合もある。M6さん（二〇代女性、アパレル店員）やM7さん（二〇代女性、保育士）は、義務教育の段階で不登校となり、実家に住んで広島市内の通信制高校を出ている。

市内の高校のうち、三次市の中心市街地にあるのは、三次高校だけである。あとの二校は、アクセスが悪く、交通手段が限られる農山村地帯にあり、明らかに地の利の差がある。従来、地域の高校間の学力に極端な序列化が進まないようにするための配慮から、中学校ごとの受験生の割り当てがなされ、三次の市街地に住んでいる者に対しても、車で三〇分ほどの吉舎地区にある日彰館高校に進学が勧められることもよくあった。そうした平準化の結果、どの高校についても、国立大学進学者も出す一方で、地元で就職する人材も少なくないという幅の広さを誇ってきた。ところが、一〇数年前、そうした教育方針は地域の人材の質を落とすという理由で転換された。それまで高卒就職者も多かった三次高校は、進学教育の重点化を進め、最近では九割以上の学生が進学するようになった。さらには、進学志向の強い高校生が市外に流出することを食い止めるべく、中高一貫の教育機関の誘致も模索されている。

こうした進学重視の改革は、地域を担う人材を育成するためには、地域の高校の教育水準を高めることが大切であるという考え方に根差すものである。三次市内の教育水準が上がれば、高校のときから親元を離れて広島の他地域高校に進学する必要はなくなるかもしれない。ただし、問題は、高校卒業後に高等教育を受けられる教育機関は、三次市内から通学圏にあるのは三次看護学校と広島県立大学（庄原キャンパス）以外にはないということだ。だから、三次市で高校を卒業した者は、いずれにせよ大学の場合は大半が広島県外に、専門学校の場合は主に広島市内へと進学する。こうした**進学熱の高まりは、優秀なUターン人材が増加してほしいという願いに基づくものであるが、その期待に反し、人口流出傾向が促される可能性もある**。

また、地域の進学熱の高まりによって、地元就職志向の強い人材が行き場をなくすという問題も指摘されている。高卒就職比率が高いのは三次青陵高校であり、工業系の技術を学べるコースもあるが、九〇年代に「総合学科」に再編され、高校名も「三次工業高校」から改称されたことからもわかるように、地域労働市場に高卒人材を送り出す職業教育のパイプラインは細くなる傾向がある。M8さん（三〇代女性、中学教員）は、中学校でも進学熱は上がる一方、「勉強が難しくて、そこでやっていけるかなと思っている子」が「たいへんそうだ」となって、従来は三次高校に進学していた層が、これを忌避する傾向も強まっているという。じっさい、M9さん（三〇代女性、飲食店パート）は、三次市の中心部に住みながら、そこから車で三〇分ほど離れた周辺部にある日彰館高校に現在中学校三年生の娘を通わせようとしている。M9さん自身は三次高校の卒業生であるが、今の三次高校は「勉強ばかりでつまらない」と言う。また、一五年ほど前は、高校の同級生同士で交際し、卒業後に間もなく結婚・妊娠を経験する者は少なくなかったという。M9さんの場合も、広島市の短大を卒業後間もなく、二二歳でやはり高校の同級生と結婚しているが、それも「遅いほう」だったと言う。こうした早婚傾向についても、大学進学率の高まりとともに変化していくことは容易に予想される。

（2）高卒地元就職

高学歴化が進むなか、三次市内の高校を卒業後、そのまま地元就職をし、三次市を離れたことのないという者の割合はますます少なくなりつつある。インタビュー対象者のなかでは二人のケースがあてはまる。二人とも、初職は高校の推薦によって就職を決めている。

〈M10さん（三〇代女性、医療事務パート）〜三次市外に出たことのない主婦パート。〉

M10さんは、広島と島根の県境に位置する、市北部の山村である作木町の出身。三次高校を卒業後、初職は三次工業団地の工場に事務職として勤務している。そして、そこで同僚であった山口県周南市出身の夫と出会い、結婚・出産を機に退職した。しばらく専業主婦をしていたが、二人目の子供が小学校に入ったのを機に、「生活に張り合いが出れば」と、午前中だけの病院受付の仕事を始めている。

結婚後に住んでいるのは、市街地から車で一五分ほどの農村地帯である川地地区にある数軒規模の小さな団地。一五〇〇万円で築二〇年の中古戸建を買った。ほんとうは生活の便利さを求め、三次市の中心部に家を買いたかったが、夫の年収では値段が高くて手が出せなかった。それでも、川地地区には徒歩圏内にスーパーとコンビニが一軒ずつ、そして子どもの小学校があるので、「車が使えない日でも、なんとかなるので十分」だと思った。実家のあたりは、三次市の中心市街地に出るにも一時間くらいかかる不便な所なので、そこと比べるとずっといいと思った。

M10さんは過疎の山村出身なので、小中学校の友人はあまりいない。友人と言えば、ほぼ三次高校の同級生か、現在住んでいる地区のママ友に限られていて、人間関係は広くない。近くにお店もないため、ママ友どうしの交流は、子連れでお互いの家を訪問しあうことが専らで、「子どもが楽しめるような公園が近くにあれば」と思う。生活は子ども中心で、子どもと一緒になってアニメソングを歌うのが喜び。夫婦合わせて年収は五〇〇万円で、生活レベルは周囲と比べて高いほうだから、満足していいのではないかと思っている。買い物のために広島のほうまで出かけることはよくあるけど、「積極的な性格ではない」ので、三次市を離れて暮らしてみたいとは一度も考えたことがない。

〈M11さん（三〇代男性、製造作業）～「愛着がない」にもかかわらず、離れられない地元。〉

M11さんもM10さんと同じ農村に暮らす。三次青陵高校の工業系のコースを出て、学校の紹介で就職を決めている。工業系学科のなかで一番人気のNTTの地元の工場に受験したが失敗。アパレル企業の分工場で就職を決め、それから一五年以上も勤続している。一〇〇年以上前から建っている茅葺屋根にトタンを張った住居が実家で、そこを一度も離れたことがない。出身中学校から同じ高校に進んだ七、八名は、ほとんどが高卒就職であるが、地元に残ったのはそのうち三人のみと多くない。M11さんも「そのときは何も考えてないです。何でもいいよっていうか、働かにゃいけんから働くわって話」ということで、地元就職の道を選んだ。しかし、「実は、地元に愛着が無いんです」と、M11さんは言う。小学校のクラスは自分を含めて二人だけで、今は隣の地区と統合されて、廃校になっている。「同級生って言っても、性格とか全く合わんのですよ」ということで、地元つながりの友人がいないからだ。実家を離れられなかったのは、同居する祖母がまだ元気であるということが大きい。M11さんは、両親が小さい頃に離婚し、親代わりになったのが祖母だった。今でも、忙しい夫婦共働きの生活のなかで、祖母は八六歳になった今でも子どもの保育園への送迎を手伝ってくれていて、生活のなかで大事な戦力になっている。そういう事情がなければ、今でも転職してほかの地域に移り住んでも構わないと思いも持っている。勤務先の会社には海外工場があり、チャンスがあればそこで働いてみるのもいいなと考えることもある。ロッククライミングが趣味で、その縁で誘われてネパールに行ったことがあるのがいい思い出。このまま地元にずっと暮らすことになっても、海外生活には興味がある。

（3）「とりあえず」のUターン就職

進学のため広島市内に出ていたが、卒業後にすぐに三次市ないしその周辺に戻った者の比率は最も高い。統計調査では二五・三％、インタビュー対象者では一一名で全体の三分の一を占める。そのうち三大都市圏から戻ってきたのは二名だけで、あとは五名が広島市、三名が隣県（岡山、山口）から卒業ないし中退後すぐに戻ってきている。近くの「地方中枢拠点都市圏」の学校を出て、卒業後にすぐ三次市内に戻ったパターンが多い。外に出たいという強いモチベーションが無いにもかかわらず、大学や専門学校がないので、押し出されるように他地域に出た場合、生活や人間関係の安定を考えて、学卒後に地元に帰ろうとするのも当然と言える。

Uターンの人気職種と言えば、公務員や教員である。そうした安定就職につくには必ず地元の外の大学に進学しなければならないし、必ずしも三次市に勤務できるとは限らず、人気職ゆえに県内の他の自治体の出身者の応募も多く、公務員になれても希望とは反して、結局は三次市を離れざるをえない場合も少なくない。奈良の私立大学を卒業後、「地元の三次に貢献したいんです！」と猛アピールして三次市役所に受験して合格したというM12さん（三〇代男性、公務員）のようにうまくいくケースはなかなかない。

圧倒的に多くのインタビュー対象者は、**Uターンにあたって、「地元に帰ること」が優先であって、当初は仕事についてのモチベーションは高くなかったと語った**。そうなってしまう理由としては、何よりも三次の若年労働市場の選択肢が限られるということに尽きる。そのことについて、当事者の状況として、以下の四つのパターンが指摘できる。

第一は、「とりあえず地元で仕事を見つける」という動機が優先し、職種についてそれほどのこだわりがなかったというパターンである[1]。そうした場合、**大卒就職として一般的な専門技術職や事務職ではなく、製造や建設の現場の仕事に就くケースも少なくない**。例えば、以下の二ケースがそうだ。

〈M13さん（二〇代男性、食品製造）～とりあえず就職合同説明会でみつけた地元企業へ。〉

三次市内の大卒の新卒者を募集している企業が一同に会する就職合同説明会が、毎年八月に開催されている。他の地域での就活に失敗した学生の受け皿となるべく、合同説明会としてはやや遅めの日程設定であると言えるだろう。千葉県にある私立大学出身のM13さんは、その説明会に参加し、地元のワイン製造会社を知り、就職を決めている。もともとは市役所や県職の事務職として働きたかったが、「はしにも棒にもひっかからず」失敗。スポーツ関係の大学の専門とも全く関係のない「ブドウ違いのところ（大学の専門の武道ではなく、葡萄）」への就職であったが、「他にありそうな感じもなかった」ので、これが最良の選択であると考えた。地元に戻ろうと思ったのは、大学二年のときに父親が他界し、家を継がなくてはいけないという事情が大きく、就職活動中の意識はあまり高いものではなかったとM13さんは言う。

〈M5さん（二〇代男性、建設作業）〜周囲に勧められるまま地元企業の建設作業員に。〉

岡山県内の大学の建築学科を卒業後にUターンしたM5さんの場合、指導教官を通して、大学の就職事務所に依頼があり、そこから勧められるままに、地元建設会社で現場管理の仕事を得ている。建築学科なので専門分野的には近いが、職場の多くの者は高卒である。高卒の場合は作業員からのスタートで、大卒の場合はそれを管理する役割が与えられるが、現場仕事には違いはない。M5さんは三人兄弟の末っ子。兄二人は県外で就職をし、実家は父親一人暮らし。そういうわけで、M5さんは実家を継ぐことを期待される立場にあった。だが、本当はそれほど地元に戻りたいわけでもなかったため、躊躇する気持ちが強く、その就活はとても不活発であった。結局、しびれを切らした周囲が話を進め、就職を決めたのは大学卒業直前の時期であった。（⇒7-2）

第二に、**就職活動については本人は「意識が低い」状態であったが、家族や縁故が地元に戻そうと熱心に情報を集め、地域のつながりを生かして就職先を見つけて本人に勧めた、**というパターンである。

〈M14さん（三〇代男性、ホテル営業職）～とりあえず地元Uターン、一〇年たってやりがいを求めて転職。〉

「田舎特有のパターンでしてね、大学四年生になると親が仕事を見つけてくるんですね。市役所の試験があるよとか、町内放送とかで聞いて。自分はJAの試験があるよってことで、何も考えずに受けたんですよ。そしたら受かって。」

M14さんは高卒後、山口県の私立大学を卒業後に、初職（JA事務職）に就職した経緯をこのように語った。特に地元に帰ろうというつもりはなく就職活動をしていたが、あまりかんばしくない状況でいたところに、親が仕事を見つけてきたのだという。だが、受け身な気持ちで就職したJAの仕事には、なかなかやりがいを見出せなかった。一〇年間、JAで頑張り、多くのことを学んだが、これは自分のやりたいことではないという結論に至った。そこで、「やりがい」を求めて、市内のホテルの営業職に転職した。そこでも労働環境は決して良くないが、スポーツ合宿を誘致できる観光施設を作りたいというモチベーションがある点は前職と全然違うと言う。

このように、**まず「意識が低い」状態であっても「とりあえず」地元に帰ることを優先し、そのあとでキャリア意識が育って転職を志向するという展開は、Uターン就職者の一つのモデルストーリー**

になっているといえる。

そして、第三のパターンは、**家業を継がねばならない義務感からUターンした場合である。その場合、就職は「宿命」であって「選択」したものでない。その、最初のUターンの動機はしばしばネガティブに語られる場合がよくある。**次のケースがその典型である。

〈M15さん（三〇代男性、僧職）～家業継承に至る「成長物語」。〉

M15さんは、自らの遍歴を次のように「成長物語」として振り返っている。

数百年の歴史のある寺の長男として生まれたM15さんは、高卒後、京都の専門学校で僧職としての専門性を身に付け、卒業後にすぐに三次に戻った。父親である住職について、僧職としてのスタートを切ったのだが、そのときの気分は「都会に疲れたな。**なんか夢とか希望とかということもなく、家を継ごうかなと。**」というものであり、「特にやりたいこともなく、だからといってお寺をやりたかったかというとそうでもなく、とりあえず一回帰るかという」感じの低いテンションであったという。ところが、同級生たちが忙しく働いている姿を見て、「自分の仕事が緩やかな感じに見えて」コンプレックスを刺激される。そこで、家を継ぐ前に他の職業で経験を積もうと、キャンプ場の管理の仕事に就いたのが転機だった。そこで人生を変える出会いがあり、誘われて横浜の音楽プロダクションに転職し、二〇代の約五年間は都会で「極貧生活」をしながらも、刺激的な体験を積むことになる。大きなイベントを成功するなどして、達成感も得た。そういうタイミングで、再びUターンして僧職に戻ったが、そのときには自信がついていたので、前とは全然違う心持ちになっていたという。M15さんは、今では音楽プロダクションにいたころに学んだセンスを生かし、まちづくり活動のアイデアマンとして、地元では誰もが知っているような有名人になっている。

第四に、**地元就職は能動的に選んだわけではなく、厳しい就職事情の中では、職種も住む場所も「選べなかった」という点**を強調するパターンである。

〈M9さん（三〇代女性、飲食店パート）～地元の同級生どうしで結婚。でも地元に執着はない。〉

M9さんは広島市内の短大に進学後も、三次高校の同級生（福岡の大学に進学）の男性と交際していた。だから、二人とも三次に戻ってくるのは自然な流れにも思える。だが、じっさいには「別に町に住みたいという志向も特に無かったんですけど、不況なので就職のあるところであれば、どこでもいいよね」という感じで、広島県内全体で就職を探し、何十社も受験したがすべて落ちた。家族や縁故のプッシュがなく、継ぐべき家業もない場合には、自分で就職活動をしなくてはいけない。ただし、就職先を三次市だけに絞ってしまうと、仕事がなかなか見つからない。そこで、地元志向がある場合、**三次で無理ならせめて広島都市圏でという考え方で仕事を探す者は多い**。広島での就職なら、休日に日帰りで地元に帰ることも可能だ。その意味で、同じ地元外就職といっても、県外就職とは意味が違うというわけだ。

結局、M9さんは三次市内の建設業事務に正規で就職することができて、三次市に戻ってきた。だが、仕事が合わず、ストレスのために二年もたたずに退職することになってしまった。その後、叔母から紹介された弁当販売の仕事をしているうちに、同級生の彼氏が二年遅れで大学を卒業し、三次市のスーパーに新卒就職で戻ってきたために、早々に結婚を決めて子どもを産んだ。仕事については、夫は長時間労働であまり家事に関われないということで、週に何度か飲食店にパートに出る程度。夫も仕事のストレスから精神を病み、ずっとこの仕事を続けられる感じはない。仕事を変えるかもしれないと思うと、三次市内でローンを組んで家を買う決断はできないので、中心市街地で賃貸アパート暮らしを続けている。二人姉妹の長女で「家を継がなければならない」とはいえ、今住んでいるところから数キロの山間部にある粟屋地区で、絶対戻りたくない。そういうわけで、夫も自分も地元が三次市内であるにもかかわらず、M9さんは三次市に住むことに強いこだわりが無い。今後の仕事の関係では、将来広島市内に移り住んでもかまわない、と漠然と思っている。

このほか、広島の私立大学に進学していたM16さん（三〇代男性、JA職員）の場合も同様で、リーマンショック後の就職がなかった時期ということで、仕方なく戻ってきたという感じが強かったという。「就職した頃は、近所の人とか、よう帰っちゃったねって言うてんだけど、そうは思わんかったですよ。ええ就職先がないから広島から帰って来たって自分で思っとたんで。」とM16さんは言う。でも、家を継ぐという意識が強まり、その頃とは考え方は変わった。「大学のときは、都会で働くのが当たり前と思っておったんですけど、地元に帰って家のことをやるのもせにゃいけんことなんかなと」いうことで折り合いをつけ、現状をポジティブに捉えている。

図表5-1　Uターン転職のバリエーション（三次市）

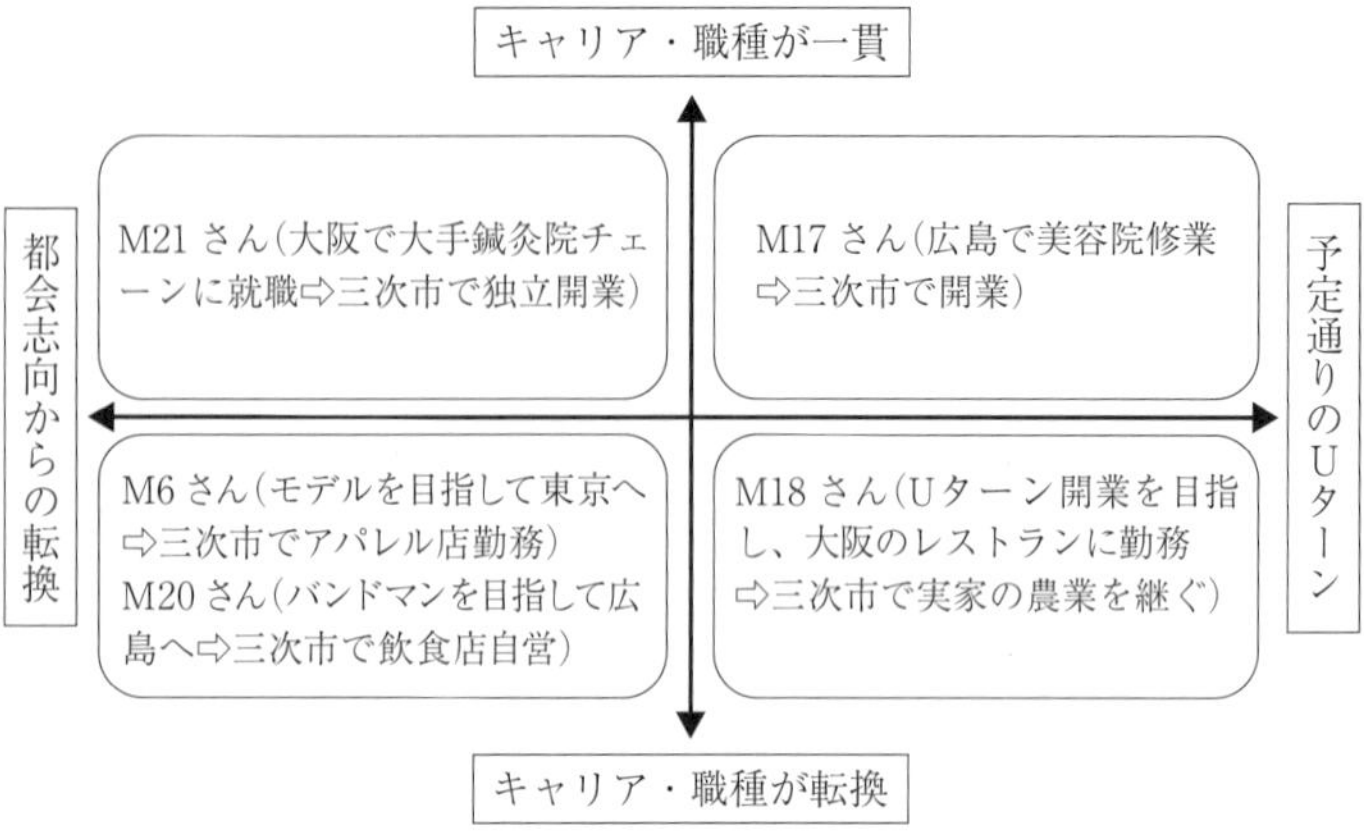

（4）Uターン転職という決断

他地域で就学のために三次市を離れ、そのまま三次市に戻らずに就職をしたのちに、三次市にUターンしたというパターンは統計調査では一四・九%、インタビュー調査では九ケースと比較的多い。そのうち、二ケースは東京から、二ケースは大阪から、残りの五ケースは広島県内（広島市四ケース、東広島市一ケース）からのUターンである。どのケースにおいても、二〇代半ばから三〇代前半にかけてUターンを決めている。

就学後すぐのUターンが「たいした考えもなく」「とりあえず」「当然のように」なされる場合が多いのに対し、就職後の三次市へのUターンは、移住先で築いていた生活や人生を変更するという強い決断を伴い、その内容にも多様性がある。それは、Uターンを前後として「キャリア・職種が一貫／キャリア・職種が転換」という軸と、「予定通りのUターンか／都会志向からの転換か」という軸とを重ね合わせ、図表5-1のように整理することができる。

全体的な傾向として指摘できるのは、第Ⅰ象限、つまり学卒後、地元外で就職し、経験を積んで専門性を身に付けた後、その専門性を生かすチャンスを捉えて予定通りのUターンを実現したという、「順調」なキャリア・コースはまれであるということである。インタビュー対象者のなかでは、以下のM17さんケースのみがあてはまる。

〈M17さん（三〇代女性、美容師）～広島での修行期間を経て、三次市で美容院を開業。〉

M17さんは、三次市の南端にある旧甲奴町の出身。三次市の中心市街地から車で四〇分ほどの農山村地域である。美容師になりたいという夢を持ち、広島市に出て一人暮らしをし、美容専門学校に進学した。卒業後は九年間、広島の美容院に勤務している。「空気感を知るには、本当は東京と繋がっていないといけない」と思うが、東京から先生が来てもらえるということで、広島でも十分学べると思った。専門学校時代に同じ三次市に近い安芸高田市出身の夫と出会って、結婚・出産。そのあと、独立を考え、夫婦の地元に近い三次市の中心市街地に美容院を新規開業した。「街中では頑張っても評価してもらえるかわからない。そういうところでやるよりかは、自分たちの親も近くて、子どもと過ごす時間もある程度とれたらいいな」という考えであった。

美容師を継続する場合、多くは親の店を継ぐことが多く、新規開業をするには資金だけでなくて、ノウハウもいる。さらには、三次市のように人口縮小が進む地域においては、さらにそのハードルは高い。「美容師を長く続けていこうと思ったら、繁盛店とかで何年か働いていないと、どうやって経営していったらいいかわからない」し、「ある程度キャリアが積めていないと、お客さんのキャッチの仕方も経営もわからない」と、M17さんは都市部で修行することの意味を説明する。だが、将来の見通しができないまま、薄給でハードな修行期間を乗り切ることは難しい。美容学校の同級生で、一〇年たった今でも美容師を続けているのは「三分の一」に過ぎず、自分の店を開くに至るのは「五％ほどだけ」だと言う。M17さんには、その高いハードルをクリアした「勝ち組」であるという意識がある。

次に、図表5-1の第Ⅳ象限の位置に注目する。当初よりUターンする意思は強かったが、もともと地元でレストランを経営するつもりが、方向転換し、家業を継ぐ時期を早めたというのが以下のM18さんの事例である。

〈M18さん（三〇代男性、農業）～大阪のイタリア料理店を辞めて、家業を継ぐ。〉

M18さんは、都会でのライフキャリアに見切りをつけ、家業を継ぐという宿命を受け入れてUターンを決めたケースである。

M18さんは、もともと料理人になりたくて、大阪の調理専門学校を出て、そのあとは大阪のイタリア料理店のシェフとして一〇年以上勤務していた。もともとは、三次に戻ってレストランを開業したいという夢を持って出て行ったので、Uターンへの思いはずっとあった。しかし、結婚して子どもを作ったということが大きく、なかなか帰るきっかけがなく、想定以上に長く大阪に住むこととなった。だが、事情あって離婚をし、親も年をとってきたので、Uターンして父親の専業農家の仕事を継ごうかと考え方が変わり、三年前に実家に帰ってきた。

専業農家としての経営的な将来は、けっして明るいわけではない。請け負っているのは、採算性がきわめて悪い棚田が多く、ほとんど利益が出ないばあいも多いという。だから、Uターンには経済的便益というわけではなく、家業を継がなければいけないというM18さんの責任感によるところが大きい。

ただし、もともとの夢は地元でレストランを開業すること。それと農業とを結びつけることができないかと、M18さんは思いをめぐらせている。農家レストランを経営するなど、将来的にはそれを繋ぐ仕事に発展させる可能性もある。だから、シェフとしての経験を生かす方法についても模索している、地域の活動のなかで料理の腕を発揮できる場面があれば、積極的に参加している。ただし、そうは言うものの、帰ってきてまだ三年の段階では、父親に付いて、農業の仕事を学ぶことで精一杯という状況。地元にずっといるならば、婚活も始めなければいけないな、と思っている。

転職してUターンするケースの中で、いちばん多数を占めると見られるのが、図表5-1の第Ⅲ象限の位置、すなわちもともと地元を離れるつもりであったが、自分のキャリアについての考えに変化が生まれ、Uターンを機に全く異なる職種についたというパターンである。このパターンとしては、広島市内の大学を卒業後に東京の金融関係の会社に就職するも「金融関係は自分と合わない」ことを自覚し、Uターンしてきた M19さん（三〇代男性、郵便局員）など五事例があるが、ここでは都会志向が挫折した経験を抱えながら、Uターン後の人生に向き合っている、二つの事例（M6さん、M20さん）に注目したい。

〈M6さん（三〇代女性、アパレル店員）～東京での挑戦に限界を感じ、地元と折り合う。「ロマン派」であることは一貫。〉

M6さんは、通信制高校を出たあとに三次市の実家を離れ、東京のモデル専門学校に進んだ。「漠然とあっち行きたかったんです」と都市生活への憧れがあって、高校時代にも広島の街中まで出かけていてよくうろついていたという。その点は、高校時代に遊ぶと言えば友達の家か地元のショッピングセンターだったという一〇歳近く年下の妹のM7さん（二〇代女性、保育士）とは感覚が全然違う、という。歌手としてのキャリアを中断して海外留学をするアンジェラ・アキをリスペクトし、自ら「ロマン派」を自認するM6さんは、「二〇歳ぐらいのとき、最初は出たかったです。私は都会に住むんだと思っていました」と述べる。専門学校卒業後、そのまま東京でモデル事務所に所属して仕事をしていた。だが、数年で限界を感じた。「東京は楽しい、でも住み続けるには力がいるんです」ということで、とりあえず態勢を整えるつもりで、いったん実家に帰ることにした。「やりたいことはやった。だから、こんなはずはなかったという後悔は私のなかにはない」。

三次市のハローワークで仕事を探し、失業手当をもらいながら必死に就活をしたが、学歴もなく、納得のいく就職先を見つけるのに半年近くかかった。「大学に行ってないとこういうときに大変なんだな、と思い知らされました。これが格差かあ、とこっち来て初めて知りました。それまでは学歴社会って言われても、わからなかったけど、ほーこれかと。」

こうした悪戦苦闘の結果、M6さんは中心市街地の郊外にあるアパレルショップのチェーン店の店員となった。それから九年。ずっとその店で働いている。年齢は三〇代半ばとなり、現在も母親と二人暮らしである。M6さんは、仕事にやりがいはない、とはっきり言う。「毎年辞めようかなと思う」ということで、「二〇年後も今の仕事を続けているというようなイメージは全くない」。だが、東京から戻ってきたばかりのときとは違って、ずっと地元にいるような、そんな気がし始めている。「仕事をして、親元におって、それが一番親孝行かな」という気持ちが強くなっているためだ。都会が好きで、田舎には何も無いと思っていたM6さんだが、三次市に帰ってダーツバーに通い、そこで新しい生きがいとして、ダーツの楽しさに目覚めたことも大きかった。趣味が高じて、プロライセンスも取得した。「ロマン派」としては、心の底ではプロツアーに積極的に参戦して、世界大会にも出てみたい。「私がチャレンジするとしたら、ダーツだけなんですね。うまくなりたければすぐ広島に出るとかしたほうがうまくいくんです。でも、チャレンジしていない。私はここにおって、仕事もして、親元におって、それが一番の親孝行かなと思うんで。何かあったときとか、災害時とか。そこまでチャレンジしようとは思わないです。その範囲内にできないんであれば、私はどこに行ったって無理だ、と。」

〈M20さん（三〇代男性、飲食店自営）～バンドとしての成功を諦めてUターン。転職を重ねて、飲食店店主に収まる。〉

M20さんは、高卒後、広島市のビジネス系の専門学校に進学した。広島に出たのは、地元の仲間と一緒にロック・バンドを組んで、ミュージシャンとして成功することが主目的。どんどん都会に出てやるぞ、という意気込みだった。専門学校はすぐに中退し、数年広島の飲食店でアルバイト生活を送る。しかし、月日を経て、バンドとしての成功を諦め、Uターン。地元スーパーに就職する。

しかし、派手なアメ車を所有し、自ら「ヤンキー的要素がある」と言うM20さんは「団体行動が苦手」。そこで、スーパーは一年余りで辞めて、三次市の中心市街地にバーを開業した。開店したバーは立地が良く、若者を中心に客は入り、羽振りは良かった。「頑張ってもさぼっても収入が変わらない」サラリーマン生活とは違い、「人のせいにできず、人に足を引っ張られないところで自分でできないか」と考えて、「お客さんが払ってくれるお金がダイレクトに自分の収入になる」仕事も性に合っていた。

だが、バーをやっていて達成感はなかった。提供している物のレベルに自信が無かった。「お客さんが払ってくださるお金と、僕がしとるサービスの割合がすごく悪いな」と思って「ちょっと心が痛かった」。自分の金銭感覚がおかしくなってきたのに危機感があったのと、日付をまたいで働き続ける生活がきつくなってきたこともあり、数年で店を閉じた。

その後、自分の実家（＝自宅）の近所にある、三次市の郊外の住宅地に新しく飲食店を開業した。店員は自分だけ。収入は激減したが、深夜営業をやめたおかげでゆとりができ、以前とは違って、バイクなどの趣味に割く時間もできて、生活を「楽しい」と思えるようになった。でも、自己の現状評価についてはとても低く、ネガティブである。そのおもな原因は「まだ人並みに中流（の暮らし）を得ているとは思えない」ためである。精神的ゆとりができたのは良かったが、収入減に納得しているわけではない。よく会う地元の友達には「公務員になったのとか、年収何千万円の奴もいますし、お医者さんになっているのもいる」が、その人たちと比べると「自分はもっと頑張れるのでは」ないかという思いが強い。

最後に、図表5-1の第Ⅱ象限の位置、すなわち仕事の内容としては変わらないが、もともと地元を離れて都会のライフスタイルを受け入れようとしていたが、地元志向の考え方に強く転換してUターンへと至ったケースである。

〈M21さん（二〇代男性、鍼灸院経営）～家族とのつながりを第一に考え、Uターン。〉

M21さんは高校を卒業後、鍼灸師を目指して大阪の医療系の大学に進学し、卒業後はそのまま大阪に残って、全国チェーン展開する鍼灸整骨院に就職した。ところが、数年働いて、Uターンして、過疎の農村である実家の隣に鍼灸整骨院を新規開業した。Uターンに至る自らの価値観の転換について、次のように語っている。

大阪に出た頃、ずっと町で暮らしていて、街で成功しようと思っていたんですよ。高いマンションに住んで、高級車に乗って、お金儲けして何億か稼いでっていうのをしたかったんですけど。街はそういう子がいっぱいいるじゃないですか、同級生でも稼いでいる子もいますし。

でも、仕事で介護施設に行ったときに、そこで入っているおばあちゃんが田舎で暮らしていて、一人暮らしだったんですけど、暮らせないってことで施設に入って、全く知らない街のなかでさみしいよっていう話を聞いたんです。自分もマンションに住んで高級車に乗っていても、親孝行できてなかったら後悔するだろうなってそのとき気付いたから。もともと年とってから帰ればいいと思っていたんですよ、親が介護とか必要になったときに。そうじゃなくて、自分もいつ死ぬかわからないし、今しとこうと。二六歳で帰るときにそう思いました。

M21さんは、大阪では大手の鍼灸院のチェーン店に勤務し、頑張り次第では収入も上がり、金回りはよかった。両親もM21さんが帰ってくることを想定はしていなかった。ところが、それでは「親孝行」できないという後ろめたさがあった。三次市の中心市街地から車で約二〇分、山間の田園地帯の川西地区にある実家に戻り、そのすぐ隣に鍼灸院を新たに建てて開業した。そして、その数年後、新しく出会った県外出身の女性と結婚も決めた。周りは空き家だらけの過疎地なので不安も大きい。だが、うまくいけば、鍼灸院をチェーン展開したり、自宅の横にカフェやバーあるいは介護施設のような地域交流の拠点を作ったりすることはできないかと、二〇年後の未来の青写真を描く。もし失敗したとしても、三次工業団地で働くとか、コンビニでバイトすれば何とかなる。それでも、親のそばで暮らしを立てるという、「夢の半分」は達成できるからそれでいいのだ、と思っている。

第Ⅱ、Ⅲ象限にあてはまる事例では、「都会で働くこと」に対する「地元で働くこと」の優位性が

Uターンの理由としてしばしば強調されている。こうした対比は、条件不利地域圏のUターン転職経験者に特徴的な語りである。第4章でも見たように、府中町では、すでに都会的な生活環境が成り立っているので、三大都市圏で働くこととの落差がこれほどに大きいものとして語られることはまずない。

（5）地元つながりからUターンへ

M21さんはUターン転職の理由として家族のつながりを強調していたが、その一方で、地元の友人つながりの魅力を理由として挙げる例が三ケースあった。それぞれのキャリアはさまざまだが、いずれも過疎の田園地帯にある川西地区の出身で、地域おこし協力隊員（当時）のNさんが仕掛け人となり、地元の若者がつながったことが契機だと語っている。Uターンを決断させるほどの「地元つながり」は、いったいどのように活性化したのだろうか。

Nさんが川西地区出身の若者何人かを集め、川西地区の小学校の存続問題について話をしたのがきっかけだった。もともと地区には二つ小学校があったが、数年前に一つに統合。そして、その小学校も、毎年数人しか入学者がおらず、このままでは廃校となりかねないという話だった。そこでNさんは、若い世代で地区を盛り上げるべく、フェイスブックのコミュニティを立ち上げたのだった。

フェイスブックのコミュニティが立ち上がった時点では、地元の川西地区に現在も住んでいる若者はほとんどいなかった。大半は、広島などの他の地域で仕事をしている者だった。だが、たとえば誰かが「流しそうめん大会をやろう」と呼びかけると、おもしろそうだということで、休日に遠方から多くの若者が川西地区まで集まってきた。地区には関係のない、高校の同級生たちもやってきて、つながるきっかけとなった。また、やはり若者の積極的な参加を得て、地区のスーパーが撤退した跡地で「軽トラ朝市」が定期的に開かれるようになった。軽トラ朝市とは、近所の農家が軽トラに農産物を積んできて販売するイベントであるが、そこで子供向けに駄菓子を販売したり、市内のカフェが出店したりする。普段は人影もなく、商店も全くない田園地帯の空き地に、奇跡のように地元の若者がたくさん集まった。こうした状況が、大学進学以降に川西地区を離れていた三人の独身の二〇代の女性を触発し、地元に戻るきっかけを与えた。ただし、触発のされ方やキャリア観はそれぞれ違う。

〈M22さん（二〇代女性、一般事務）～地元のイベントが楽しくて、Uターンを決意。〉

一人目は、イベント企画を通して、地元つながりの楽しさに目覚めたというM22さんのケース。

M22さんは三次高校を卒業後、「一人暮らしをしてみたいという思い」が強く、実家を離れて広島市の私立大学に進学した。そして、大卒後は、そのまま広島市内の百貨店に就職し、化粧品販売員をしていた。仕事自体はやりがいがあったが、サービス業ということで、土日祝は基本的に休みがなく、夜遅くまで残業することも多いのが辛かった。仕事に偏った生活で、休日にも「ほとんど遊びに行く気力もない」感じだった。そんなときに、先述のフェイスブックの地元コミュニティに参加したことが転機となった。小学校時代の同級生と久しぶりに再会し、地元つながりの居心地の良さに気付く。最初は帰るつもりは全くなかったが、地元の友人たちとイベントを企画することが楽しくなって、考え方が変わってきた。最初にきっかけを与えたのは川西地区のコミュニティの動きであったが、高校時代の仲間たちと再会する機会も増え、「地元の友だちって楽しいなあ」と思い、仕事をやめて実家に戻ることにした。

ただし、実家に戻っても、仕事の選択肢はほとんどない。そこでM22さんは、三次市の職業訓練校で事務の基本を習い、その結果見つけたのが現在の事務職である。イベント等に参加するために「日祝休みっていうのが第一条件」で、あとは「生活していける給料で、定時とかであがれてっていうくらいの条件」を満たせばよいと思っていたので、前とは全く違う仕事だったが、十分だと思った。何より「仕事と生活のバランスが第一」で、「仕事のやりがいは優先していない」という考えだ。地域のイベントへの参加が趣味のようになっているが、「お金のかからない遊び」の一種で、「地域貢献という意識はあまりない」と言う。「地域のために役立つことは大事ですけど、自分が楽しくないと継続が難しいし、続けていくことも大事だと思う」からだ。

〈M1さん（二〇代女性、NPOスタッフ）～教員志望から転換。地域とのかかわりを生業にしたい。〉

M1さんの出身高校は、東広島市にある大学の附属高校。地元には「偏差値的に低いところしかなかった」という理由で、高校時代から実家を離れて下宿した。その後、立命館大学に進学し、数学の教員資格を取得。卒業後は東広島市の母校で非常勤講師をしていた。だが、教員の仕事は自分に合わないと感じるようになった。「私の教えたいのは数学じゃなくて、世の中のいろいろ見せてあげたいなって思い」のほうが強く、一年で辞めて、そのまま東広島市のカフェの従業員をしていた。そんな頃に、先に述べたような地元の地域活動の盛り上がりがあり、「もっと三次に密着してやりたいなって思いがちょっとずつ芽生えてきた」。そうはいうものの、仕事の休みが合わず、イベントに参加できない。仕事もうまくまわってなかったりしたので、「地域のことができる仕事があって、なおかつやりたいことをしながら家から通える」仕事を求めて、実家に戻った。

それからは怒濤の二年間。最初に勤めたのは、三次市の地域情報会社。地域のことに関われる仕事ではあったが、「営利的なところとボランティアの部分に葛藤があった」。そこで、三次市の観光アシスタントを務めることになったのを機に、そこも辞めた。観光アシスタントの仕事は、一年限定の契約で、県内各地をまわって、三次市のPRをすること。地域と関わる仕事という意味では念願が叶ったわけだが、そこでも飽き足らない思いを抱いた。「顔というか置物でしかないから、もっとクリエイティブに行きたい」ということで、観光アシスタントの契約の終了後は、島根県にある地域おこし系のNPOに就職し、現在はそこに実家から車で一時間をかけて通勤する生活をしている。地元愛をとびこえ、田舎で創造的なことをしたいという思いが強く、模索は続いている。

〈M23さん（二〇代女性、助産師）～医療の専門家としてのキャリアを地元に生かす。〉

三人目は、地元つながりに刺激を受けてUターンに至ったが、その一方で、自分の専門技術を生かしつつ、三次市に足場を築こうとしているケース。

M23さんは高卒後に広島に出て、さらに徳島大学の大学院で修士号を取得し、助産院の開業資格もあり、その専門性は高い。就職のさい、三次の病院では学べるスキルが限られるという考えから、広島市内の大きい病院に就職した。三次市の病院では産婦人科医の数が足りないので正常分娩しか取り扱わず、ハイリスクな状態になると全部広島市に搬送して、そこで管理することになっているからだ。だが、広島で三年働き、学べることは学んだと感じ始めていたところで、地元・三次市の病院に転職することを決めた。もともと三次のコミュニティに愛着を感じていて、いつかは三次に帰りたいと思っていた気持ちがあったところに、先述の地元のコミュニティの盛り上がりがあり、後押しされたことが大きかった。

M23さんは、地元の友人たちとの付き合いが楽しいというだけではなく、助産師としてのキャリアを生かして地元に役立ちたいという思いが強い。三次市に産後の包括ケアシステムを作るという構想を描き、そのために地域政策も含めて幅広く学ぶため、週に何度か広島まで出かけて、社会人大学院にも通っている。三次市内の病院への転職によって収入は下がったし、待遇面でも広島の病院よりも良いとは言えず、毎日の生活はかなり忙しい。それでも、M23さんは「ワーク・ライフ・バランスのライフの部分が大切だと思う」とし、広島市にいるときより「バランス」のある生活ができていると言い、現状を肯定する。ここでM23さんがいう「ワーク・ライフ・バランス」とは、勤務時間が短い仕事という意味ではない。忙しさという点でいうと、広島にいたときより休みがないかもしれない。その意味は、自分にとって本来的である親しい地域の人たちに囲まれる暮らしを実現しながら仕事と両立できているということである。

5-2　地域にひきつけられる

(1) 結婚転入者のジレンマ

三次市は中国山地の条件不利地域圏であり、Uターンが多くても人口流出傾向は明確である。だが、それでも一定程度の割合で若い転入者は存在している。すでに見たように、三次市は生活の便利さという点や雇用の選択肢という点では、府中町と比べると圧倒的に評価が低い。それにもかかわらず転入する層の価値観としては、田舎的なライフスタイルの志向性との関わりが注目できる（⇒第6章）。だが、**転入の直接的な契機としては、直接的には結婚もしくは就職・転勤が圧倒的に重要である。**広島二〇～三〇代調査においては、結婚を理由にして転入した者は特に多く、統計調査では一九・九%、インタビュー調査では五名と最も多い。全国の小都市・農山村地域へのIターン者を対象にした調査においても、そのきっかけとしては夫ないし妻の実家があるということが最も重要な転入動機の一つとして挙げられている（高見 2016）。

そして、転入者の多くは、三次市内でも農山村部よりも、生活の便利さを求めて中心市街地に好んで住むケースが多い。里山の暮らしが生きていることが三次市の魅力であるが、農山村部には住宅供給も少なく、結婚を機に転入した者の大半は中心市街地に居住している。また、三次の農山村部を「地元」とする者についても、生活の便利さを求め、結婚を機に中心市街地に移動する者が多い。たとえば、M19さん（三〇代男性、郵便局員）の場合は、東京からUターンして市街地から車で二〇分ほどのところの農山村部にある実家に住み、地区の活動にも積極的に取り組んでいたが、近々予定している結婚を機に、中心市街地に住もうとしている。婚約者の女性の通勤の都合を考慮したためであるという。こうした市内での地域移動（農山村地域に住むか、中心市街地に住むか）の問題は、ライフスタイルの選択に関わり、地域の人間関係に与える影響も多い（⇩第6章、第8章）。

ここでは、インタビュー対象者のうち、結婚を理由に市外から転入してきた事例に注目してみたい。まず、他地域で出会ったパートナーの女性が三次市に縁があり、結婚を契機に三次市に転入してきた二人の男性のケースを見てみよう。

〈M24さん（三〇代男性、用務員パート／ヨガ講師）～妻の縁故で転入。「移住者の意識の高い人たち」と交流。〉

M24さんの地元は、東京都多摩地区の郊外（聖蹟桜ヶ丘）。でも、あくまで結婚がきっかけとして「彼女に乗った」のであって、自身「田舎暮らしに憧れたわけではない」。以前は地元の東京で警備員やヨガ講師をしていた。仕事をしばらく休み、インドのチベット人地区に仏教の聖地を見に長期滞在したさい、同時に滞在していた日本人女性と知り合って現地で結婚。帰国後どこに住もうかというときに、広島市出身の妻が、三次市の中心部に以前祖母が住んでいた空き家と畑があり、そこでチベット雑貨の店を開きたいというので、それについていくことにしたのだという。

田舎暮らしをしたことはなく、「日本昔話のような場所」だと聞いていたので覚悟していったら、確かに古い家だが、三次市の中心市街地の中心にもそれほど遠くないところで、拍子抜け。東京も地元のあたりまで行けば、自然も豊かで「ちょっと行けば奥多摩も高尾山もある」ということで、住む環境としてはそれほど違和感がなかった。

M24さん自身は、地域でヨガ教室を開き、ヨガをもっと普及させたいという夢がある。だが、それだけでは生計が成り立たないので、小学校で午前中だけの用務員の仕事をしている。お金は全く貯まらないけど、家では完全無農薬の野菜を、食べるぶんくらいは作っているので、子どもがいない夫婦家族ということもあり、困るほどではない。チベット難民支援や災害支援ボランティアなどの社会活動にも熱心で、その関係でネットワークを広げ、しょっちゅう広島市内にも出かける。**広島県にはもともと妻以外に縁故は全くないが、自分と同じように「東日本から移住してきた意識の高い人たちがたくさんいる**」ということで、人間関係的にも満たされているという。

M24さんは、知り合いが全くいない土地に転入し、生計的には余裕があるわけではない。だが、オルタナティブ的な価値観を共有する移住者のネットワークに居場所を見出しているので、精神的な満足度は高い。対照的に、とりあえず結婚で転入はしてきたものの、交友関係は狭く将来に対する不安や焦りを隠さないのが次のケースである。

〈M25さん（二〇代男性、製造作業）～彼女について転入してきたが、将来展望が見えず、焦りがある。〉

M25さんは、山口市の周辺にある農村地域の出身。広島市内の私立大学に進学し、そのときにアルバイト先のマクドナルドで知り合い、付き合い始めた彼女が今の妻である。同じ年齢の妻は、専門学校を卒業後は広島市を離れ、実家のある庄原市から遠くない三次市に住み、介護施設で仕事を始めた。広島市と三次市とで離れて交際を続けた後、二人の間には子どもができた。子育ての都合を考えて、妻実家に近いところに住んだほうがいいということになると、大学卒業と同時に、三次市内で仕事を探す必要があった。ただし、三次市内の大卒就職の選択肢は多くない。最初はパチンコ屋に就職したが、勤務条件がたいへん厳しかった。仕事のあがりがいつも日付を跨ぎ、家にいる時間が全くとれず、妻も負担が大きいので限界を感じた。

それで一年働いた末に辞めて、求人広告を見て、三次市内にあるアパレル工場に転職した。工場の仕事は夜勤シフト交代制だが、週に二日は必ず休みがとれるので、前よりは家にいる時間をとることができるようになり、断然よくなった。職場でもその仕事ぶりは信頼されているが、特に専門技術を要さない「毎日が同じ作業の繰り返し」で、仕事が楽しいとは思えない。だから、二〇年後も続けているようなイメージは全くない。

趣味は、車いじり。軽四の車に手を入れて、車高を低くして、マフラーを変えてみたりする。別に友達と自慢しあったり、暴走したりするわけではなく、「完全に自己満の世界」。地域に全く友人関係がなく、広島時代のボーリング仲間とも疎遠になっていて、毎日の生活に楽しみがないと思っている。義父母の実家は牛の牧場をやっていて、妻はその一人娘。その後を継ぐことをなんとなく期待されているよう頭をよぎるが、経験が全くなく、今さら無理ではないかと考え、思いは揺れる。そういうことを考えると、妻との関係にも自信がなく、二〇年後には「別れておるんじゃないかなという気すら」あるというが、「これじゃあいけんよなあ」と言いながら、自分が変わるきっかけを探している。

次に、女性の転入層の二ケースに注目してみよう。結婚・出産を機に育休制度も存分に活用し、子育てにおける夫の両親の支援を期待し、三次市に転入してきたのがM26さんである。三次市の子育て環境への評価も高い。対照的にネガティブなのがM27さんのケースだ。M27さんは夫婦ともに地元からは遠く、サポートを得られない上に、専門職としてのキャリアを外れ、忸怩たる思いを抱えている。

〈M26さん（三〇代女性、小学校教員）～夫実家に近い三次市に転入後、四子を出産し、三世代同居を決断。〉

M26さんは、インタビュー時は育児休業中であった。双子のゼロ歳児を含め、立て続けに四人を出産し、四年間連続で育児休暇をとっている。子どもは大好きで、もっと産んでもいいかもと思っている。地元は県南の呉市で、関西の大学を出て、Uターン就職し、呉市に隣接する竹原市で教員をしていた。その時代に同じ小学校教員であった今の夫と知り合って結婚した。

夫は、実家が島根県の飯南町の出身。やはり広島の県南で教員をしていたが、実家に近いところに住みたいと考え、飯南町に隣接する三次市への転勤を希望した。M26さんも育休から復帰後は三次市で教員を続けるつもりで、三次市の中心部に居を構えた。ただし、子どもが増え、夫と二人で乳幼児四人を育てるのはものすごく大変だ。そこで、双子が一歳二か月になるまでは、夫も育児休暇をとっている。それでも人手が足りないので、現在は島根県に住んでいる夫の両親が、車で四〇分ほどをかけて頻繁に三次市の自宅に通い、家事・育児の手伝いをしてくれている。両親が助けてくれるおかげで、生活はなんとか回っている。このほか、三次市内の地域の子育て支援センターもよく利用していて、すっかり常連である。育休復帰時は大丈夫なのかが気がかりなところであるが、すでにリタイアしている夫の両親のほうが島根県から三次市に引っ越して、同居しながら子どもの世話をしてくれることになっている。三次市に来た頃にはそんな考えはなかったが、三世代同居をしないと、とても共働きで四子は育てられないと思っている。

〈M27さん（三〇代女性、写真店パート）～夫の就職に合わせて転入。縁故なく、子育てで苦戦。〉

M27さんは熊本県葦北郡の出身。高卒時、放射線技師になりたいと考えたが、目指せる大学が九州にはなく、地理的に一番近い広島県三原市にある広島県立大学に進学した。そこで同級生だった今の夫と知り合った。夫の実家は広島市にあったが、祖母が県北出身で、その家が空いているということで、三次市の病院で就職を決めた。一方、M27さんは長崎で放射線技師になり、四年間勤務していたが、結婚・妊娠を経て、M27さんは仕事を辞めて夫のいる三次市に転入した。上の子が三歳になったときに、三次市の病院で放射線技師の臨時採用の話があり、再びフルタイムで働き始めた。ところが、非常勤の雇用形態では、正規雇用よりも一か月五、六万円も給料は低かった。そして、縁故のない土地で、共働きと子育てを両立させるのは「本当に困った」。出勤時間も朝早いし、保育園が休みの日でも、病院の仕事はあり、休みを簡単に取ることができないからだ。夫実家は広島市、自分の実家は熊本の田舎ということで簡単に頼ることができない。三次市は待機児童もなくて保育の環境がいいと言われるが、M27さんのばあいは年度途中から預けようとすると空きがないと言われ、困ったという。三次市には病後児保育はあるが病児保育をできる施設が無いという問題もある。祖父母に頼れない立場の者からすると不満で、「子育てしやすい街だとは思わない」。(→7-2)

そういうことで、臨時採用の期間が終わったら、フルタイムの仕事はやめて、「子どもに合わせて仕事していいよっていうスタンス」のところを探して、パートで働くことにした。いまは、庄原市にある写真館で働く一方、地域情報誌の写真撮影の仕事もしている。

現状ではフルタイムの仕事は厳しいと感じているが、自分のもともとのキャリアとして、可能ならば放射線技師の仕事に戻りたいという思いもあって、M27さんは「自分でも揺れている」。もう一つの問題は「空きがないこと」。こうした専門職は、どこの土地でも採用がある一方、就職している職員の欠員補充というかたちでしか雇用が発生せず、病院数が限られる地域ではめったに募集が出ない。マンモグラフィーを撮るにしても、ブランクが長くなると「昔のやり方で大丈夫かな」という感じになってくる。とりあえず、今は子育てにかけるウェイトが大きく、安定した暮らしができているので、それで十分幸せを感じられる。だが、「今が満たされているぶん、将来は不安です」とM27さんは言う。子どもの発達に気がかりなところがあるし、遠方に住んでいる親をどうやって介護するのだろうという問題も考えると、「将来に明るい希望がある」とは言えないと思う。

(2) たまたま就職のチャンスがあった—県内他地域からの転入

「仕事のため転入した」と答えたのは、統計調査では一二・一%。インタビュー調査対象者では四名であった。一般企業の就職は一人もおらず、そのうち二人は公務員と教員の就職の事情で転入している。また、もう一人は県職員で、転勤をきっかけに三次市に定住したというパターンである。人気職種である公務員・教員は、就職活動のさいに、自治体にこだわらず、県内で募集のあるところを複数受けて、どんななじみのない土地であっても決まったところに行くというパターンが多く、転入者比率が高い。三次市の地元一般企業の多くが県北出身者で占められるのとは対照的である。

以下、公務員・教員に就職で転入してきた二人の事例に注目してみよう。

〈M28さん（三〇代男性、消防士）～たまたま消防士の採用試験に通り、県南から転入。〉

三次市で消防士として勤務するM28さんの地元は三次市からは二時間ほど離れた、広島都市圏の郊外・安芸郡海田町である。広島市内の大学を卒業後、「一浪しても、二浪してもいいから」消防士になりたいと思って、広島県内の自治体で募集があったなかから四か所を受けた。その結果、受かったのが三次市だった。それまで、大学を一年休学し、フィリピンに井戸を掘りに行く体験をするなど、刺激的な体験を求める傾向が強かったM28さんにとって、地元の広島を離れて、知り合いもいない田舎で暮らさなくてはいけなくなったのはショックだった。「その頃は街のほうがいいというか、正直戻りたいと思ったり、寂しいな」という思いが強かった。一〇年たった今でも、三次という地域の生活環境については、不便なところだと思いが強く、いまだに不満は強い。

ただし、時がたち、人間関係の感覚については大きく変わった。地域の人々と積極的に交流し、地元の女性と結婚し、子どももできた。中心市街地に近いところに中古の家も購入し、「今はもうこちらが地元という感じになりつつつ」あるという。消防士の仕事には広域的な転勤は無いため、少なくとも定年までは三次にずっと住むだろうと考えている。ただし、若い頃から一貫して広い世界でキャリアを積みたいという思いは依然として強い。そのため、可能ならば、三次市に拠点を置きつつも、広島県の消防学校や東京都の消防大学校に出向などで行く経験ができたらという思いを秘めている。

〈M8さん（三〇代女性、中学校教師）～地域と関わりを持たず、アパートで単身生活。〉

M8さんの実家は尾道市近郊。三次市の中心市街地のアパートで単身暮らしをし、そこから車で三〇分ほどをかけて中山間地の中学校に通勤している。三次市に転入してきた理由は、英語教員の臨時採用の仕事がたまたま見つかったということに尽きる。実家から三次までは、無料の高速道路（尾道松江道）が開通し、一時間もかからずに行き来できるようになり、それほど遠くない。M8さんは実家も田舎の環境ということで、三次市の生活に不満があるわけではない。

だが、三次市のスーパーなどに買い物に行くと、すぐに自分の生徒やその家族に会ってしまう。プライベートを「常に見られている感じが嫌」で、休日は「ほとんど三次市にいない」。一人で車に乗って、東広島市や府中町のショッピングモールまで出かけていくことが多い。「もしも行けるところにそういう場所がなかったら、田舎で一人暮らしは厳しいかもしれません」と語る。単身者のアパート住まいということで、地域コミュニティとの関わりは薄く、隣にだれが住んでいるかもわからない。

悩みといえば、何をおいても仕事の多忙さ。「チャレンジしようとか、頑張ろうとかいう気持ちはあるんですよ。でもすごく忙しくて……」とため息が出る。年々事務仕事が増えているし、土曜日も部活の顧問で出なくてはいけないことが多い。それに、臨時採用の待遇は、給与面では本採用と変わらないが、毎年更新で、三月の終わりには次仕事があるのかという不安が大きい。これまでに、仕事が無かったブランクの期間もあるという。そして、まだ結婚していないということもあって、二〇年後はどこでどんな暮らしをしているか、教員を続けていること以外は、はっきりイメージを持つことができないでいる。「子どもと関わっていて、授業もして、担任もして、そういう平凡な生活を普通に送ればそれでわたしは十分」だが、現在自身の理想とする「平凡」で「穏やかな暮らし」ができているかと言われると、そうではない感じがしている。

（3）農山村にひきつけられる

単に就職機会があったからというわけではなく、農山村の豊かな三次市の環境に魅力を感じ、そこにひきつけられて転入してきたという事例が二つある。三次市への転勤を希望した県職員のM29さんと、農業アルバイトのM30さんの事例を見てみよう。

〈M29さん（三〇代女性、県職員）～林業職にやりがいを感じて広島市内からの転勤を希望。三次市の男性と結婚。〉

淡路島の出身のM29さんは、広島大学を卒業したあと、県庁の本庁に林業職として就職し、広島市内で単身暮らしをしていた。国立大学卒の公務員の正規職員ということで、今回の三次市の調査対象者のなかでは最も安定的なローカル・エリートとしてのキャリア・パスを歩んでいる人である。だが、M29さんの仕事は本来の専門とは離れた事務職であったので、本来の専門性が発揮できないことに不満があった。そこで、広島本庁での数年の勤務ののち、「ちょっと山に行かせてください」と三次市への転勤を希望し、ようやく希望通りの林業職となった。

大学時代から自然環境や森林資源の活用に関心が強いM29さんにとって、三次市の環境はとても魅力的なものである。仕事とは別に、藻谷浩介の『里山資本主義』で紹介されているNPOバイオマス研究会の活動に参加もした。現在では「木」の玩具を使った子どもの教育=「木育」を普及したいと考えていて、それを県職員としての仕事と結びつけられないかと模索している。

三次市に来た頃は知り合いは全くいなかった。だが、徐々に知り合いを広げ、三次市が地元の自動車整備士の男性を紹介され、結婚・出産となった。そして、今では配偶者の実家で農山村（神杉地区）にある家の離れに隣居し、夫の両親に子育てを手伝ってもらっている。だが、県職員なので、再び広島市の本庁のほうに異動となる可能性も十分にある。そういうばあいは夫の両親に子どもの面倒を見てもらって、一時間半かけて、バスで広島市まで通勤をするつもりだが、現実的に考えるとかなりたいへんだ。じっさい、三次市と広島市を結ぶ長距離バスの乗客には、県職員の通勤客の比率が高い。県外転勤であったら転居するしかないが、三次市ですでに生活の基盤を築き、農山村のライフスタイルに魅力を感じているということもあり、子どもが大きくならないと転居することは難しい。

〈M30さん（二〇代男性、農業アルバイト）～「里山ニート」を自称。山奥の集落で単身暮らし。〉

自分の「生業《なりわい》」を作るところから始める「Iターン」の実践は、しばしば「地方暮らしの幸福」の時代の象徴的な存在として注目されている。三次市のPR動画においても、牧畜業やパン屋など、その自然豊かな風土に憧れて転入してきた「Iターン」の人たちが紹介されている。ただし、これまでの事例でも見たように、祖父母の実家や妻実家があるなど、縁故を頼りにしているばあいが多い。そんななか、M30さんは、もともとつながりの無い農山村地域に、純粋に「里山ライフ」に憧れて単身で転入してきたというまれな事例である。

M30さんは広島市の出身。広島県立大学に進学し、生命環境科学を学ぶ。稲に関する研究をし、その専門性は高い。大学時代に農林業のボランティア・サークルをした経験がきっかけで、県北の農山村に住みたいと考えて、三次市の隣の安芸高田市の農業法人に正社員として就職する。ところが、「仕事がつまらない」と一年半でそこを辞め、自ら農繁期だけのアルバイト社員に切り替えてもらう。M30さんは、こう語っている。

自分の理想とする農業ができんわけよ。わしは少ない田圃を、コシヒカリとかでなくて、在来稲を育てながら、そこの田圃に生きとる昆虫たちとかを何がいるかなあとか考えながら見つつ、田圃を育てて、という生活をしたい。わしは稲をつくりたいわけじゃないんよ、水田の環境をつくって、人間の作った水田にしか住めん昆虫を住まわせたいんよ。稲なんかとれんでも、わしゃどうでもいいんよ。

農業で稼ぎたいわけでは全くない。自分の田圃や畑を持ち、里山の自然に囲まれた生活がしたい。そう言うM30さんは、自分のことを「里山ニート」と自称する。生計を立てるために、アルバイトはしたとしても、それは「自分の仕事じゃない」。好きなことを生業にしていきたいが、まだそれで成り立っているわけではない。だからフリーターではなくて、ニートなのだ。

M30さんは、アパート暮らしをやめて、三次市の山間部にある住人がいなくなった集落に単身で入り、築一五〇年の空き家を借り、そこに移り住む。前の住人が倉庫で自殺したといういわく付きの物件だ。知り合いの建築家が所有し、リフォームをしてくれたが、床が張っていない部屋もあり、風呂は薪をくべて沸かす五右衛門風呂。自分で工夫して手を入れていかないと、とてもこのままでは雪が積もるこの地域で冬を越すことは難しい。

その暮らしぶりは、とてもワイルドだ。ここ最近食べている肉は、もっぱら近所の猟師からもらい受けた鹿肉。鹿をさばくのは自分自身。解体している様子を写真に撮って、フェイスブックに載せたりしている。家の近くに出た青大将を見つけると、それを焼いて食べてみたりしている。里山の自然や昆虫が好き。竹細工で本物と見まがうほど精巧なカマキリを作っているが、それを売って手銭にできないかとも思ったりしている。

里山の暮らしは楽しい。人見知りなので、山奥の一人暮らしは別に苦にならない。今住んでいるところに一生住んでもいいと思っている。だが、問題は、なんといっても生計を成り立たせるのが難しいこと。正社員をやめてから一年間の年収は一〇〇万円にもならない。農繁期以外はアルバイトの仕事がないので、三次市中心市街地のショッピングセンターやコンビニでアルバイトをするしかないが、それはとても苦痛なことだ。できれば、里山の生活に根差した生業を成り立たせたい。燃料用の薪を作って、それを売って収入にしたり、野菜を作って月一万円くらいの収入になったりしたらいいなあと、あれこれ考えている。

一般的なサラリーマン生活を離れ、自分のペースで生活を作りながら、農山村の資源を活用しながら生業を築く。三次市をはじめとする中国山地には、こうした生き方に惹かれて、転入者が続々と集まってきている。福島原発事故後の東日本からの避難者の中にはそうした人たちが多く、あるいは、そんな中でIターン生活のロール・モデルとなることを期待されているのが「地域おこし協力隊」である。たしかに、どんな山奥であっても、クリエイティブな田舎生活を追求する「尖った」仲間たちがいれば、退屈はしない。問題は経済面であり、M30さんのように縁故もなく、雇用面の保証も無い農山村の生活を成り立たせるのは難しく、そのことで精神的に苦しくなっていく人たちもいる。

5-3　小括――条件不利地域圏の求心力

この章では、三次市在住・在勤の三〇人について、それぞれの地元定住ないし地域移動の来歴およびその現状評価について分析した。ここでは特に前章で論じた府中町あるいは「地方中枢拠点都市圏」との差異を意識し、「条件不利地域圏」の問題として一般化するために考察を加えてみたい。

(1)　地元から押し出す力

第一に、「**地元から押し出す力**」について。

三次市の若者のばあい、地元から通学可能な大学や専門学校の選択肢が乏しいために、高卒後に（一部は中卒時から）大半が地元を離れ、三大都市圏や広島を始めとする中国地方の地方中枢拠点都市圏に移動する。三次市の教育関係者の多くは、地元から一度も出ないのでは視野が狭くなるので、若者はいったん地元外に転出して経験を積んだほうがいい、と語る。その意味で、若者を「地元から押し出す力」は明らかに強い。移動のコストを嫌って地元に残る者もいるが、当然高卒以下となるので、全体として低学歴傾向は顕著で、質問紙調査では二〇〜三〇代でも高卒・中卒者の比率は大卒者より多い。そして、三次市内では就職の選択肢も限られるため、とりあえず実家から日帰り圏内の広島都市圏で仕事を見つけたうえで、いずれ地元に帰るチャンスをうかがうというパターンもある。

家計に厳しさが増したために、地域移動にかけるコストを渋り、三大都市圏に進学する若者の比率が減少してきている。また、大都市に出ることによる経済的メリットが見出せなくなり、高卒で県外に出る者は少なくなってきた。三次市についても事情は同じである。だが、厳然とした「学歴分断社会」（吉川徹 2009）の構造自体は崩れておらず、大学進学率自体は下がっていない。そのため、三次市のような条件不利地域圏の若者は進学意思を決めた時点で、地元志向の有無を問わず、地元から出るというハードルを超えなくてはいけなくなる。この点で、その必要のない府中町のような地方中枢拠点都市圏の若者とのあいだには、明らかに格差が存在する。

もう一点、三次市のような条件不利地域圏の若者の特徴と言えるのが、進学や就職の選択にさいして地元を離れる存在論的な動機として、「一人暮らしをしてみたい」「世界を広げたい」というだけでなく、**「都市（街）で生活をしてみたい」と語るケースが目立つ点**である。これは、「地方都市中枢拠点都市圏」の若者が「大都市への憧れ」を語らなくなっているのとは対照的である。ただし、この点について、世代による感覚の変化があるとも言われる。本章の例でいえば、M6さん（三〇代女性、アパレル店員）は「都会生活への憧れがあった」というが、一〇歳近く年下の妹のM7さん（二〇代女性、保育士）については、「石橋をたたいて渡る性格」でそうした感覚が全くないことを強調している。

（2）地元にひきつける力

第二に、「**地元にひきつける力**」についてである。

三次市は二〇〜三〇代の居住者のうち、Uターン者の比率が約四割と非常に高く、府中町と大きな開きがある。高卒時点ではかなりの若者が流出するが、そのかなりの部分は地元に戻ってくる。その過半数を占めるのが、就学後に他地域に出たが、卒業後にすぐにUターンしたというパターンである。三次市のような条件不利地域圏では、進学のためにやむをえず地元を離れざるをえなかったが、もともと地元から離れるという意思が強かったわけでもないので、卒業後に引き戻されるように地元に帰ってくるというパターンが多いのである。ところが、問題は、地元には就職の選択肢が多いわけではないことだ。そのため、就学後すぐにUターンしてきた者の多くは、「とりあえず」地元に帰ることを優先し、初職の選択に関してはネガティブな語り方をする者が多い。キャリアや仕事のやりがいについて最初の段階からこだわるのではなく、時間をかけて見つけていけばいいというのが地元就職志向のスタンダートな語り方であると言える。

もちろん、他地域に進学後、そのまま地元に帰らずに都市部で就職・結婚によって定着する場合も多い。そのばあいでも、**地元に愛着があるにもかかわらず、構造的に押し出されるように転出したために、将来は地元で暮らす可能性をどこかで念頭に置いている場合**が多い。条件不利地域圏から都市部に出てUターンした者は、こうした「**潜在的地元志向**」の意識について語る者が少なくない。「潜在的地元志向」には、キャリアを積んで地元に帰るチャンスをうかがうタイプと、地元外でのライフキャリアがうまくいかなくなった場合のもう一つの人生の選択肢として地元に戻ることを考えるタイプとがある。

条件不利地域圏出身者、特に農村部出身者の「潜在的地元志向」が強い要因として、都市部とは異なり、**「家・墓・田圃」を親から継承する責任を感じているケースが多い**点に注目できる。そして、その継承には、経済的な意味はあまりない(2)。先祖や親とのつながりは、自分自身に存在根拠を与えるという意味もあり、地元にいつか帰って親をケアすることは「責任」と捉えられているのである。都市部に住んでいても、遅くともリタイア後にはUターンを考えている者が少なくなく、性別を問わず、きょうだいのうち誰か一人は「家・墓・田圃」を継承する責任を負わなければならないという規範意識は三次市で育った若者に広く共有されている。そのことは確実に定住意識やUターン意識を強める要因になっており、そうした角度から見れば、若い年齢層の人口流出だけを捉えて唱えられる農山村消滅論は悲観的に過ぎるということになるだろう。農山村地域出身者における先祖とのつながりの意識とUターンとの結びつきについては、先行調査においても確かめられているが、農業との関わりに関しては世代差が大きいと見られる(3)。ただし、従来の農村社会における農地の継承には経済的な財産としての意味や、農作業への関与の意識が大きかったと思われるが、米の価格が下落した現在においては、その意味はほとんど期待されない。特に三次市のような中山間地では、棚田のように耕作の効率が悪い農地が中心となるからである。インタビュー対象者では、農地の継承を意識している者は多いが、将来農作業に関わるつもりでいる若者は皆無に近かった。「極端に言えば、田圃を継ぐということは、墓を継ぐということと同じようなことです」と言う者もいた。

「潜在的地元志向」ということで言うと、地域おこし協力隊員の優れたファシリテーション能力によって、地元の若者のUターン転職を誘発した事例は注目に値する。これは、小学校廃校の危機を契機に作られた川西地区のネット・コミュニティが「地元つながり」を再活性化し、それが広島に出ていた川西地区出身の若者の潜在的地元志向を刺激したというケースであった。人口減少にともなって地域が流動化するなか、条件不利地域圏では地域課題が求心力となる「リスク・コミュニティ」が生まれやすい状況がある（山下 2008）。既存の地縁組織の枠組みを超え、自発的に組織するコミュニティも多く生み出されるなかで、そこで新しい人間関係が広がったり、活動を作り出したりすることに面白さを見出す若者も少なくない。ただし、その一方、M11さん（三〇代男性、製造作業）のように、ずっと地元に住みながら、地元つながりにそれほど興味がないというドライな見方もあった。この違いが何を意味するのかについて、社会関係の問題について論じる第8章で引き続き検討してみたい。

（3）地域のひきつける力

第三に、「地域のひきつける力」に関する問題である。

第2章で見たように、三次市のような条件不利地域圏に住む若者の「地元率」は地方中枢拠点都市圏と比べるとやや高い。ただし、二〇～三〇代についてはその比率は過半数をやや上回る程度で、転入者も少なくない。

条件不利地域圏において、転入者を呼び込む戦略は、地域人口の維持という観点において近年とりわけ重要視されるようになっている。「地元から押し出す力」を食い止めようとすると、ハード面での整備が必要な大学・企業誘致等のハードルの高い課題に向き合わなくてはならなくなるのに対して、「地域にひきつける力」を発見し、転入者を呼び込んでいくというソフト・パワー戦略はそれとは異なり、比較的取り組みやすいものであるからだ。例えば、藤山浩は、島根県の中山間地域の人口動態を分析し、各地区レベルで人口の「一％取り戻し」という一見低い目標を掲げ、地域の魅力をアピールし、UIターン人口を集めていけば、十分地域人口は安定化できると述べている。若者の田園回帰志向の流れをつかめば、それは現実的かつポジティブなビジョンであるという（藤山 2015）。

人口が減っている三次市もまた転入者を積極的に集めようとしている。そのさいに、三次という地域の魅力をアピールし、農山村で暮らしたい若者を惹きつけることはもちろん重要である。だが、現実には就職先は限定的であり、地域社会に溶け込む努力をしなければ、人間関係を広げることも難しい。移住にあたってのこうしたハードルをクリアすることができず、転入後にメンタル的に追い詰められてしまった事例は、枚挙にいとまがない。

じっさい、三次市への転入者の来住の経緯は、そのほとんどが公務員・教員等の安定的な生業が確保されているか、そうでなければ、他地域で出会ったパートナーの地元、あるいはパートナーの両親の地元が三次市あるいはその周辺にあり、それに頼ったケースであるかのどちらかである。そうでない場合、定住のハードルはより高い。インタビューのケースでは、パートナーに生業があっても、自らの安定的な生業がなくて苦労している事例や、縁故がなくて地域と接点を持てないでいる事例、子育ての上で不都合を感じているという事例などがあった。そして、転入層と地元層をつなぐハブの役割を果たすのは、三次市に多いUターン層である。Uターン層は地元民としてのネットワークを持ち、「地元のひきつける力」の磁場にある一方、転入者と同じく外から見た「地域のひきつける力」を理解する立場にもある。

以下の章では、前章と本章で概観した地方暮らしの「地域にひきつける力」の内実について、ライフスタイル、働き方、社会関係の三つの側面から考察を深めてみたい。

注

(1) 就職時の「とりあえず志向」に焦点を合わせた先行研究として、中嶌剛による研究がある（中嶌 2015）。

(2) 二〇〇六年に社会学者の山本努が広島県北広島町で行った郵送調査において、Uターン・Jターン経験者にその理由を尋ねているが、「親のことが気にかかるから」と並んで「先祖代々の土地や家を守るため」が最大の理由として挙げられている。「親のことが気にかかるから」は地域を問わない理由であると考えられるが、後者の理由は農山村地域のUターンに特有のものと考えられる（山本 2013）。

(3) 羽渕一代は、青森県の若者を対象とする調査から、「家産の継承ではない「イエを継ぐ」という意識」に焦点を合わせている（羽渕 2016）。

第6章　ライフスタイル
――田舎志向と地方都市志向のあいだ

　若者の地方定住傾向の強まりの背景には、脱大都市志向へのライフスタイル観の転換があると言われるが、本当であろうか。第1章でも考察したように、一言で「地方暮らし」といっても、里山の風景や森林が広がる「田舎」での暮らしを志向するのか、ショッピングモールの存在に象徴される「地方都市」の生活環境を志向するのか、そのどちらであるかによって、その「幸福」のイメージは大きく異なったものになる。そして、そのような対立する価値観のあいだにあって、現実の「地方暮らしの若者」のライフスタイルの実態はどのように分岐しているのであろうか。

　本章の目的は、広島二〇～三〇代調査の質問紙調査とデプス・インタビューの両方の結果をもとにして、こうした問題に関する考察を深めることである。具体的には、まずは統計データから「大都市志向」「地方都市志向」「田舎志向」の価値観の特徴を捉え（6-1）、それに続いて、インタビューの事例分析を通して府中町と三次市のライフスタイルについてそれぞれ考察し（6-2）（6-3）、最後に得られた知見を整理してみたい（6―4）。

6―1　統計データから見る「大都市志向」「地方都市志向」「田舎志向」

（1）一生暮らす場所として「理想的な地域」

広島二〇～三〇代調査では、「自分が一生暮らす場所として理想的だと思う」か否かについて、「中国山地のような田舎」「広島のような地方都市」「東京のような大都市」の三つを挙げて、それぞれについての考え方を尋ねている。これは、本書を貫く〈三大都市圏―地方中枢拠点都市圏―条件不利地域圏〉の対比を意識したものである。これらの回答パターンで2×2×2のマトリックスを作り、回答結果をまとめたのが図表6―1である。

まず、回答のパターンからわかることは、「大都市限定派」（田舎×、地方都市×、大都市○）、「都市ならどこでも派」（田舎×、地方都市○、大都市○）、「どこでも住めば都派」（田舎○、地方都市○、大都市○）は府中町でも、三次市でも少数派であるということだ。大都市にこだわる「限定派」は、両地域ともごくまれであり、**大都市暮らしを理想と考える者の比率はきわめて低いことが確認できる。**

そして、**府中町では、地方都市以外についてはネガティブな「地方都市限定派」**（田舎×、地方都市○、**大都市×）と、田舎も含む「地方ならどこでも派」**（田舎○、**地方都市○、大都市×）の大きく二つに分かれる。**つまり、「地方都市志向」である府中町の環境についての評価が高い一方、「田舎に住めるかどうか」をめぐって価値観が割れている。

図表 6-1　ライフスタイルの志向性と現状評価

	ライフスタイルの志向性	田舎	地方都市	大都市	幸福度	生活満足度	地域満足度	可能なら住み続けたい	度数	相対度数
府中町	田舎限定	○	×	×	59.1% ＊	50.0% ＊	77.3% ＊	77.3%	22	5.5%
	地方都市限定	×	○	×	**82.1%**	**71.1%**	**94.8% ＊**	**82.6% ＊**	**173**	**43.0%**
	大都市限定	×	×	○	86.7%	53.3%	60.0% ＊	40.0% ＊	15	3.7%
	地方ならどこでも	○	○	×	**87.2%**	**71.2%**	**94.4% ＊**	**82.4% ＊**	**125**	**31.1%**
	都市ならどこでも	×	○	○	65.7% ＊	65.7%	82.9%	48.6% ＊	35	8.7%
	住めば都	○	○	○	78.6%	85.7%	78.6%	78.6%	14	3.5%
	どこも否定	×	×	×	82.4%	52.9%	70.6% ＊	23.5% ＊	17	4.2%
	全体（有効回答）				81.1%	68.4%	89.8%	75.1%	402	100.0%
三次市	**田舎限定**	○	×	×	**92.1% ＊**	**74.6%**	**63.0%**	**75.6% ＊**	**127**	**27.7%**
	地方都市限定	×	○	×	**77.6%**	**64.3% ＊**	**42.9% ＊**	**28.6% ＊**	**98**	**21.4%**
	大都市限定	×	×	○	80.0%	60.0%	33.3% ＊	11.1% ＊	9	2.0%
	地方ならどこでも	○	○	×	**81.1%**	**74.2% ＊**	**69.2% ＊**	**66.9% ＊**	**159**	**34.6%**
	都市ならどこでも	×	○	○	59.3% ＊	63.0%	48.1%	25.9% ＊	27	5.9%
	住めば都	○	○	○	70.6%	70.6%	64.7%	64.7%	17	3.7%
	どこも否定	×	×	×	85.0%	57.1%	38.1%	47.6% ＊	21	4.6%
	全体（有効回答）				81.6%	70.2%	58.2%	56.4%	459	100.0%

注：＊はカイ２乗検定で全体平均と有意差あり

その一方、**三次市ではマジョリティは三つに分かれる。最も多いのは「地方ならどこでも派」であるが、それに次いで「田舎限定派」（田舎○、地方都市×、大都市×）と「地方都市限定派」とが拮抗**している。つまり、「田舎」の環境であるものの「地方都市志向」が強く、三次市の環境に否定的な者の比率も少なくないという全体傾向に注目できる。

（2）「理想の地域」とライフスタイル観

各地域のライフスタイルの志向性は、どのような意識や価値観との結びつきが強いと言えるだろうか。広島二〇〜三〇代調査の各種の意識調査項目との相関関係を分析してみた。そのうち、「幸福度」「生活満足度」「地域満足度」「可能ならば住み続けたい意向」（定住志向）については、図表6-1にも整理してある。分析から得られた知見は、以下のように整理できる。

第一に、府中町でも三次市でも一割にも満たない「大都市限定派」と「地方都市限定派」との意識のあり方の違いは明白である。特に注目できるのが、「大都市限定派」は「趣味に関して個性やこだわりが多いほう」と考える人の比率がとても高いという点である（府中町七三・四％、三次市六〇・〇％）。この点、「地方都市限定派」が過半数を下回るのとは対照的である（府中町四〇・七％、三次市四二・四％）。**趣味に対する自意識の強さが大都市志向と結びついていると言える。**精神科医で評論家の熊代亨は、「若者が趣味生活に打ち込んでいられる余裕が少しずつ失われ、他方、コンテンツ消費だけでなくコンテンツ発信までもが地元にいながらにして成立可能になってきた」という状況を踏まえ、現在、「わざわざ腹を括って上京し、寝食削ってまでサブカルチャーの最先端を追いかけようとする若者は、よほどの人間と言わざるを得ません」と述べているが、調査結果はこうした観察を裏付けるものとなっている（熊代 2014）。

また、人生観においても「大都市志向」と「地方都市志向」の傾向の違いは鮮明で、「無理をしてでも高い目標を立ててチャレンジしようと思う」傾向は大都市志向との結びつきが強く、「地方都市限定派」は府中町三一・九％、三次市三五・八％と低いのに対して、府中町の「大都市限定派」は七三・三％と高い。**「大都市志向」が上昇志向の高さと結びつくのとは対照的に、「地方ならどこでも派」は「平凡でもいいから、人並みの幸せを手に入れることが大事」というノンメリトクラティックな人生イメージを持つ傾向が強い**（府中町八八・一％、三次市八八・七％）。

第二に、「地方都市志向」について。「地方都市」で「一生暮らすのがいいと思う」の比率は府中町で高いのは当然として、都市的とは言えない三次市においても「地方都市限定派」が多いことに注目できる。

府中町の「地方都市限定派」は世帯年収がやや高めで、女性比率、大卒比率が高い。地元から離れたことのない人の比率が最も高く、「地域満足度」は九五・〇%と圧倒的に高く、定住志向も強いという点が特徴的である（「今後、可能ならば、現在住んでいる地域に住み続けたい」八二・六%）。現在住んでいる地域に対する評価の高さがうかがえるが、「生活満足度」や「幸福度」についてはほぼ平均レベルである。そして、階層上昇志向の低さという点で、きわだっている（「社会情勢を考えれば、今後、生活水準が上がらなくても仕方ないと思う」四七・四%）。また、「お金をなるべく使いたくない」という回答傾向が全グループのなかで最も強い（六八・二%）。階層が特に低いわけでないことを合わせて考えると、これは、お金をあまり使わなくても消費を楽しむことのできる地方都市の環境に対応した**「デフレ消費社会」的価値観**であると考えることができる。

その一方、三次市の「地方都市限定派」は「地域満足度」が四二・九%ときわめて低いことに注目できる。**三次市の地域満足度が府中町に比べて低いのは、この三分の一ほどを占める「地方都市限定派」の評価がネガティブであることが原因**である。それだけではなく、「地方都市限定派」は「毎日の生活が楽しい」と感じている人の割合も平均と比べて一〇ポイントほど低い（五八・二%）。「現在住んでいる地域にいる多様な人々と交流したい」と考える人の比率も低く（二九・六%）、地縁組織の活動に「積極的に参加」している人の比率については、三・二%と皆無に近い。「今後、可能ならば、現在住んでいる地域に住み続けたい」比率はわずかに二八・六％にとどまり、その定住志向の低さが顕著である。そして、注目できるのは、三次市の「地方都市限定派」は、友人や家族と過ごす「時間的余裕がない」と考えている者が多い点である（六〇・四％）。積極的に広島等の都市部に出るライフスタイルを好んでいるにもかかわらず、時間的余裕がないために満足に出ることができず、生活をあまり楽しめていないという可能性がある。

第三に、「田舎志向」についてである。

「田舎限定派」については、当然ながら三次市で強く、府中町にはあまりいない。**三次市の「田舎限定派」は「自分が幸せである」と感じている人の割合が、他のどのグループと比較しても最も高い**点が特筆される（九二・一％）。「生活満足度」等の他の現状評価についても低くない。この点、田舎だけにネガティブな評価を下す「都市ならどこでも派」の「幸福度」が、両地域とも最も低い数字を出しているのとは対照的である（府中町六九・七％、三次市五九・二％）。そして、地縁組織の活動への参加度も比較的に高く、「現在住んでいる地域にいる多様な人々と交流したい」人の比率も全グループのなかで最も高い（五一・二％）。「今住んでいる地域にリラックスして付き合える関係の友人がいる」という評価をする者も比較的多く（四八・八％）、「今後、可能ならば、現在住んでいる地域に住み続けたい」人も七五・六％と多い。ただ、その一方で、地域の現状評価は必ずしも高くない。地縁組織の活動との関わりが深いぶん、地域課題をより深く認識しているとも考えられる。

また、「田舎志向」も含む「地方ならどこでも派」は、三次市では最大多数派であり、府中町でも「地方都市限定派」に次いで多い。どちらの地域についても、「地域満足度」のポイントが平均以上に高く（府中町九三・四％、三次市六三・四％）、定住志向も強い。地域活動への参加意欲は高いわけではないが、「現在住んでいる地域にいる多様な人々と交流したい」人の比率は「地方都市限定派」に比べると高くなる（府中町四七・二％、三次市四七・八％）。そして、**「地方ならどこでも派」は、府中町では非地元層の割合が高く、三次市ではUターン層の割合が高い**。その理由として、府中町では「田舎」から移住してきた者、三次市では広島という「地方都市」に居住経験のある者が、「田舎」と「地方都市」の両方の環境を知っているためだと考えられる。

この他、割合としては少ないが、「どこでも住めば都派」がいる。どのような地域に住むこともいとわない、こだわりのないタイプである。このタイプは、府中町でも三次市でも男性の比率が高く、ここ一年の間に海外に行った者の比率も高い。そして、総じて現状評価がポジティブである。4-2でF27さん（三〇代男性、エンジニア）の例で見たように、グローバル化に適合的なメンタリティとも言える。ただ、このタイプは一割にも満たない。

以上をまとめれば、**地方暮らしの若者の間を、「田舎志向」と「地方都市志向」という異なったライフスタイル観の分断線が貫いている状況**が見えてくる。

統計データから見られた、以上の価値観の特徴を念頭に置きつつ、次節では、ケース分析を中心にして、「大都市回避志向」「地方都市志向」「田舎志向」の諸相について、考察を深めてみたい。

6-2　地方中枢拠点都市圏（府中町）のライフスタイル

（1）東京に対する醒めた視線

広島二〇～三〇代調査で、ここ一年のあいだに「県外」に出たことがないという者は少なく、府中町二一・〇%、三次市二三・四%のみである。地方暮らしと言っても、居住地域にこもっているという者は少数派で、仕事やレジャーで県外に出る機会が多い者も少なくない。ただし、「首都圏・関西圏などの国内の大都市」となると、過半数が一度も出かけていない。府中町からは新幹線で二時間程度で関西圏に出られるにもかかわらず、アクセスの悪い三次市と有意差はない。ずっと府中町に住んでいるF7さん（二〇代女性、一般事務嘱託）も、「買い物のためだけにわざわざ東京や大阪に行ったりはしない」と言う。二〇〇四年末、全国のイオンモールには「シブヤもハラジュクもうらやましくない」というポスターが貼られていたが、それから十年が経ち、「シブヤ」や「ハラジュク」が若者文化の特権的な発信地であるという共通認識もぼやける時代となり、地方暮らしの若者の「マス」はますます醒めた目で東京の消費環境を眺めるようになってきたと言えるだろう。

大都市については、居住経験の有無にかかわらず、「**遊びに行く場所であって、住む場所ではない**」という評価が大勢を占める。行き先として挙がるのは、圧倒的に「東京ディズニーランド」や「USJ」のようなテーマパーク。あるいは、コンサートやライブ、展覧会などの「イベント」である。東京は地方に比べると娯楽が豊富で、遊びに行く場所として魅力的であることを否定する者はいない。あるいは、仕事上、アートやファッションの感度の高さを磨く必要があると認識している人であれば、東京から発信される最新の文化の動きに興味を持つ傾向も強い（商品企画担当、美容師等）。ところが、暮らすとなると、人の過密ぶりが耐えられないという点で、ほとんどの者が否定的になる。

東京（町田市）とニューヨークに一時期住んでいたことがあり、今でも年に数度は東京を訪れてアートシーンを追い続けているというF11さん（三〇代女性、事務総合職）は、最先端に触れる機会は広島よりも東京のほうが多いことを認めながらも、東京の生活環境については酷評し、住まなくても「年に数度行くだけで十分」と言う。

まず家賃が高くって狭くって、ろくな野菜も売っていなくて、電車の通勤事情もとんでもなくて、文化を感じないような酷い状態だと思います。生活が非常にしにくくて、人間的に居続けるのは難しい土地だなあと。若い頃は、そんなの関係ないパワーでやっていけるんですけど、だんだん体力が落ちるとそこが負けるような気がして、もうちょっとゆとりが欲しいと思うんですね。

F11さんは、「クリエイティブな企画に関わる仕事をしている都合上、東京やニューヨークに自分で取りに行く必要がある」が、住まなくても「**年に数度行くだけで十分**」ではないかと語る。現状として、広島で暮らすことによるデメリットは全く感じないという。実際、グローバル市場で勝負できる商品の企画に関わっているという自負もある。

その一方、地方暮らしの若者のマスが「東京」と称する場所は、往々にして「銀座」や「原宿」などの人口が密集する都心部の商業地区である。「あまりにも人混みがひどいのは苦手ですね。大勢おるなかにぽんとおかれるのは、人に酔ってしまうので嫌なんです」と言うF24さん（三〇代男性、製造業技能職）のように、特に東京で暮らしたことのない者は、東京と言えば都心部の過密のインパクトを語る。この点、実際に東京に暮らしたことがある者は、「東京」といっても都心部と郊外とでは大きな違いがあるということを知っている。F8さん（二〇代男性、スポーツクラブ嘱託職員）が大学進学にあたって住んだのは、都心部にある大学から三〇分ほどの千葉県松戸市。F8さんは、そこから都心に向かう満員電車には耐えられなかったと言う一方、「松戸や柏であれば全然住めます」と強調する。東京に出てはみたが、「松戸はベッドタウンというか、だいたい広島と同じような感じ」だったので、拍子抜けした。「友達もけっこうできたし、仕事さえ見つかっていたらイケてた」と思う。東京も都心部居住は一部に限られ、都心への通勤をしない傾向を強める「郊外二世」のライフスタイルは地方中枢拠点都市の暮らしと似通ってきている側面もあると考えられるが、それは別に検討を要する課題である（日野・香川編 2015）。

(2) モールシティ

高卒後、就職のために広島都市圏に越してきて三年目になるF23さん（二〇代女性、製造作業）は、山口の田舎と違って、娯楽の多い広島の独身生活を満喫している。

遊ぶのは、本通り（広島市街地最大の商店街。府中町から車で三〇分程度。）かソレイユ（イオンモール広島府中の通称）のどちらか。（本通りに近い）ラウンドワンにボーリングをしにいったりもします。ソレイユでは、服と映画ですね。本通りでは、パルコで服をいろいろ観ます。だいたいその二つで決まっています。車で行くときは、いろんなところに行きますよ。深夜まで、職場の飲みとかで二時くらいまでやったことはあります。二度くらい。お酒とか飲むときは飲むんですけど、日頃は飲まない。外食は、本通りとかにいって、そこにあるパスタとか、普通にガストとかのファミレスとかですね。

ここに言及されている「イオンモール」、「ガスト」等の低価格帯に重きを置いた「ファミレス」、娯楽複合施設「ラウンドワン」。これにACG（＝アニメ、コミック、ゲーム）関連のチェーン店「アニメイト」を加えれば、広島の独身のマスの若者にとって必要な商業施設は出揃う[1]。いずれもここ二〇年の間に立地が進んだ全国チェーン店であり、「地方中枢拠点都市圏」の生活と余暇を語るうえで欠かせない重要な若者文化のインフラである。

そのうち、イオンモール広島府中が開店したのは二〇〇四年。今の二〇代が小学生〜高校生のときだ。府中町を地元とする者に尋ねると、三〇代は高校〜大学時代、友達と遊ぶとなると市内に出るしかなかったが、二〇代はもっぱら近くのイオンのフードコートやゲームセンターがたまり場だったと語る者が多くなる。「（イオンの近くの）中央通り一帯ですべて済むので、広島の中心部に出ることはめったにない」と、ずっと地元に住むF3さん（二〇代男性、学生→NPO職員）は述べる。同じく地元で自営業を営むF6さん（三〇代女性、食品販売自営）も、イオンモールが無かった時代は「友達と会うのはとりあえず市内」だったが、今は「市内に行かんといけない必要性がない」ので、今は府中町を「月に二回出ればいいほうかも」と言う。

特に仕事中心の生活をしている者や、小さな子どもを抱えている者の場合、**広島市内まで出かけて**

いく余力がなく、そのために余暇生活は利便性が高いイオンモールに依存した生活にならざるを得ないと語るケースがしばしばあった。統計調査では、イオンモールに出かける頻度として、「週に数回」と回答した二〇～三〇代は府中町の半数を超える（五一・三％）。とりわけ、女性については比率が高い（六一・二％）。広島西区の住宅地から、結婚のために府中町に越してきたF15さん（三〇代女性、事務嘱託職員）は「**イオンは私の生活の全てです**。何かあったらイオンに行けばいいわってかんじで。週末は必ず一度は行っている」と言う。夫婦フルタイムの共働きであるうえに、夫の帰りは深夜になるので、子どもはほとんど自分一人で世話をしている。そういう忙しい毎日のなかで、生活を楽しむ余裕はあまりない。夫は出張が突然入ることが多く、家族で共有する時間がほとんど取れない。しかも、交友関係はあまり無い。夫は拘束が厳しい性格で、フェイスブックなどをして友人と交流するのも禁じられている。だから、イオンモールに行っても「そこには安定した生活を求めているっていう感じで、きらきらする感じはない」。むしろ、唯一、一人の時間がとれる月曜日の午前中に、家の中で高校生向けの恋愛マンガを読んで「きゃあってなる」のが幸せを感じられる瞬間だ。

ただし、大型ショッピングモールはコモディティを提供する単なる生活インフラとは違い、「楽しみ」や「驚き」を演出するべく、常にバージョンアップしている戦略性の高い空間でもある。たとえば、イオンモール広島府中の場合は、ファストフードを中心とした既存のフードコートが中高生のたまり場と化してしまったら、改装・増床時に大人向けにグレードアップした第二のフードコートを新設し、多様な階層のニーズに対応しようという工夫をしている。特に小さな子どもが安全に楽しめるキッズ・スペースがあり、子ども連れのストレスが少ないフラットなショッピングモールの空間は、家族の幸せの感覚を得られる格好の場となっている。これに比べて、中心市街地のなかで小さな子どもを抱えて移動するのは、季節や時期によってはあまり快適ではない。小さな子どものいるF13さん（三〇代女性、専業主婦）は、「子どもは長時間の移動は機嫌が悪くなるんで、せめて一時間くらいの範囲内で、しかも、子どもが体を動かせるようなところっていう感じ」のところを求めていくと、どうしてもショッピングモールになってしまうと言う。統計調査の結果を見ても、子どもがいる場合の大型商業施設への依存度は高く、独身時のように中心市街地まで出ていくことがめったに無くなったという者は多い。

だが、同じモールにばかりに通い、それが日常化してしまうと「ハレ」の要素は失われ、そこに行くことに楽しみの要素は無くなってしまう。そこで、休日ごとに**近隣の異なるショッピングモールに行き、微妙な差異や変化に楽しみを求めるという者**も少なくない。一般的に言って、東京と違って、地方中枢拠点都市圏には賑わいのある「街」の選択肢には乏しいかもしれないが、商業施設の選択肢はそれなりにある。シングルファーザーで多忙な生活をしているF26さん（三〇代男性、飲食サービス）は、イオンモールのなかに新規出店の飲食店ができると必ず行ってみたくなるというほどのモール好きだが、たまの休みに遠出をしたくなり、先日は小学校の娘と一緒に、車で三時間先の岡山市郊外のラウンドワンにまで日帰り行程で出かけたという。ラウンドワンは全国展開している大型娯楽施設であるが、岡山のラウンドワンには、広島にはない「スポッチャ（スポーツ体感ゲーム施設）」があり、それを経験してみたいということで父娘の思いが一致したのだという。

その一方、府中町の若者のすべてがショッピングモール化された消費生活に完全に包摂されているというわけではない。F5さん（三〇代女性、医療事務）には裁縫の技術があるために服は自分で作るので、スーパー以外はイオンモールを利用しないという。商業施設はもう十分過ぎるほどにあるので、それよりもこの街に必要なのは、大人が集まって夜遅くまで語れるような居場所だ、と言う。F8さん（二〇代男性、スポーツクラブ嘱託）も、イオンモールのゲーセンやフードコートがたまり場なのは高校生までで、「老人とかイオンのゲーセンにけっこういますけど、大人がたまっていたら恥ずかしいです」と街に所在のなさを感じている。

また、イオンモールの外側に「文化」を求める者もいる。先述のクリエイティブ志向の強いF11さんは、イオンモールのスーパーも「野菜の品質が悪い」と信用せず、閑静な住宅街が広がる府中町の環境を「立ち飲みのバーもない、ワインバーもないということで、私は都会ではないという位置づけです」と酷評し、「独り身だったら、文化度の高い広島の駅周辺に住みます」と言う。そうはいうものの、広島駅前に出るにも三〇分もかからず、そこには「都市的な生活を楽しめるところ」があるので、文化的な可能性はいくらでもあるという。あるいは、F19さん（三〇代女性、飲食店自営）の営むコーヒー豆の専門店は、高価格帯の商品が中心で、イオンモールとは一線を画しているように見える。だが、特に対抗意識があるわけではなく、高感度なコーヒー豆の世界の敷居を低くすることを大切に感じていて、「イオンモールのカルディーさんでも、セブンイレブンさんの一〇〇円コーヒーでも、コーヒーに興味を持ってくれる人の裾野が広がるという意味では歓迎です」と言う。このように、**特に地域におけるイオンモールに象徴される巨大資本の消費文化と自分なりに折り合いをつけながら、自分で想像することや居場所を作り出すことを大切に思い、それをマイペースに追求していこうとす**

るのが、地方都市の「個性」派の考えの主流であると言える。ただ、郊外都市である府中町は「まちづくり」を外にＰＲしていく動機に乏しいため、個々のそういう尖った思いを引き出し、つないで形にしていく動きはまだ起こっていない。

（3）田舎に住める人と住めない人

モールシティの温室的な環境に慣れ親しんだ者のなかには、「自分には田舎暮らしはできない」と断言する者も多い。その理由として、「**虫が苦手なんです**」と述べた女性が三人もいた。半数近くを占める府中町の「地方都市限定派」の「田舎」観を象徴した言い方である。そして、この言い方は、広島から出たことがない「地元」出身者であるということと関係がある。ずっと地元を離れたことがないＦ５さん（三〇代女性、医療事務）は言う。「私は蚊が多いところはちょっと。親戚は田舎にいるけど、行かないです。お葬式とかそういうので会うくらい。地方都市がいいというのは……蚊が少ないからですね。広島は好きです。田舎でもない都会でもないイメージなので。人も多くないから暮らしやすいじゃないですか。」

「田舎でも都会でもない（＝蚊も少ないし、人も少ないので快適）」のが魅力と語る「地方都市限定派」とは異なり、**「都会」的な要素と「田舎」的な要素を併せ持っている**点にこそ、広島そして府中町の魅力を見るものも少なくない。関西が地元のＦ24さん（三〇代男性、エンジニア）は、「ドライブが楽しい」のが広島のいいところだと語る。「大阪では、やはり自動車とか走っていて気持ちいいなって感じられる場所は、あまりない。信号まみれ、渋滞まみれ、人まみれ。」これに対して、広島はコンパクトにできていて、府中町から三〇分以内に中心市街地にも出られるし、海にも山にも出られる。「そういう自然に近いメリットってすごくあるな」と思っている。映画を観るにも、ミニシアターで「狙い撃ち」して観るというのではなく、たくさんの映画を同時上映しているシネコンにふらっと立ち寄って面白いのをやっていたら観るという「緩さ」についても、地方都市的でいいなあと思っている。この**地方都市的な「緩さ」**について、肯定的に解釈しているのが社会学者の伊奈正人の議論である。地方都市の文化イベントの魅力を分析するなかで、伊奈は、それは「「遊び」「趣味」の心を持ち、「ゆらゆら生きること」」、「「オーバーヒート」「泥沼」「焦り」などを回避すること」といった一つの「サブカルチャー」のあり方であるとしている（伊奈 1999）。

特に**府中町には広島都市圏の周辺部や、県内外の条件不利地域圏から転入してきた者が多く、そうした転入層は田舎志向的なライフスタイル観を自然に受け入れている**。たまたま地方都市に住んでいるが、田舎に住むことになっても適応できるだろうと思っている「地方ならどこでも派」である。

たとえば、F21さん（三〇代女性、公務員）は中国山地の三次市の出身。たまたま公務員受験に通ったから府中町に暮らしているというだけで、もともと街に出たかったわけではなく、田舎暮らしが嫌いなわけではない。夫も東広島の田舎の出身で、ライフスタイルの理想としては同じである。「お金はあればいいんでしょうけど、私も主人も山間部で育って、特に主人は古い物を大事にという考えで、あんまりお金をかけるタイプではないので、私もそこまで固執していないかんじ」で、ゆっくりしたペースで生活をしたい願望を持っている。今は夫婦フルタイム勤務で汲々としているが、子どもにとっては管理された児童公園しかない府中町よりも、田圃で勝手に遊べる地元のような環境のほうが良いと思うこともよくある。「働いているせいもあって、せわしない感じがある」ということで、老後はのんびりと田舎に暮らすのもいいかなあという漠然と考えている。だが、その一方で、「マンション暮らしのほうがやっぱり楽」ではないかという考えもあり、そう考えると府中町に住み続けるほうが良いとも思い、「迷っている」。このように、地方都市のアメニティを享受しつつも、自分の生まれ育った田舎の暮らしが本来的なライフスタイルであると思っている層も少なくない。こうした層は、条件不利地域圏に居住可能な環境さえ整えば、リタイア後に「二地域居住」に踏み切る者も少なくないと考えられる。

府中町には、地方都市にしか暮らせないという人が最大多数を占める一方、田舎からの近さが魅力であると考える人たちもいる。それは、自分の生きている地域を、広島都市圏だけで完結したものとして捉えているか、あるいは周辺の条件不利地域圏をも含んだものとして捉えるのかというイメージの分断でもある。

6-3　条件不利地域圏（三次市）のライフスタイル

(1) 田舎暮らしの「幸福」

近年の地方移住ブームのなかでは、「農業」や「里山」生活に憧れ、条件不利地域圏で新たに生業を作ろうとするクリエイティブな移住者に焦点があてられることが多い。たとえば、「地域おこし協力隊」は、そうしたイメージに沿って作られた制度である（椎川他編 2015）。

だが、こうした試みにおいて実践されるライフスタイルは、属人的な意識の高さによって支えられている場合が少なくない。第5章で最後に紹介したM30さん（二〇代男性、農業アルバイト）の事例がまさにそうである。M30さんは、誰も住んでいない山村に入り、「アパート暮らしはつまらない」とし、シャワーも給湯器もガスもない茅葺の古民家に一人で住む、そんな仙人のようなサバイバル生活をしている現状を「最高」だと言う。そして、「羊を一匹飼って休耕田の草刈をさせたい」とか、「葦舟を作ってそれに乗って日本海まで下っていきたい」とか、多くの夢を持っている。だが、それを実現するには、経済的なハードルが高い。結局やりたくもないアルバイトに頼らなければいけないという意味で、結局、自身の生活に対する自己評価はとても低くなる。

「田舎暮らし」の生活を楽しみながら、それを生業にするための高いハードルに挑もうとする若者の試みは注目に値する。M1さん（二〇代女性、NPOスタッフ）のように、教師の仕事を辞めて、「田舎暮らし」の発信を生業にしようと模索している事例もある。だが、ここではそうしたチャレンジングな事例に偏ることなく、典型的な条件不利地域圏のマスの若者がどのように田舎暮らしを捉えているのかを中心に考察を深めてみたい。

まず、三次市は、何といっても自然の豊かさが魅力となる。広い公園がたくさんあり、公園がなくても自然の森や川を遊び場にできる。野球などのスポーツを楽しむ若者にとっては、とても快適な環境である。広島市内から転職で三次市に戻ったM22さん（二〇代女性、一般事務）は、「（広島）市内で出会った人たちもすごい楽しいんですけど、アクティブでアウトドアの考え方を持っているのはこっちの子かな」と思っている。M22さん自身も「そっちのほうが性に合う」と思っていて、広島では

「買い物行ったり、カフェしたりという遊び方」だったのだが、「こっち帰ってからはわりかしスポーツが多くなった」という。

特に、**周辺農山村地域の出身者は、子どもの育つ環境として、「自然の多い環境」のメリットを熱く語る人が多い。**山村の出身で、今は中心市街地に暮らすM17さん（三〇代女性、美容師）は、「断然田舎のほうが、子どもを育てる環境はいい」と言い切り、仕事が無くなったら実家に住むのも悪くないと思っている。「市街地では庭が無いんですよ、とりあえずマンションだし。勝手に遊べる環境ではないです。自分が子どものときは山で勝手に遊んでいたし、自転車とかも乗っていたし。ここでは親が見ていないと危ないから。」

住環境に加えて、老親による子育て支援を期待し、職場が三次市中心部にあるにもかかわらず、島根県境に近い山村（旧布野村）の実家で三世代同居することにしたのがM4さん（三〇代女性、訪問介護パート）の事例である。きょうだいはもう市外に出ているということで家を継ぐ責任を感じていたが、結婚時には夫実家（隣の庄原市）が納得しなかった。そこで、お互いの実家の中間点にあたる三次市中心市街地の「道路沿いにあるアパート」に家を借りて二年間住んだ。だが、夜に車の騒音がひどく、排気ガスもにおうのでその環境が好きになれなかった。そのうえ、印刷会社に勤務する夫は、毎日の帰宅が一二時を回ってから帰るような状況で、「シングルマザーで子育てをしているような状態」になった。結局、子どもを「実家みたいなのんびりしたところで育てたい」という思いが強くなり、何とか夫実家を説得して、リタイアした両親の援助が見込める実家での同居を決めた。老親はすでにリタイアしているということで、家の維持に関わる費用をM4さんが負担せねばならず、通勤も大変になるなど、デメリットもある。だが、それでも、「街よりも自然のあるところが好き」ということで、二〇年後も布野に住み続けているだろうと思っている。

都市部からの移住者が、三次市に来住後に田舎で子育てすることの魅力に気付くという場合もある。たとえば、双子を含む四人の乳幼児を育てているM26さん（三〇代女性、小学校教員）の事例がそうである。地元は呉市の工業地帯で、夫の仕事の関係で三次市に転入してきた。三次市はもともと知り合いの全くいない土地だったが、今では「私むしろこっちにずっといたいって感じかな」と思っている。田舎での子育ての魅力に興味を持ち、夫の両親のサポートもあるので、もっと子どもが増えてもいけるような気がしている。「地元は空気が臭いんですよ。確かに買い物は便利なんですよ、広島に行ってお買い物をしてとか楽しいし、最初はそういうことがいいなと思っていたけど、こっちに住んで自然遊びとかしはじめて、こっちのほうが楽しいって思い始めて。キャンプとかそういうことに目覚めてしまって。」

このように、三次市の若者や子育て世代は、さまざまな「田舎」の楽しみや魅力について語っている。だが、この章の最初の節で見たように、三次市に暮らす「田舎限定派」は、すべてについて現状肯定的であるというわけではない。**「田舎限定派」の「幸福度」の数字は非常に高いのだが、「地域満足度」については必ずしも高いわけでない。それはなぜだろうか。**これに該当する大阪から農山村にある実家に戻ってきたM21さん（二〇代男性、鍼灸院経営）はこう語る。

僕の目標は、正しい時間に正しく仕事をし、正しく収入をもらい、正しい健康的な食事をし、正しい人間関係で過ごす。これは街に無いことだと思うんですよ。朝から晩まで働いて、コンビニ弁当食べて、寝て。嫌なことがあったら、ストレスを解消しようと、居酒屋で酒飲んで、寝る。それだけが毎日なんで、休みないですし。田舎はちょっとの収入かもしれないけど、ちゃんとした野菜を食べる。それを自分らが実践しないと、人に引っ越してきていいよって言えないから。自分がまず楽しむことをして、いいよって共感してくれる人の輪が広がっていけば、空き家も減るだろうと。自分らが田舎を恥ずかしいと思ったり、楽しくないと思ったら来ないと思うんですよ。

「正しい暮らし」。M21さんが繰り返すキーワードである。親の近くにいて孝行ができ、地元の友人が近くにいて、温かな関係を築けている。そして、生まれ育った地域のためになるような仕事ができている。その「正しさ」の感覚がM21さんを支える。第5章でも見たように、M21さんは、もともとは大阪に出た時には、「高いマンションに住んで、高級車に乗る」生活をしたいと思っていたが、そういう暮らしに見切りをつけ、田舎に戻ってきた。

M21さんは、今住んでいる地域の現状に満足しているわけでは全くない。実家のあたりは公共交通機関が使えず、どこに行くにも車に頼らざるを得ない不便なところだが、車の運転は嫌いである。都会生活に慣れた者としては、当然不満は多い。たとえば、三次の市街地で集まりがあっても、お酒を飲むことがなかなかできないというのが痛い。その場合、代行タクシーを使わなくてはいけないが、料金は五千円にもなる。仕事だって将来に不安が無いわけではない。今は開業したばかりで忙しく、自分の自由な時間もほとんど取れておらず、田舎的なスローライフと言うには程遠い。また、消費に関しては通販に頼れば問題ないが、人材や情報を集めようとする時には不利が多いと実感している。こうしたなか、人口が減少していく現状も冷静に見ていて、同級生のうちで、自分の小学校区に将来的に残っていくのは自分だけではないかという不安もある。

しかし、**田舎で「正しい暮らし」の魅力を確かなものとして実感している者は、かりに地域の状況に問題が多いとわかっていても、それを自身の幸福とは切り離して考えることができる。**M21さんの場合は、「災害や雇用問題などをきっかけにして、街で生活していてもお金をもらえない時代になり」、きっといつか「ここに地元がある人も田舎志向になってくる」のではないかと考えている。そして、**「お金儲けだけが成功じゃなくて、田舎でもちゃんとしたら成功だよって、心の余裕も成功だよって。」**そういうふうに価値観、ニーズが変わってくる」に違いない、と述べる。自分自身の「田舎暮らしの幸福」の確かな感覚が、そういう意識を強くする。それは、自身の生業の将来に成功の可能性があるかどうかという問題とは全く別の次元で考えられるべき「正しさ」なのだ。

(2)「ちょうどいい」暮らし

このように、三次市の若者は、さまざまな立場から「田舎暮らし」の魅力を語っている。だが、その一方で、第一節でも見たように、反消費主義的なライフスタイルに重きを置く「田舎限定派」は少数派にとどまっている。最も多数なのは、「広島のような地方都市」でも「中国山地のような田舎」でも良しとする「地方ならどこでも派」である。田舎ライフに慣れ親しみながらも、それにこだわるつもりはなく、消費生活の便利さや快適さも大事であると思っているタイプで、幸福度は

「田舎限定派」ほど高くないが、三次市に対する現状評価については比較的高い。

二〇一五年に三次市が作成したUIターン希望者向けのPR動画は、そうした「地方ならどこでも派」の感覚を「バランスのとれた、ちょうどいい街」「田舎暮らしなのに便利なまち」というキャッチフレーズによって表現している(2)。

三次市は縦に長いまち。北部や南部には自然豊かな田舎の風景が続く一方、車で数十分の三次市中心部にはスーパーや大型店舗、飲食店などがあり、生活するのに十分です。

PR動画が「生活するのに十分」という三次市の消費環境は、一九八〇年代にできた十日市地区にある「CCプラザ」と「サングリーン」という二つの中規模の生活密着型GMSを核としている。二〇〇〇年代以降、隣の八次地区への郊外型商業施設の出店が盛んになり、ファミレスの「ジョイフル」、「ユニクロ」、「ファッションセンターしまむら」、「マクドナルド」、「丸亀製麺」等の有名な全国チェーン店が続々と進出した。八次地区を地元とするM20さん(三〇代男性、飲食店自営)は、三次市には無いハンバーガーショップを準備していたタイミングで近所にマクドナルドが開店し、とても気をそがれた。「二〇年前は三次にまさかユニクロが来るなんて想像もしていませんでした。このへんは田圃ばっかりだったんで。個人事業主にとってはすごい営業妨害ですよね」と言う。中国山地のどんな辺鄙な集落に住んでいても、車で三〇分も移動すれば、こうした全国チェーンの店舗にアクセスできる。こうした変化が若者の生活感覚に与えた影響はとても大きいと考えられる。

このほか、農山村地域の幹線道路沿いではスーパーや小商店が撤退する傾向にあるなかで、**コンビニが地域のライフラインとしての意味を高めている**点に注目できる。例えば、建設工事現場で働くM5さん（二〇代男性、建設作業）は、高校生時代にできたという地元のコンビニに生活のかなりの部分を頼っている。中学生のとき以来、父親と二人暮らしだが、父も自分も料理をほとんどしない。仕事の帰りはいつも夜九時と遅いということもあって、晩御飯はほとんどがコンビニ弁当だ。M21さんの言う「正しい暮らし」からは程遠いライフスタイルだが、休日には地元でフットサルを楽しんでいて、その生活満足度は低くない。

だが、ファストフード店やコンビニが立地していても、それだけでは消費の選択肢が都市部に劣ることは明らかである。それでも三次での消費生活を「ちょうどいい」と感じているのは、そもそも消費生活に求める要求が高くないか、ネット通販でその物足りなさを埋め合わせているかのどちらかである。例えばM26さん（三〇代女性、小学校教員）の場合、四人の子どもの世話で動きがつかないということもあって、買い物のほとんどはネットで済ませているという。それでも「洋服とか家具とかは困るけど」、何とか成り立っているという。生活用品の基本は「広島生協」、こだわりの品は「グリーン生協」、衣料品などは「楽天」や「フェリシモ」、電化製品等はメーカーのホームページと、とてもたくさんのネット通販を使い分けている。野菜だけは産直市で買うものの、スーパー等の実店舗にはほとんど行かないという。

そして、**「ちょうどいい」という言明は、生活のバランスを第一に考え、過剰さを求めず、シンプルな暮らしを良しとする価値観との関わりが深い。**条件不利な生活環境のなかでも、際限ない欲望をコントロールして「足るを知り」、子育て、各種の地域イベント、そして趣味を通したつながりなど、自分なりの楽しみ方を見つけられれば幸福と考える、シンプル志向の暮らしの哲学である。例えば、M11さん（三〇代男性、製造作業）は、三次市のロッククライミングのサークルの中心人物だが、「ロープワークの技術」について言うと、「自分でほざいているだけですけど、トップクラスだと」思っている。その実力を証明するためには、広島市まで出ていって勝負しなくてはいけないことはわかっているが、「そこまで頑張るつもりがなんでしょうね」と自身の状況を評価する。仕事と家族があるなかで、「バランス」を崩してまで趣味を頑張るつもりはない。自分に与えられた制約の範囲内でやれることを存分にやることが「ちょうどいい暮らし」というわけだ。

だが、統計データを見てみると、**三次市のなかだけで生活を十分楽しめると考えている人はむしろ少数派**である。「現在、住んでいる地域の外に、買い物や遊びに行く必要を感じない」という人はわずかに七・七％にとどまり、休日には積極的に三次市外に出る傾向が強い。「休日には、現在住んでいる地域以外に出かけたい」と回答したのは七〇・一％。特に二〇代は、市外の「大型商業施設・大型小売店」に「月に数回以上」のペースで出かけているという者が七〇・八％と多数を占める。

例えば、M25さん（二〇代男性、製造作業）は、三次市が地元ではないため、知り合いもほとんどおらず、地域のなかでまだ楽しみを見つけられていない。そこで、週末にはしょっちゅう子連れで府中町のイオンモールに出かけている。それでも住む環境としては「田舎暮らしのほうが落ち着く」と言う。趣味は軽の自家用車の車いじりで、別にどこに住もうが関係はない。「広島は何かしに行くにはいいけど、そこにずっと住むような場所ではない。何かしにいく場所であって、そこにずっとおりたい場所ではない」と思っている。広島市から三次に転入してきたM29さん（三〇代女性、県職員）もまた「イオンの近くのようなところには住みたくない。それより田舎がいい」と言う。だが、それはイオンモールに行かないという意味ではなくて、「行きたければ、車でどこでも行けるという感覚がある」からだと言う。**車で一時間半以上かかる広島までへの移動距離を厭わなければ、田舎暮らしの幸せと地方都市の楽しみとは両立し、「地方ならどこでもいい」というわけである。**

つまり、三次市で言う「ちょうどいい暮らし」とは、「田舎だけれども、生活に困るほどではない」という狭義の意味だけではない。プラスアルファの楽しみを求めているのであれば、車で出ていけば不便はないという含意がある。モータリゼーションを前提とすれば、「田舎に閉じ込められるというイメージで考える必要はなく、心配はいらない」ということでもあるのだ。例えば、M13さん（二〇代男性、食品加工）もまた、三次市の生活を「栄えているわけではないけど、そこまでお店が無いわけでもなく、バランスがとれているかな」と評価しながらも、「このへんではあまり遊ばない」と言う。遊ぶというと、月に何度か行く広島のイオンモールかラウンドワン、そしてマツダスタジアムで野球観戦。そうした感覚は、下道で二時間弱をかけて広島に行くことについて、ごく当たり前の日常として受け入れているからこそ成り立つものである。

（3）三次市の外に楽しみを求める人たち

三次市の若者のうち、暮らしを狭い地域のなかだけで完結させられると考えている者は少数派である。例えば、市内最大の商業施設である「サングリーン」と「ＣＣプラザ」では、生活に必要な物資はだいたい揃うが、そこで自分の服を買う若者はほとんどいない。三次市内は若者がショッピングや娯楽を楽しむような「魅力的な場所」ではないと考え、市外に遠出して楽しみを求めることが日常になっている者は多い。例えば、M9さん（三〇代女性、飲食店パート）は、結婚して子どもができても、二〇歳の頃とライフスタイルについての考え方は変わらず、車で一時間ほどをかけて広島市や東広島市、あるいは島根県雲南市の三刀屋にまで、マンガ喫茶によく出かけていく。三次市内にはマンガ喫茶が無いからだ。

三次のなかだけではつまらないという思いはあっても、大都市志向ということにはならない。例えば、矢沢永吉に憧れ、かつては上京志向が強かったという元バンドマンのM20さん（三〇代男性、飲食店自営）も、三〇代になって境地が変わり、「都会ってイベント的に一泊でいくというのがちょうどいいのかなと思う」ようになったと言う。今は、休日に「車で片道二時間以内のところ」に古着を買いに出かけたり、バイクで「三次市ではないところ」を走ったりするのが日常の楽しみで、大都市には行かない。友達と旅行するにも、「さらっと行くのではなく、みんなのスケジュールがあって、この日だったら行けるね、この日は無理だねっていうのがあって、なんだかんだで一年かかったねという感覚」が好き。市外に出たいという思いは、「大都市志向」に特徴的な上昇志向や趣味志向には結びつかず、マイペースに消費や仲間との交流の楽しみを追求できれば、それで十分なのである。

三次市の若者はそれぞれの目的で「街」に向かうが、最も多くの人が挙げる行き先は、やはり「イオンモール広島府中」である。M14さん（三〇代男性、ホテル営業職）は、「それなりに遊ぶところもある」し、「今の時期だったら熱中症とかもあるけど、そんな心配もないし」ということで、「何か行っちゃいますね」と言う。このほか、最近では、逆に北に一時間半車を走らせ、島根県のショッピングモール「ゆめタウン出雲」にもよく行く。広島に行くには節約しようと思ったら、下道で二時間をかけるしかないが、島根のゆめタウンにつながる高速道路「尾道松江道」は無料だからだ。

このM14さんは、三次市が地元でありながら、田舎暮らしには魅力を感じられないという「地方都市限定派」である。「**あんまり三次が好きじゃないんです。例えば、大型のイオンモールとか、ゆめタウンとかですね、ああいうところに住みたいなと思います**」とはっきり言う。「雪も降りますし、何も無いですね」と三次のアピールポイントに自信を持てず、市や商店街のまちづくり活動にも「あんまり興味はない」。ホテル業の経営ということを考えれば、「冷たい言い方かもしれないですけど、商店街がうちにもたらす効果よりは、大型の商業施設があって、そのついでにというほうが効果は高い」と思うからだ。観光施設というこだわりで、もし仕事が広島のほうにあるのであれば、地元の三次を離れることになってもかまわない、とM14さんは言う。根本には、自らの職場の経営状況についての見通しの悪い状況に対する不安があり、現状評価は総じて低めである。三次で田舎暮らしを楽しむ方法があることはわかっている。でも、ビジネス的に考えると楽観的には考えられず、地域の現状について目線が冷ややかになり、地域を出るチャンスさえうかがうようになる。そのような「地方都市限定派」の若者は必ずしもマイノリティではない。同じ地域に住みながら、「田舎限定派」との間の価値観の溝はとても深い。

6-4　小括――地域間格差ではなくモビリティ格差

調査結果からは、二〇～三〇代の若者は、暮らす場所として大都市を忌避する意識が強く、大半の者が地方暮らしのライフスタイルをポジティブに捉えている現状が確認された。

その一方、この章では、同じ地方暮らしのライフスタイルといっても、「田舎志向」と「地方都市志向」との間のバリエーションが大きいという点に着目してきた。そのことは、府中町と三次市の二〇～三〇代の地域満足度や居住意向の違いを考えるうえで重要である。三次市の場合、「今後、可能ならば、現在住んでいる地域に住み続けたいと思っている」人は五六・四％にとどまる。これは、結婚あるいは就職・転職という機会を通して市外に転出したいと思っている若者が多いことを意味するが、想定される移動先は大都市ではなく、広島都市圏が最も有力である。**地方中枢拠点都市圏に立地する大型ショッピングモールを核とする消費秩序と便利な生活環境は、その足元の府中町民に高い満足度を与えているだけでなく、強い磁場となって周辺の条件不利地域圏の若者をもひきつけている。**そして、三次市の若者の中には、こうした移住がかなわず、自身の生活についても、地域に対してもネガティブな思いを抱えながら暮らしている「地方都市限定派」は少なくないことがわかった。

これに対して、近年の地方移住ブームの中で各種メディアが焦点を当てている「田園回帰」の動きは、量的な意味について言えば、必ずしも大きいとは言えない。ただし、そんな中でも三次市に一定程度の割合で存在する「田舎限定派」は、地域の現状に対してネガティブな意識を強く持っているにもかかわらず、その幸福度が突出して高いという点に注目できる。現に三次市の若者たちが「田舎暮らし」から得ている幸せの感覚の質の高さと、「田舎」の生活のさまざまな条件不利な側面に対して感じている不満とを切り離して考えることによって、こうしたリアリティを理解することができる。

一方、府中町の若者の地域イメージは、「都会でも田舎でもない」ことを魅力と捉える「地方都市限定派」と、「都会にも田舎にも近い」ことを魅力と捉える「地方ならどこでも派」とに分かれ、広島都市圏を出たことがない層には前者が多く、転入層には後者が目立つ傾向がある。より多数を占める「地方都市限定派」は、その地域満足度は突出して高いが、多忙な生活のなかでショッピングモールに依存するしかないという状況もあり、個人の現状評価に関して言うとあまり高くない事例も少なくなかった。

そして、**今住んでいる地域で暮らしの楽しみを見出せない場合に、生活や人生の選択肢を広げるためのキーワードは「モビリティ」である**(3)。田舎志向と地方都市志向とは分断されるのではなく、生活の地図を広げ、両者を結び付けることによって、より選択肢は豊かになる。三次市は府中町より地域満足度がはるかに低いにもかかわらず、生活満足度が低くはない主な理由は、若者の「モビリティ」の高さによって埋め合わされているためである。暮らしの質を決めるのは、地域間格差よりも、個人間のモビリティ格差であると言ってもよい。地方暮らしの若者、特に三次市のような条件不利地域圏の若者は、日常的に車に乗り、かなり広範囲に移動している。車に乗れない高齢者であれば、徒歩圏内にコンビニやスーパーが無いと生活に困ることになるが、若者であればその必要はない。そして、どんな過疎の集落に住んでいようが、毎週末に広島都市圏に生活の楽しみを求めて出ていくことも可能である。

ただし、普段の仕事や生活の負荷がとても大きい場合には、長い移動時間はとても大きなストレスになり、足元の地域で暮らしの楽しみを見出せない場合には、どうしても充足感は得られにくい。田舎志向にしろ、地方都市志向にしろ、若者の地方暮らし志向の核心にあるのは、**仕事と家庭のバランス感覚を崩すことなく、マイペースに暮らしを楽しむという考え方**である。そして、こうした暮らしが成り立つためには金銭的な余裕もさることながら、精神的な余裕を確保できているかどうかが焦点となる。その点において、次章で検討する働き方の問題が、より基底的な意味を持つ。

注

（1）「自分の趣味には「おたく」的要素がある」と回答するのは、子無しの二〇代男性に多く、その過半数を占め（府中町六一・六％、三次市五五・四％）、ＡＣＧ文化の影響力の強さがうかがえる。

（2）https://www.youtube.com/watch?v=6nuQwsamzcY（二〇一七年一月一日最終閲覧）

（3）イギリスの社会学者ジョン・アーリは、「モビリティ」の重要性の高まりにともなって社会生活のフレキシビリティが増大しているとし、この点に焦点を合わせた社会理論を展開している（Urry 2007＝2015）。

第7章　働き方
——「安定志向」とそのオルタナティブ

地方暮らしの若者にとって「魅力的な仕事の選択肢」が少ないということがよく言われる。ところが、「働き方」についてはそうでもない。特に地方移住ブームを後押しする雑誌の特集などでは、大都市のような過度な競争圧力にさらされる必要性が無く、精神的なゆとりを保つことができるという点で、その働きやすさが強調される。

ただし、「地方の働き方」の魅力と言っても、一般に理解されている内容には、かなりの幅がある。従来、その本流として考えられてきたのは、大都市のように上昇志向を求心力とする働き方を嫌い、地方公務員や教員、あるいは地域内での安定した企業への就職を理想とする「**安定志向の働き方**」である。ところが、「地方の働き方」として時代的に注目を集めているのは、むしろ収入の安定よりも「心の豊かさ」を重視し、仕事に「やりがい」を求めたり、「スローライフ」を目指したりする「**新しい働き方**」である。

この章では、「安定志向」と「新しい働き方志向」の両極を意識しながら、広島二〇〜三〇代調査の質問紙調査とデプス・インタビューのデータを用いて、地方暮らしの若者の「働き方」の実態と意識について分析する。まず、統計的データ分析から、仕事の現状評価や価値観の分岐について、その全体傾向を捉える（7-1）。そのうえで、インタビューの事例をベースに、地方暮らしの若者の「働き方」の諸相について分析し（7-2）、最後に諸問題の整理を試みる（7-3）。

7-1　統計データから見る仕事についての意識

(1)「安定志向」の理想と現実

地方暮らしの若者の間で、「無理をしてチャレンジ」よりも「安定」を重視する価値観が根強いことを示す数字ははっきりと出ている。「今後の人生では、人並みに安定した暮らしを手に入れるために、現実的に考えて行動しようと思っている」という人の比率は府中町八二・六％、三次市八四・二％である。これに対して、「今後の人生では、無理をしてでも、高い目標を立ててチャレンジしようと思っている」人の比率は半数を下回る。重回帰分析では地域差に説明力があり、三次市は府中町に比べて「チャレンジ志向」が弱い（府中町四一・七％、三次市三八・四％）。

ただし、その一方で「無理をしてチャレンジ」と「安定」は、必ずしも相反する価値観としては受け取られていないことにも注意が必要である。統計学的に言っても、二つの項目の関係は独立である（地域と性別を統制した偏相関係数は〇・〇四〇）。両者の回答パターンをクロスさせることで、「働き

図表7-1　「働き方」観のバリエーション

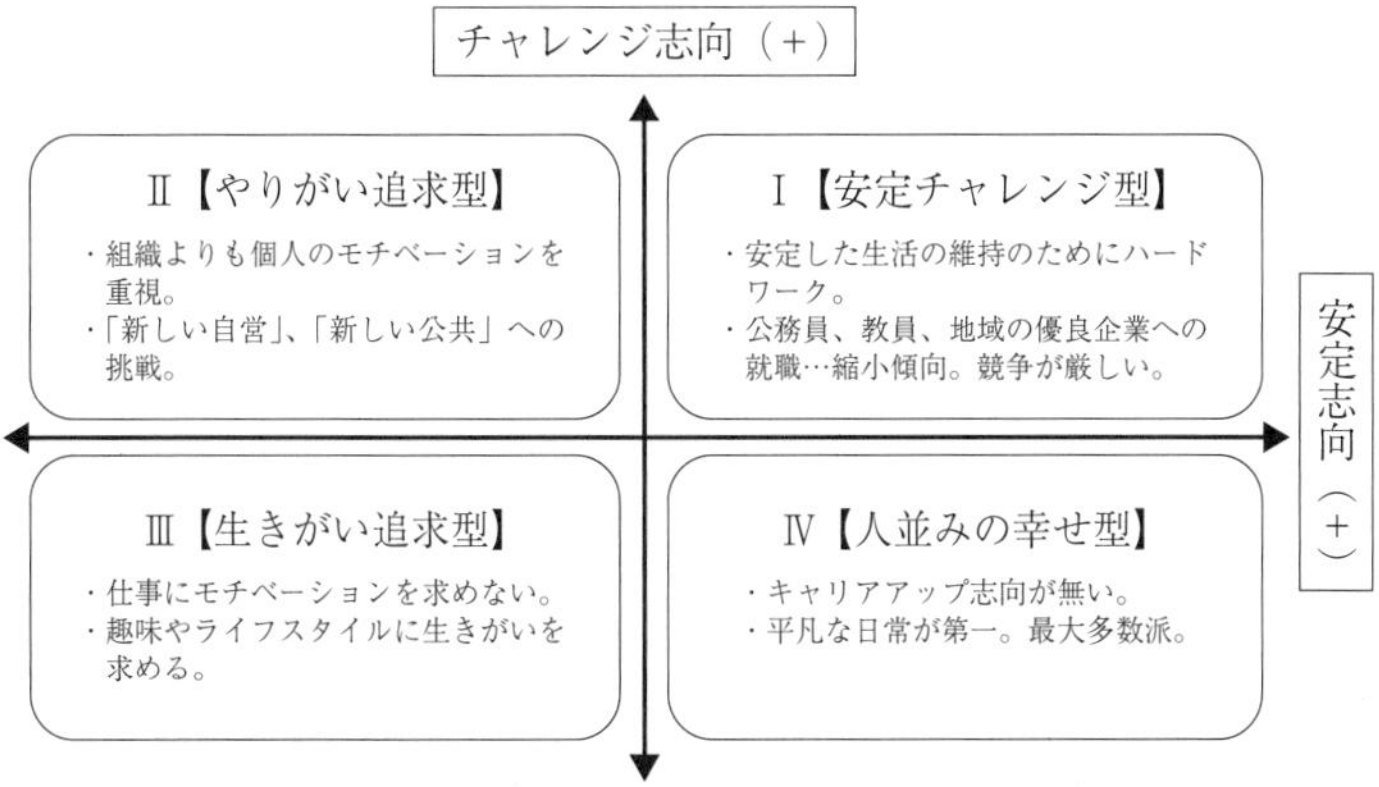

方」観を四類型に分けて整理した（図表7−1）。まず注目したいのは、第Ⅰ象限の「安定チャレンジ型」の比率がかなり高いことである（府中町三二・四％、三次市三一・九％）。それは、**「安定」が希少資源となり、「無理をしてチャレンジ」しなければ獲得することができない状況**を意味していると考えられる。また、約半数を占めるのは、「安定かつ非チャレンジ」の第Ⅳ象限である（府中町五〇・二％、三次市五二・三％）。この回答傾向をとる者は、専業主婦に多い「今後の人生では、平凡で、人並みの幸せを手に入れることが大事だと思う」傾向が比較的に強いので、これを「**人並みの幸せ型**」とネーミングする。これに対して、「安定」を否定する第Ⅱ象限と第Ⅲ象限が占める割合は少ない。第Ⅱ象限は「安定」を否定し、「無理をしてチャレンジ」を重視する「**やりがい追求型**」（府中町九・三％、三次市六・五％）で、第Ⅲ象限は「安定」も「無理をしてチャレンジ」も否定する「**生きがい追求型**」（府中町八・一％、三次市九・三％）で、いずれも少数派となる。

　地方暮らしの若者にとっての「安定」が希少資源になり

つつあるということは、「安定就職」という自己認識があり、なおかつ将来見通しが明るい者の比率の低さからもうかがえる。仕事満足度が生活満足度や幸福度に比べて低いという全体傾向については、第3章においても示したが、ここではその将来見通しに関するデータを確認しておきたい。

まず、「今後の自分自身の仕事の将来について、明るい希望を持てる」と回答しているのは、府中町三六・九%、三次市三五・九%にとどまる。紛れもなく、とても低い数字であると言える。[1] 重回帰分析では、地域を問わず、低収入の「飲食店サービス業」や、仕事の満足度が全般的に低調な「製造作業・機械操作」について、特にネガティブな傾向が強い。特に、**「製造作業・機械操作」従事者は地方の男性のウェイトが高い仕事であるが、正規雇用の比率が高いにもかかわらず「希望を持てない」人が多い**という点に注目できる。インタビュー分析から得られた知見を合わせて考えると、夜勤シフト等の無理な働き方、単純作業の繰り返しで仕事にやりがいが無いことなどがネガティブに作用しているようだ。

また、「今後の勤務先の将来について、明るい希望を持てる」人の比率も、府中町三四・〇%、三次市二九・三%と低い。「電気・ガス・水道・熱供給業」を除くすべての業種について、ネガティブな将来見通しが過半数を占めている。「勤務先の将来について、明るい希望」があり、なおかつ「二〇年後も同じ職場で働いている」と考えているのは、二割前後にとどまっている（府中町二一・六%、三次市一八・六%）。そして、興味深いのは、「勤務先の将来」について「明るい希望」を持てない傾向は、「正規雇用」の人たちがより強いということだ（府中町三二・四%、三次市二三・五%）。「正規雇用」であっても二〇年後に、「今よりも高い給料や報酬」を貰っているだろうと予測する人の比率は、男女ともに半数を少し超えている程度にとどまっている（府中町五八・六％、三次市五五・七％）。半数近くの若い正規雇用の社員が、今後の昇給を期待できないと考えているということである。これは、年功序列を求心力としてきた日本的雇用慣行からすれば、考えられないような低い数字だと言えるだろう。**かりに「正規雇用」の職を得ていても、経済的な意味で「安定就職」という感覚が得られない者が相当程度いるというのが現状である。**

（2）長時間労働に関するジレンマ

地方暮らし志向はスローライフ志向と結びつけられることが多いが、実際、統計データを見ても、**長時間労働を忌避し、余暇を優先する価値観を持つ者が多数を占める**傾向は明らかである。「余暇の時間を大切にしたいので、仕事で長時間働きたくない」人の比率は、府中町七〇・八％、三次市六八・三％。こうした傾向は、収入、地域、性別、年齢、学歴によらない。長時間労働者は仕事のモチベーションは高くなく、就労時間が長ければ、仕事の総合満足度だけでなく、収入や報酬についての満足度が下がる傾向が顕著である。

ところが、第3章で見たように、府中町でも三次市でも、就労時間が短いとは決して言えず、長時間労働の男性正社員比率も高い。また、子どもがある正規雇用の女性は、「時間的余裕がある」という回答比率が突出して低い（府中町三七・五％、三次市二三・二％）。大都市と比べて、地方暮らしの若者はスローな働き方や生活時間の過ごし方をしているという見方を裏付ける数字はない。つまり、**多数の者は、長時間労働を避けたいという理想を持ちながら、現実には大都市と変わらず、時間的余**

裕のない生活を送っていると考えられる。

ここで気になるのが、「満足な収入が得られるのであれば、長時間働いてもかまわないと思う」という考え方については、約半数が肯定するという点である（府中町四七・七％、三次市四九・七％）。世帯年収四〇〇万円未満の低所得者層、あるいは「高卒女性」については、その比率が高く、半数を超える（府中町五五・〇％、三次市六二・九％）。一方で、「世帯年収」が高いと長時間労働を否定する傾向が強くなり、「公務員」には特にそうした傾向が見出せる。つまり、満足な収入を得ている「公務員」は長時間労働を避けることができるが、低収入の「高卒女性」にはそういう意識が弱いということである。**高卒女性が多い「飲食店・宿泊サービス業」で働く者には、収入を理由にして長時間労働を是とする価値観がとりわけ強い。**

一方、「やりがいがある仕事であれば、長時間働いてもかまわないと思う」人も、約半数を占めている（府中町四七・一％、三次市四四・七％）。この質問については、「配偶者あり」の場合に否定的になる傾向が顕著であるが、やはり低収入で高卒女性の多い「飲食店・宿泊サービス業」の長時間労働肯定の傾向が際立つ。収入が低い場合、長時間労働を容認する傾向は明らかに強い。また、男性については、府中町のほうが三次市よりも長時間労働を容認する傾向があるが、これは府中町のほうが男性片働きの世帯が多いことと関係している。

ところが、「飲食店・宿泊サービス業」従事者は収入が何よりも大切であると考えているかというとそうでもない。むしろ「やりがいがある仕事であれば、満足な収入が得られなくてもかまわない」と考える傾向も比較的に強い（府中町五四・六％、三次市四四・六％）。ただし、「飲食店・宿泊サービス業」従事者は、「やりがいがある」と答える者の比率はとても少ないのである。つまり、**「飲食店・宿泊サービス業」従事者は、低収入であることは仕方が無いと考え、やむを得ない長時間労働を容認する傾向にある。そうしたなか、労働者を支えるのは勤勉さである。だからこそ、勤勉に働き続けていくうえで、「やりがい」を発見することが強く求められている**のである。

これと対照的に、「やりがいがある仕事であれば、満足な収入が得られなくてもかまわない」という考えに最も否定的なのが、やはり女性に多い「医療・福祉」従事者である（府中町二〇・八％、三次市二六・九％）。また、「やりがいのある仕事であれば、長時間働いてもかまわないと思う」という考えについても、否定的な傾向が強い。その理由は、「医療・福祉」の仕事には、内在的なやりがい自体はあるためである。つまり、**「医療・福祉」従事者は、やりがいがある仕事であるにもかかわらず、それに見合った収入が無く、長時間労働になってしまう「やりがいの搾取」が問題であるという認識を持っている**のである。

このように、地方暮らしの若者のあいだでは、理想としては長時間労働を忌避する考え方が主流を占めるが、現実としての長時間労働を容認するかどうかについては、収入や業種・職種の「やりがいの内在性」の違いにより、意見が割れる状況が確認できる。

（3）ダウンシフターは主流ではない

「地方の働き方」の魅力をアピールする議論のなかでは、バランスのある生活のなかで、自分のやりがいのある仕事を大切にし、生活水準が上がらなくてもお金をかけない生活をすれば困ることはないと語る、意識の高い「**ダウンシフター**（**減速生活者**）」にしばしば注目が集まる（⇒1-2）。このような価値観は、どの程度受け入れられているのだろうか。

質問紙調査の結果からは、ダウンシフター的と言える「生活水準が上がらなくても仕方ない」という表現についての忌避感がうかがえる。「社会情勢を考えれば、今後、生活水準が上がらなくても仕方ない」という考え方については、府中町四〇・二%、三次市四一・一%と過半数が否定的である。また、「自分なりにお金をかけずに楽しく暮らす方法があるので、今後、生活水準が上がらなくてもかまわない」という考え方については、全体の二割程度の者しか支持していない（府中町二一・四%、三次市二〇・一%）。これらの質問については、階層意識とは関連するが、個人年収や世帯年収は関係していない。説明力があるのは、「就労時間」と「子どもの有無」である。つまり、**子どもがいて、就労時間が長い男性労働者は、「ダウンシフター」的な価値観を拒否する傾向が最も強い**のである。一定レベルの生活水準を維持し、家族を支えることが必要となる事情が背後にあることが推察できる。

こうした点から考えると、「ダウンシフター」は決して主流にはなっていない、とわかる。ワーク・ライフ・バランスを求める人たちは多いが、生活水準が下がるようでは困るという考えを持つ者が多い。その意味では、「**物の豊かさよりも心の豊かさ」と言っても、地方で働く若者の多数派は、非現実的な話として受け取ってしまう**ということである。週休二日もちゃんと取れないのに、そんな悟ったような境地にはなれない、といったところであろう。

ところが、少数派ではあっても、「ダウンシフター」の各種満足度が高いということは、数字としても出ている。「社会情勢を考えれば、今後、生活水準が上がらなくても仕方ない」という考えを肯定する人たちは、世帯収入としては必ずしも高くないにもかかわらず、例えば、仕事満足度の評価をはじめ各種満足度において高い(2)。逆に言うと、**子持ちの長時間労働者**（**主に男性**）**は、右肩上がりの社会経済状況ではないという現実を受け入れられず、相対的剥奪感が強い**、と考えられる。

（4）女性の働き方についての価値観

最後に、性別による働き方の違いの問題についての基本データを見てみる。

まず、「二〇年後も現在の延長線上にある内容の仕事をしていると思う」人は、男性が府中町七二・八％、三次市六八・八％であるのに対して、女性は府中町五〇・一％、三次市五四・七％である。女性は男性よりも少なく、約半数がキャリアを継続する意思を示している。そして、女性は配偶者の有無による差が大きく、「配偶者なし」では府中町三八・九％、三次市四七・八％と少数派になる。**府中町のほうが専業主婦比率は高く、その分、キャリア継続志向も弱い**とみられる。そして、このキャリア継続意識は、「無理をしてでも、自分の目標に向かってチャレンジしたい」という考えとは相関せず、「人並みに安定した暮らしを手に入れるために、現実的に考えて行動しようと思っている」と相関する。この結果は性別を問わない傾向である。**地方暮らしの若者にとって、キャリア継続の意思は、上昇志向溢れる、いわゆる「バリキャリ」的な要素とはあまり結びつかない。むしろ、無理をせず、仕事と家庭のバランスを考え、マイペースにキャリアを積み上げていきたいという考え方と結びつく傾向が強い**。二〇〇〇年前後以降に就職した「育休世代」は、「就職時はバリバリやる気満々だった女性ほど出産後に所属した企業を退出し、どこかの段階で上昇意欲を調整（冷却）できた女性のほうが継続しやすい」と中野円佳は述べているが、地方では後者のタイプが多数派となる傾向がよりはっきりしているとも見られる（中野 2014）。

また、「女性は子どもができても、ずっと職業を続けるほうがいいと思う」という人は、府中町六一・三％、三次市六九・四％で、地域による有意差はない。この点、大都市や全国データとの比較をしてみる必要があるが、類似の調査と比べても低いとは言えない。**田舎は都市部に比べて保守的な価値観があって、性別役割分業規範が強いという見方を根拠付けるようなデータはない。**そして、t検定では女性のほうが男性よりも肯定的な傾向があるが、重回帰分析ではその説明力はなく、男性よりもむしろ職業生活をしていない専業主婦のネガティブな回答傾向が際立っている（府中町四九・四％、三次市五八・〇％）。

一方、「男性も女性と平等に家事（育児・介護を含む）を分担するのが当然だと思う」という項目についても、府中町七五・一％、三次市八〇・四％と有意差はなく、これも重回帰分析では性別、年収、学歴による比率の差には説明力がない。そして、やはり専業主婦のネガティブな回答傾向によって説明される部分が最も大きいという結果になっている（府中町六三・五％、三次市七七・五％）。これは、専業主婦が保守的な性別役割分業観を内面化しているというのは当たらず、**専業主婦が家事・育児に責任意識を持ち、夫が家事を負担することについて期待をあまりしていないという**傾向が数字として表されたものと考える。

だが、その一方で、家事時間については、男性の中央値が府中町・三次市ともに週七時間と短いのに対して、女性の中央値は府中町・三次市ともに週二八時間と大差がついている（正規雇用の女性に限ると、府中町週一〇時間、三次市週一四時間）。特に、「子あり」の場合、女性は府中町週六四時間、三次市週四二時間と大幅に増加するのに対して、男性は府中町、三次市ともに週七時間でほとんど変化していない。つまり、**性別役割分業観のジェンダー格差が意識調査上は解消しているとしても、男性は意識が高いだけで、長時間労働をはじめとする要因によって、実際の家事負担にはあまり反映されていない現実**が浮かび上がる。そして、子どもがいる女性の家事時間が、三次市のほうが短くなっている点については、第2章でも指摘したように、三次市のほうが三世代同居ないし近居により親／夫親の支援が得られている影響があるためだと考えられる。

7-2 「働き方」についての事例分析

（1） 地元安定就職の変質

M5さん（二〇代男性、建設作業）の親と同世代の者たちは、旧吉舎町（平成の市町村大合併で三次市に編入）かその周辺で働いている者が多かった。M5さんの父親も旧吉舎町の公務員だった。だが、合併後の今、公務員就職の難易度は高まっている。自分たちの同級生で、地元に残った者でも、吉舎町内で働いている者は皆無で、大半は車で約三〇分の三次市の中心市街地に通勤している。岡山県の私立大学に進学したM5さんは三人兄弟の末っ子ということで、当初は地元に帰る意識は全くなかったが、就職活動がうまくいかず、地元に戻り、その近くに事務所がある建設会社に就職した。

そんなM5さんに対して就職を紹介したKさん（七〇代男性）は、こう言う。「あなたの場合、長男次男が外に出てしまって跡を継がんのだから、最良の就職先ではなかったかと。三次ではそんな無いでしょ。お父さんみたいに役所に入るいうのも、今はなかなか入れんけんね。」

Kさんは、三次市内の高校を卒業後、銀行職員として広島県内を転々としたのち、退職後は岡山県にある私立大学の就職事務所の職員を経験した。七二歳でリタイアした後は、三次市農村部の実家に戻り、家の田圃仕事をしている。そして、「多少自分を犠牲にしても、いいようになった」と、人生を満足気に振り返る。それは、地元に戻って家を継ぐというゴールにようやく到達した感覚があるからだ。「(地方銀行の)転勤は県内だから、家を守れるんじゃないかと。これを一八のときに考えたんよ。それで、今その通りになって、家を守っとるわけよ」と言い、自分と重ね合わせて、地元就職を若いうちに達成したM5さんの選択の価値を強調する。

だが、M5さんの仕事はかなりハードだ。市から発注された公共施設の建設現場の仕事は、朝の六時から始まり、午後の五時に終わる。そのあとは事務所で書類仕事が午後九時までで、「帰宅したらコンビニ弁当を食べて寝るだけ」。職人さんが出るときには、日曜日も誰か一人が現場管理に出なくてはいけないので、出勤することも多く、「休みがもっとほしい」。自己評価は比較的低く、「幸せを感じてはいないし、幸せでないとも言えない」と訥々と語る。

その話を聞いて、思ったより仕事が大変だと感じつつも、Kさんは諭すように言う。「地元企業に就職できた、いうことは幸せなことじゃない？　転勤もないし。ええほうに考えていかなきゃ。悪いほうに考えたらどうにもならん。建築をしよったら社会に役立つことになるんやないかな。公共施設を建てるんでも、(大企業のように)どんどん建てるんじゃなしに、一定の予算でやるわけだから。プライド持ってやってや。」

Kさんは、福利厚生がしっかりしている「安定」した地元企業に正社員で勤務することが「最良」であるという価値観だ。公共事業に関わる業務であれば、やりがいもあるほうだろうと考える。だが、一人だけ地元に戻ったとは言え、三男であるM5さんには家を継ぐという意識はまだなく、老後に田圃仕事をするイメージはない。例に漏れず、離職率が高くて、慢性的な人手不足の建設業界。ずっと今の仕事を続けるつもりかと聞かれても、不安気に「わからないです」と口ごもるばかりだ。

世代が異なるKさんとM5さんの間の会話の微妙なずれに垣間見えるのは、Kさんが初職に就いた**高度経済成長期と、地方の中小企業に正規雇用の職を得たからといって、安閑とはしていられない現在との状況の違い**である。特に正規雇用の賃金水準の低い三次市では、その傾向が強い。広島の民間企業で「安定」というと「(自動車大手の) M社くらいじゃないですか?」と、アパレル工場勤務のM11さん(三〇代男性・製造作業)は言う。「三次は縮小傾向ですよね。製造業ではO社が潰れて、うちにどかっと入ってきたんですよ。あとの企業は、まあぼちぼちか、潰れる潰れるって言われてずっといきよる会社ですね。」

自分の勤務先の業績が右肩上がりであるという景気の良い話は、質問紙調査の結果と同様に、五八人の調査でも、全く耳にしなかった。総じて、どの業界でも、現状維持が基本線のなかで、いかに少しでも生産性を高めるかというところで精一杯である。製造業については、直近の売り上げが伸びている企業はあったが、浮沈が大きいということで、明るい見通しが続くと楽観視している者はいない。例えば、先述のM11さんの会社は中堅のアパレルメーカーであり、ほとんどが三次周辺の地元雇用であったが、数年前に一〇数人の社員が新設された東南アジアの工場に転勤となる大きな転機があった。そんな状況なので、いまは大丈夫でも、想定外のことが自分自身にも降りかかるかもしれないと感じ、転職できる能力を身に付けるべく、資格取得に向けて勉強をしている。**グローバル化の荒波のなかで経済的な「安定」を維持するためには、個人のスペックを上げるべく「チャレンジ」し続けなくてはいけないというわけだ。地方の働き方としての「安定志向」の現在は、こうした将来見通しが不透明な地域・社会の情勢を意識したうえで、その中で個人がいかに自分が働く意味について納得できる状態にするかという、ぎりぎりの生存戦略としての側面を強めている。**

(2) 安定就職の限られたパイ

「自分の世代は現実的で、公務員志望世代じゃないかなと。同級生を見てみると、消防士とか警察官とか多いですしね。」とM13さん(二〇代男性、食品加工)は言う。だが、そのM13さん自身は、公務員受験に失敗している。市町村合併で公務員の定員は減少し、どこの自治体でも地元外の県内各地から志望者が集まっている。女性の受験者数も増えたということで、競争の現実はますます厳しくなってきている。

特に、三次市のように条件不利な地域においては、地元の民間企業の先行きが不安定さを増す中で、公務員は「安定就職」先としてますます羨望を集めている。M25さん(二〇代男性、製造作業)も「昔の公務員みたいな仕事が一番じゃないですかね。」と言う。なぜかというと、「朝出て、夜帰る会社勤めが一番いい」からだ。M25さんは、遅番だと深夜一時を回り、月に五日しか休みが無いパチンコ店の仕事に耐えられず、いまの工場の仕事に転職した。だが、ハローワークに行っても「昔の公務員みたいな仕事」は無かった。今の仕事も一週間交代で夜勤がある。「今の生活では……人並みの幸せは無いかな」とネガティブだ。

公務員・教員のような安定就職のパイは限られる。その少ないパイにこだわって就職浪人をするケースもある。たとえば、F21さん（三〇代女性、公務員）は、公務員受験に備え、地元の三次市の高校を卒業後、三年間ものフリーター生活を経験し、自分にゆかりのない県内の自治体をいくつも受験した末、府中町で採用になっている。F21さんは、自分が母子家庭の生まれで、母親が介護の仕事と二人の子育てを両立し苦労しているのを見てきたからこそ、「安定にこだわった」と言う。現在、町役場で福祉業務を担当するなかで、「普通の当たり前のことがなかなか当たり前じゃない人が多い」のを見ていて、自分はそれと比べて「結婚して子どもを持って、ふつうに自分も働いて」っていうのができているという点で、達成感を得ている。育児をしながらの共働きで、生活時間にゆとりはないが、「ノー残業、ノー休日出勤」を意識しながら働ける環境に満足している。前節の図表7-1で言えば、「安定チャレンジ型」から「人並みの幸せ型」にシフトしつつある事例だ。

ただし、いったん公務員・教員になったら、ワーク・ライフ・バランスを前提とした「人並みの幸せ」が得られるかというと、昨今の情勢からは、そうとも言えない。M8さん（三〇代女性、中学教員）は、「仕事面での目標は、自分が中心になれる管理職とか全く興味無いんです。特別こうしたいとかということも無いんです。平凡ですけど、子どもと関わっていて、授業もして、担任もして、そういう平凡な学校生活を普通に送ればそれで私は十分」という考えなのだが、教員の事務仕事の多忙化が進むなかで、そんな日常も「穏やかでいられない」ことが増えている。また、比較的チャレンジ志向の強いM28さん（三〇代男性、消防士）さんは、経済的な点に将来不安があり、公務員になれたからといっても安泰ではない、と思っている。知り合いで、一儲けして羽振りがよい「車屋さんだったり、板金屋さんだったり」と比べてみると、「たしかに安定はしている職場なんですけど、生かさず殺さずじゃないですけど、公務員じゃ小銭持ちにもなれんなあと」いう気分になる。経済が右肩上がりの時代ではない現在、昇給もそれほど期待できない。そうなると、将来を見通して「どこかで資産を運用して、株とか、限られた収入を何とかしなければ」と思っている。

(3) モチベーションを取り戻すために

地方において、ローカル・エリートの「地元安定就職」が公務員・教員であるとしたら、高卒男性の「地元安定就職」の代表的なキャリア・パターンは、大手の製造業者に入り、その工員になることだ。だが、統計調査では「製造作業・機械操作」従事者の仕事満足度やそのモチベーションの低さが際立っている。グローバリゼーションの波に翻弄され、先行きがよく見えないということもあるが、勤務形態や仕事内容の点で、自らの働き方に不本意な思いを抱えている者が多い。インタビュー調査では、主に三つの問題に話題が集中した。

第一に、肉体的・精神的な負担が多い**夜勤の問題**である。夜勤をしている工員の多くは、その仕事が身体的に辛いと言い、二〇年後も同じような感じで働くことは無理だと語った。そして、なかには、そこから脱し、同じ現場仕事でも、昼勤の仕事に専念する事務所のスタッフなることに希望を見ている事例がいくつかあった。例えば、F22さん（二〇代男性、製造作業）は、「仕事も大事だと思うんですけど、長いこと働くと元気がなくなってくるんで、心にゆとりがないと、人と接するときもきつくなってくるし、夜勤とかをやっていてしんどいなと思うときに特にそうなる」と、このままの働き方では持たないと思っている。毎日が昼勤のスタッフになって、「気持ちにゆとりのあるような働き方がしたい」というのが願いだ。

第二に、**毎日同じ作業が繰り返される退屈な仕事内容の問題**である。単純作業の多くは機械に代替されていくなか、ラインに配置される労働者は自身の存在論的な意味を仕事のなかに見出すのがなかなか難しい。例えば、F18さん（二〇代男性、製造作業）は、「何も考えずにただ体を動かすというのがしんどいですね、せめて頭を使って、考えて仕事をしたいなあ」と言う。今まではラインで「指示待ちという感じ」だったが、それではモチベーションが下がる。将来、「嫌でも主体的に動くような部門の仕事を任されれば、もう少しやりがいも出るのではないかと、そのことを願っている。

第三に、仕事を通した**会社への愛着の問題**である。F18さんは、「技術系」と「技能系」との間にあるモチベーションの違いがある、と語る。技術系は自分の技術にプライドがあり、それが自然と会社に対する愛も湧く。しかし、ラインの工員、特に最大三年までしか務められない期間工は「僕よりずっとどんよりしてますよ」と言う。ある工員は、出荷されていく製品が積み出されていくのを見送りながら、「あれ、ほんとに売れとんのかな。これから海に捨てに行くんじゃろか」と冗談を言っていたという。

製造業に限らず、「**仕事の将来に明るい希望がない**」**と答える若者が多数を占めることの多くの原**

因は、個々の労働者に現在の困難から抜け出すキャリア・パスが確保されていないことにある。精神的にゆとりの無い仕事中心の生活のなかで、自分なりにモチベーションを高める方法を見出せないと、将来に希望を持てなくなる。こうした状況で、**「地元」に「家業」や「友人・家族」のネットワークがある者は、そこに一つの脱出口**を見る者もいる。

例えば、新婚で三次市に転入したM3さん（二〇代男性、車販売営業）の事例。営業マンとして頑張っているが、「仕事を続けていくイメージは、正直言って無い」と言う。「優秀営業マンを目指したいっていうことにはモチベーションは無くて、一番は、生活するための収入を得ること」だと割り切っている。営業の相手は、商品をわくわくして欲しがる一般顧客ではなく、単に業務用車両を一円でも安く買いたいと思っている会社の担当者だから、仕事の場は値段交渉の話にしかならず、やりがいが無い。そんななか、三次市に隣接する地元（府中市上下町）に戻って広告看板製作の家業を継ぐことも考えている。家業だったら定年も気にせず働ける。ただ、すぐに帰ろうとは思わない。今はまだ、父親が現役なので、帰っても手伝いしかできない。「親の築いたものの延長線上でやろうとするなら、ちゃんとやらなければならない」という責任意識があって、「安易な考えでは戻れない」と思っている。

また、第5章で既に考察したように、三次市へUターン転職した者たちの多くは、都市部での働き方を仕事偏重とし、地元Uターンによってワーク・ライフ・バランスを取り戻したことを肯定的に解釈している。その場合でも、Uターンによって生活時間が緩やかになったというわけでは必ずしもなく、友人や家族、地域の豊かな人間関係を取り戻せたことにより、人間としてのバランスを回復したという意味が大きく、その点を指摘する事例が目立った。例えば、M22さん（二〇代女性、一般事務）は、広島市からのUターンを機に、仕事よりもプライベートを優先する考え方にシフトした。「仕事は仕事で決まった時間でしっかりやって、それ以外には余力を残してプライベートに取り組める」ようになった、とUターンが働き方の転換につながった意味について語っている。

（4）「安定」を求めない生き方

「安定」した働き方にこだわる人が大半を占める一方、それにこだわること自体がリスクとなることを見越して、「新しい働き方」を模索する者もいる。図表7-1の「**やりがい追求型**」がこれに相当する。「自分は安定ではなく、やりがいとか目的のほうを優先しています」と、はっきり言うのがM21さん（二〇代男性、鍼灸院経営）である。

M21さんは、父親が公務員でありながら、公務員になりたいとは思わなかったと言う。そして、最近の公務員は地元外出身者が多いことを指摘し、「ただ仕事として働きに来ている」だけで、「頭が良くて仕事できると思うんだけど、地域のことを全く知らない子ばかり」になっていると問題視する。「公務員になったら、公務員の誰々って言われるじゃないですか。だけど、僕らが仕事をしていたら、誰々さんがやっている仕事。誰々というおじいちゃんにお世話になったよ、とか。そんなおじいちゃんになりたいな」と、M21さんは個人事業者を志した経緯について語る。

自分自身の仕事と地域コミュニティのニーズを結び付けながら、フリーランスとしての「新しい働き方」を志向する動きについて、経済学者の松永桂子は「**新しい自営**」と呼んで注目しているが、こうした事例はまさにそうしたタイプに当てはまる（松永 2015）。自営業者は地域の信用で成り立ち、地域市場と運命をともにしているので、当然、地域貢献は仕事の一部になっていく。例えば、M18さん（三〇代男性、農業）は、全く利益が上がらないような山間地の棚田の耕作を請け負い、気が付くとボランティアのようになっているような形で、仕事をやっていることも多いという。「新しい自営」を持続可能にしていくためには、**「やりがい」と採算性のぎりぎりのバランス感覚**が大切になる。

また、既に第4章、第5章で紹介したように、ボランタリーな活動を生業にすることを目指しているソーシャル志向の若者の事例もある。公務がカバーできない地域のニーズを仕事にしていく**「新しい公共」**の動きである。例えば、中学校の非常勤講師の仕事を辞めて、地域づくりの仕事を生業にしようとしているM1さん（二〇代女性、NPOスタッフ）のようなキャリア・パターンである。M1さんは、立命館大学の数学科を出て教員となったが、「私の教えたいのは数学じゃなくて、世の中のいろいろ見せてあげたいなって思いの方が強かった」から、学校教育に飽き足らない思いを抱いた。「自分は自由な感覚を持っているから、組織的に抑えつけて、いい大学に行かせてってことしかないイメージを持ってしまったから。私には合ってない。」と、新卒就職後一年で、教員のキャリアを見限っている。同様に、NPO活動にのめりこんで、割の合わない保育士の仕事を見限ったのがF10さん（三〇代女性、NPOスタッフ）である。F10さんは、「地域に住む人たちに仕事を作ることとか、そういうことで街を面白くすることはできるんじゃないか」と青写真を描きつつ、地元・府中町に子育て世代の居場所を作る活動を構想している。ただし、その一方で、F10さんは「それはビジネスにならないと思うんです」と述べ、例えば、整形マッサージで生計を立てていかなければならないかな、と現実も見ている。**やりがいのある活動だからといって無償ボランティア的な部分を大きくし過ぎると、経済的に苦しくなり、バーンアウトもしかねない。**

また、「安定志向」を回避するからといって、必ずしも仕事としての「やりがい」志向が強いケースばかりではない。第5章、第6章でも取り上げたM30さん（二〇代男性、農業アルバイト）の例がそれで、図表7-1での「**生きがい追求型**」に属する。M30さんが「里山ニート」という自称に込めたのは、農業や環境に関わる仕事やビジネスに興味があるのではなく、ただ自分の好きなライフスタイルを自由に追求したいという思いである。あるいは、仕事は生活のため、と割り切って、趣味の域を超える水準でダーツに取り組み、「私は現実的ではない、ロマン派です」と言うM6さん（三〇代女性、アパレル店員）のような事例もそれに近く、仕事のなかで自己実現しようという考えは無い。ただし、自分の好きなことを生活の中心にするにしても、最低限の収入のめどは立てなくてはいけない。「車の維持費とか、わしの食費とかそういうのを含めた収入は必要最低限＋αでいい。ネギ農家になって年収一千万円目指す、とかそういうのは無くていい。だいたい月一〇万円の年間一五〇万くらいあったら、税金も払えるし、車も維持できる」と、M30さんは言う。だが、実際にはその生活は厳しい。誰にも頼らずに最低限の収入をアルバイトだけで稼ぐには、「奴隷になったような気持ち」で、自由な時間を犠牲にせねばならず、本末転倒なことにもなる。

「安定した平凡な人生」から逃げて「やりがい」や「生きがい」を追求していこうとするなら、「生業」を確保するだけではなく、自分を支えてくれる家族や友人の存在が鍵になる。それが無ければ、相当のビジネス感覚とメンタルの強さの両方が必要になる。その意味でも、「地元外」出身者は不利である。

（5）人手不足と長時間労働

地方とりわけ条件不利地域の労働問題というと、仕事の選択肢が無いことがまず問題とされるが、それは永遠の課題である。このところ目立っている問題は、**若年労働者の減少にともなう、中小企業の「人手不足」「人材不足」の慢性化**である。特に介護士や保育士等については、就職する若者の人口減少に加えて、雇用条件の悪さが重なり、求人は豊富にあるが人材を獲得できないという状況が目立つ。M2さん（三〇代男性、政治家）は、「若い人も就職する機会はあるんだけど、好んではそっちのほうに行かない。いわゆる3Kの仕事で、給料に仕事が見合わないから」だと分析する。個人的に仕事の紹介を依頼されることがよくあるが、「初めに紹介するのが福祉関係で、こころよい返事は返ってこないというケースが多い」。また、M7さん（二〇代女性、保育士）の場合、安い給料と仕事の大変さが見合わないと思って、保育所の仕事を一旦辞めた経験がある。だが、人手不足で困ったその保育所から直接頼まれて、「出戻り」が決まった。「一年単位で若い先生が辞めてしまうところが多いです。給料が上がれば引き留められるところが大きい」と述べる。

人手不足をカバーするために、少ない正社員に過重な負担がかかることも多い。M14さん（三〇代男性、ホテル営業職）は、毎日一二〜一四時間働いていて、「ストレスは多いほうでしょうね」という。営業職だが、客の送迎、レストランの接客、宿直もこなす。三〇歳で役職がついたが、いわゆる「名ばかり管理職」。管理職手当だけで、時間外手当はつかない。「けっこう、ブラックですよね、今ね。

法律違反でかっこ悪いことですよね。労基には言えない。でも、そうしないと経営が回らない。人手不足でも、雇うお金がないんです」という。現状では難しいが、せめて週休二日ほしい、と念願している。それさえなっていれば、一二時間労働でも耐えられる。また、自分たちのような正社員とは違って、「そんなに働きたくない」地元の中高年のパートの人たちとの間にあるモチベーションの差についても壁を感じている。「社会保険もなく、いつでもやめちゃるみたいな感じで仕事をされとる人と、私らみたいに子どもがこまい、汗を流して働かんといけん人との感覚のずれ」があるので、職場の生産性を上げようにも限界があると感じている。でも、そう考えると、「最終的には二〇年後とかこのままで大丈夫かなという感覚になる」。

また、長時間労働のために、スーパーの副店長を務める夫が鬱病を発症してしまった経緯を語るのがM9さん（三〇代女性、飲食店パート）の事例である。M9さんの夫の現在の勤務先は車で一時間ほど先の三次市外の農山村地域にある。仕事は、酷いときは月に一度しか休みが無い。朝三時半に家を出て、夜は早くて七時、遅ければ夜の一一時近くになる。帰宅すると、お風呂に入って、すぐに出かける。職場に着いて、その前の駐車場の車内で仮眠をとる。店舗に社員は二人しかおらず、パートやアルバイトを含めて五人で回している。バイトは、中卒や通信制高校に通う子を受け入れていて、当日に突然休んだり、辞めたりするということも多い。だから、それをカバーするために、M9さんの夫は開店前に誰よりも早く出勤し、閉店を見届けて帰るのだという。このような勤務を続けて、とうとう鬱病を発症し、さらには、居眠りのため高速道路のガードレールに激突する自損事故を起こしてしまった。

Ｍ９さんは、「そういう働き方をしているのは、同じ会社でもうちの主人だけではないか」と述べる。夫の勤務する企業全体がそのような労働を強いているというのではなく、「もうちょっと要領がいい人」は一杯いるという。Ｍ９さんから見ると、夫は、人手が足りない状況をカバーしようと要領が悪く働いていることが問題で、「自分の寝る時間と安全とかを確保するためには、やめて帰ってくれればいいだけ」だと思える。だが、夫自身は「しんどくなるほうに自分が行きたいのか、もっと楽ができる方法があるはずなのにそこが見つからないのか。そこに達成感を感じて」いるために、働き方を変えられないのだという。

Ｍ９さんの勤務するスーパーは、山間地に多く出店しているチェーン店で、過疎化とともに縮小・撤退傾向にある。**職場の将来見通しが明るくない状況下で、勤勉過ぎる労働者が自発的に長時間労働を常態化**してしまったのがＭ９さんの夫のケースであると考えられる。しかし、一体何のための自己犠牲なのか。Ｍ９さんは「主人に少しでも自由な時間を確保しようと、家とか地域とか学校のこと、子どものことの九割五分は私がやっている」と言う。でも、少しも夫を責める気持ちは無い。ただ、「私のためでも子どものためでもなくて、人として、生きる時間としての休み時間はとれればいいな」と、とても心配をしている。

（６）夫の長時間労働を前提とした主婦の「安定」

このように、厳しい社会情勢を理由とし、多くの夫が長時間労働を仕方の無いものと考えている状況について、既婚女性はどのように評価しているのだろうか。

インタビュー調査の対象となった専業主婦または非正規雇用の既婚女性の大半は、夫が長時間労働をしている状況があった。逆に言うと、夫が会社に拘束され、家事や育児の戦力にならないからこそ、正規雇用の仕事に就かない／就けないと語るケースも目立つ。

府中町の場合は、無収入の子持ちの専業主婦の比率が高く、インタビューでも五ケースがあった。その五人の**地方暮らしの専業主婦が外で仕事をしていない背景には、いずれも夫のほうに長時間労働や不規則な夜勤シフトなどの事情があり、妻が家事・育児の大半をほぼ一人で行わなければいけないという状況**がある。しかも、そのいずれも府中町が地元ではなく、町外からの転入者であり、自分の実家との往来は少ない。その世帯年収はいずれも平均水準かそれ以下で、決して働かなくても十分という高階層の専業主婦ではない。そのため、夫が転勤族であるために働かないという一ケースを除けば、いずれも、子育ての邪魔にならない程度に仕事をしたいという意向がある。だが、夫が家事・育児の負担をすることができず、他に任せられる人もいないということで、当面は積極的に求職をしていないのである。

夫が不在がちであるのに加えて、地元外の出身で、知り合いの乏しい地域で子育てをする女性は孤立化しがちである。三児を抱え、地元外出身者を中心に、ママ友のネットワークづくりに熱心なF17さん（三〇代女性、専業主婦）は、「本当の意味で困っている人」は「実家が遠くで、自分たちしか子どもを見ることのできない世帯の方」だと語る。「働こうと思ったときに、病児保育も凄く充実しているわけではないので、働きにくいと思うんですよ。その家庭それぞれの状況なんですけど、子どもが見てもらえないから、ちゃんとした仕事につけないと思い込んでいたり。人に迷惑かけたくないからと、躊躇されている方もいらっしゃる」とし、「そういうのを見つけて手を差し伸べてあげれるシステム」が必要だと言う。

また、F16さん（二〇代女性、専業主婦）の夫は不動産管理の仕事。夫は、夜中に出て行って、朝の一一時頃に帰ってくるという不規則な生活をしている。家事は一切ができない。だが、F16さんは夫に家事・育児の負担を全く期待していない。「旦那さんだって手伝いたくても、土日も休みがないし。働き盛りなのに、夜の七時頃に家におったら、逆に大丈夫かなという気になる」ということで、それを責める気持ちはなく、現在の生活には満足度が高い。この点は、夫が土日休日の無い広告代理店で勤務するF14さん（三〇代女性、専業主婦）も同様で、夫には育児の手伝いを期待しておらず、「転勤になったら、単身赴任してもらいます」と言う。ただし、F16さんは「生活費を稼ぐために」、F14さんは「とりあえず、人と話をしたい」から、働きたい思いがある。そうは言っても、高卒でキャリアは無いので自信は無く、まだ行動を起こせていない。だから、働いても「職種は選べない」と考えている。

一方、F13さん（三〇代女性、専業主婦）の場合は、夫が自動車工場ラインの工員で、一週間交代で夜勤がある。自分自身は子育てに専念する生活で、「特に不満もなく、普通にご飯も食べられて、休日も遊びに行けるし、家族に病気もなく、普通なので、それが幸せだなあ」と思っている。「二〇代では海外旅行に行くために頑張ろう、とかあったけど、行きつくしたので今は無い」という。**図表7-1で言うと、「人並みの幸せ」志向（チャレンジ志向を伴わない安定志向）が専業主婦としての自己充足傾向を特徴づける**[3]。ただし、得意の英語を生かした仕事をしてみたいという思いは秘めていて、大学卒業時に正社員として就職せずに、派遣社員になる道を選んだことを後悔している。派遣社員時代は、リーマンショックの時には雇い止めを経験したし、そのあとに派遣された職場も気に入っていたが、産休・育休が取れないので出産時に辞めざるを得なかった。今後、「夫が病気になったりしたら不安がある」。だから、自分の現実とは異なるけれども、「女性は結婚・出産後も仕事を続けるべき」かと聞かれれば、そう思う。単なる「平凡な幸せ」だけではなく、**育児も仕事もすることが今時の「人並みの幸せ」**だが、自分はそこからずれているという認識である。

次に、ワーキングマザーの事例を見てみよう。統計調査では三次市のほうに多く、インタビューでは府中町で四ケース、三次市で八ケースである。このうち非正規雇用（パートや契約社員）が府中町一ケース、三次市で五ケースを占める。特に非正規雇用の場合は、夫がハードワーク傾向で、自身の家事・育児の負担割合が大きい場合が多いが、専業主婦と比較してキャリア志向もあり、仕事に積極的に取り組みたい思いを強く表現するケースも目立つ。

まず、両親実家で三世代同居しながら子育てをしているM4さん（三〇代女性、訪問介護パート）は、今やっている訪問介護の仕事は続けるつもりはなく、関わっている地域雑誌の編集の仕事を楽しみ、以前やっていた栄養士のキャリアを生かした仕事を正規就職でやるチャンスを探している。家庭に閉じこもる考えは毛頭無い。その一方、「好きだからってすごいやっていたら、子育てもあるし、家のこともあるし、自分自身疲れちゃうから、そこはメリハリ付けてやりたい」とも思っていて、「正職でもパートでも自分の時間と家庭の時間はちゃんととりたい」と、バランスを重視している。ところが、「夫の考え方は正反対」。夫は、印刷会社の営業職で、「その日片付けんといけん仕事が終わるまで帰れない」と言い、平日の帰りは一二時を過ぎることが頻繁で、朝方になることもある。残業代は出ないのだが、「みんなそんなんやっとるけー、こんなもんよ」と言われる。こんな夫の考え方に、M4さんは不満に思っていて、「子どもを風呂に入れるとかくらい手伝ってくれてもいいのに」と思って、「けっこうヒステリックに」なることもある。夫の現在の仕事の状況では、パートをやめて正規職員になることもなかなか難しい。

また、F15さん（三〇代女性、一般事務嘱託）は、「私は仕事人間なので、専業主婦にはなれない」と言う。専門学校卒業後、結婚・出産を挟んでも、ほとんど休職せず、仕事を継続することに「こだわってきた」。ただし、正規雇用は一度も経験したことがなく、「履歴書に書ききれないくらい」の転職経験があり、もともとプログラミングの専門性があるが、そこから外れて久しく、もうそのキャリアには戻れない。現在は、一日八時間×週五日で、必ず定時に帰れる嘱託の事務仕事である。夫の仕事の帰りが遅いため、子どもの迎えに行かなければならないので、より責任の重い正規雇用の仕事はしたくない。だが、「子どもと二人で一日過ごして今日が終わったという生活が嫌」という思いが大きく、扶養範囲を超えた収入のある「中途半端な勤務」であっても、仕事をずっと続けていくのがF15さんの矜持だ。

このほか、ワーキングマザーの事例としては、第5章でM27さん（三〇代女性、写真店パート）の事例について詳述した。M27さんは、もともとのキャリアである放射線技師の仕事に復帰したい思いはあるが、実家が遠く離れた県外にあるゆえに、共働きと子育ての両立の壁をより厚く感じている。第2章、第3章で見たように、三次市は府中町と比べても、女性の仕事満足度も比較的高く、共働きで子育てをしやすい利点があると考えられるが、この点でも、地元出身者と非地元出身者との間に異なった感じ方があることに留意する必要がある。

（7）女性のキャリア志向の壁

「育休世代」の女性は、結婚・出産後も仕事を続けていくことがライフコースの標準と考える傾向が強い。だが、その一方、男性中心の企業社会の岩盤は固く、そのキャリア志向が挫折に追い込まれる罠はあちらこちらに埋め込まれている。この論点については、日本全国に共通の問題構造として捉えるべきでもあるが、その一方、**地方では高学歴者が少なく、仕事と育児を両立させてキャリア・アップしたモデルがまだまだ乏しいぶん、女性が挫折に追い込まれやすい構造がある**とも考えられる。実際、政府の『就業構造基本調査（平成二四年度）』の結果をもとにした分析によると、東京圏のほうが地方圏よりも一五～五四歳の管理的職業従事者に占める女性割合が高い（水落 2016）。ここでは、まだ出産を経験していない女性正社員のキャリア観に焦点を合わせてみよう。

まず、高卒就職三年目のF23さん（二〇代女性、製造作業）は、大企業M社の工員。男職場ではあるが、先輩が育休から復帰して仕事を継続しているのを見て、自分も同じように結婚・出産後も変わらず働き続けられるものだと、特に疑問も持たずに、漠然と思っている。

だが、同じM社のF11さん（三〇代女性、事務総合職）は、異なった見方をしている。F11さんは、全インタビュー対象の中で唯一、男性並みの長時間労働をこなし、企業の中核メンバーとしてキャリア・アップを目指している女性である。そんなF11さんからすると、M社はアメリカ式のダイバーシティ・マネジメントの考えを導入した大企業で、一般的な日本企業とは違って、「基本尖りたい感じの人」にとっては働きやすい環境があると評価する。時短勤務や半休などの子育て中の女性を支える制度も整っている。だが、その一方、「日本のほとんどの企業と同じで、女性のキャリア的には理解は無い」と思っている。「**単に育休制度を作りましたっていうのではなくて、復帰したときに、時短で働いているときのキャリアプランぐらいまで一緒に考えてあげないと**。いないから任せられないではなくて、いて短い時間でどれだけ成果を出してもらって、だから昇進できるっていうふうにしてもらわないと困る」と言う。「子どもを二、三人産んだら、六年以上昇進できないスパンが男性に比べて出ますよね」とF11さんは指摘する。F11さん自身は結婚間もなく、子どもはまだいないが、将来が不安だ。「もし、私が妊娠して子どもを産んだ場合、一年ほとんど無給状態、トータルで二年とか考えても給料が厳しいんだろうなというところとか、その間に昇進は遠のいていきますから、五〇代のときの役職と給料とを計算すると、そんなに良くないなあ」ということで、そうなっても今の仕事を続けているんだろうかと思う。もともと理想の生活は、長時間働かずに、自由な時間を大事にしたいタイプ。オフにはライブ活動もやっているが、今の生活では創造活動に充てる時間が足らない。「とっても面白い」という今の仕事の延長線上から外れるのであれば、先を見越して農業などの別の生業を始めることも検討すべきだと思っている。

その一方、**初職の段階で、早々にキャリア志向に躓き、結婚したら専業主婦になりたいと考え方を変えた**経緯を語るのがF7さん（二〇代女性、一般事務嘱託）である。転職後は契約採用の仕事が、大学新卒時の初職は歯科受付の仕事で、正社員だった。やる気のある職場だと感じ、希望通りの就職先だった。だが、一日一三時間の長時間労働が当たり前で、薄給でボーナスも支給されなかった。ワンマン院長のもと、組織として「結束が強過ぎた」のが辛かった。朝は毎日、全員が前日の仕事を振り返って三分間スピーチをするというルーティーンがあり、時間に過不足があったら叱られた。「呪文のように何かを唱えていて、ノイローゼになりそう」だった。また、毎日の仕事だけでも精一杯なのに、祭りへの参加などの地域活動にも積極的な職場だったが、「乗れなかった」。「人間関係が良ければ、みんなでやったりするのは嫌いじゃないんだけど、院長の方針は絶対だというのに私の思っていることとは違っていると、ついていくのがしんどい」状況で、耐えられずに二年で転職を決めた。必ず定時に帰れる嘱託職員の仕事を選んだ。今では、「一三時間がトラウマになっていて、『長時間労働』と聞くだけで嫌」。「どっちにしろ長時間働かなければいけない」から、正社員になって「組織には縛られたくない」。新卒時の気持ちとはまるで違って、夫に頼って仕事をしなくてもよくなればベストだと思って、切実な気持ちで結婚相手を探している。

　ここでは両極端な事例として、新卒時は同様にキャリア志向があった女性を取り上げ、企業の中核で高いキャリア志向を維持しているパターンと、バーンアウトして専業主婦志向に転換したパターンとを対比的に取り上げた。だが、そのほかの**正社員として仕事を継続している女性の事例の大半は、「ワーク・ライフ・バランス」を第一に考え、日本型企業社会での無理な働き方を早々に回避**しようとしていた。広島都市圏から三次市にUターン転職した三人の二〇代女性の事例もそうである。だが、そうは言うものの、実際に出産を経験すると、その後のキャリアがどうなるかは不透明だ。必ず定時に帰れる仕事に就こうとUターン転職したM22さん（二〇代女性、一般事務）の勤務先は、ごく少人数で回している小規模事業所。もしも自分が育休を取ったら仕事が回っていくのだろうか、代わりを採用して居場所は無くなるのではないか、という不安な気持ちもある。

7-3　小括――厳しい地域経済の情勢下での「働き方改革」

規模の大きな拡大を期待できない地方の経済状況では、大半の職場は現状を維持することが精一杯の目標となっている。意識調査結果を見ても、自分自身の仕事の将来や勤務先について「将来に明るい希望がある」者は少数派である。

しかし、このように労働環境についてのネガティブな認識は、あくまで組織や社会情勢についての共通認識であって、個々人はそれぞれに自分自身が働く意味を見出そうとしている。本章では、こうした状況を踏まえたうえで、地方暮らしの若者の多様な働き方のバリエーションを、図表7-1のように分類しつつ、それぞれの事例について分析した。

その結果、一般的に言って、過度の競争圧力を嫌い、経済的にも精神的にも「安定」や「平凡」を理想とする全体傾向がとても強いことが確認された。だが、「昔の公務員みたいな仕事」という言い方に象徴的であるように、将来に希望が持てる「安定就職」のパイは、昔と比べて希少資源となっている。そのため、「安定」を獲得し、維持するために、多大な努力コストを支払おうとする者も少なくない。これを本章では「**安定チャレンジ型**」と名付けた。

「安定チャレンジ型」の支払う努力コストとして、最も代表的なものは**長時間労働**である。特に、地方においては労働市場における人手不足問題が際立ち、これをカバーしなくてはいけないという会社の論理が、男性正社員のハードワークを帰結していると言える。だが、それは必ずしも経営サイドの労働規律強化によって起こった現象ではない。日本型企業組織のなかで、勤勉な考えを持った労働者が、将来の会社の見通しに対する自身の危機感に発し、自発的に長時間労働を受け入れているという側面にも注意する必要がある。また、特に**子持ちの男性の長時間労働者は仕事についての満足度が低い**ことがわかった。この層は相対的剝奪感が強く、たとえば「社会情勢を考えれば生活水準が下がっても仕方ない」といったダウンシフター的な考えとは相容れないということも明らかになった。

そして、子持ちの男性の長時間労働者の家族を支える専業主婦や非正規雇用のワーキングマザーのなかには、家事・育児の大半をほぼ一人で行っている者も多く、特に地元外からの転入者はそうした傾向が強かった。一般的に言って、主婦は「無理してチャレンジ」するのはなく、平凡な日常の安定を第一に考える傾向があり（**人並みの幸せ型**）、子育てを中心とした現状の生活には肯定的だが、共働きが常態化する「育休世代」の中にあって、キャリアの道筋を立てられない現状を不安に抱いている者も多かった。一方、男性なみにキャリア・アップを目指す者もいるが、男性中心の日本型企業社会の岩盤は厚く、女性の仕事継続を挫折させる罠があちこちに仕掛けられている状況が明らかになった。

日本型企業社会における安定志向のリスクの大きさに気付く人は、いち早くそこから離脱する。組織によらずに自分のやりがいを大切にし、これをビジネスにすることを目指す、地域志向の「新しい自営」や「新しい公共」の動きが起こっている（**やりがい追求型**）。あるいは、仕事は収入を得るための手段と割り切り、趣味生活やライフスタイルの実現に意味を見出す者もいる（**生きがい追求型**）。ところが、こうした「新しい働き方」志向の動きが注目を集めているわりに量的に増えていかないのは、生計を成り立たせるのが難しいためである。地方は生活コストが低いために「新しい働き方」の格好の実験場として注目を集めているが、経済的に持続可能な状態にしていくうえでは、一般的に言って、縁故の多い地元出身者とそうではない地元外出身者との間に条件の格差がある。

地方暮らしの若者のマジョリティは、このような「安定志向」と「新しい働き方志向」の間にいる。どちらに傾いても、その努力コストが報われないリスクがある。そうだとしたら、現実的なやり方は、現在の働き方を可能な限り調整しつつ、ワーク・ライフ・バランスのほうに近づけたうえで、将来的なキャリア・パスを作り、モチベーションを取り戻す道筋を作ることである。この点、調査データからは、職種の違いによる課題の違いも見えてきた。例えば、福祉関係の仕事ではやりがいの割に収入が乏しい問題であり、飲食店・宿泊サービス業では収入の少なさと人手不足の問題であり、製造作業・機械操作の仕事では収入の割にはやりがいに乏しいことが問題となっている。そして、ここに挙げたやり方でモチベーションを回復することがうまくいかない場合には、**「地元Uターン」や「家業継承」にとりあえずの脱出口を見る**者も少なくない。

近年の「働き方改革」の議論は、しばしば規模拡大を望むことが難しい地方の経済の「生産性」を高めるための成長戦略と結びつける。例えば、第1章で言及した冨山和彦の「L型経済」に関する議論がそうである。だが、冨山の議論における「生産性」は、経営者的な合理性の観点にとどまるものである。これに対して、筆者は、**個々の若者が、社会情勢を正しく認識したうえで、本章で示したように多様な考え方から、自分が納得のできる「働き方」を見つけ、その潜在能力を高めていくための**

環境を整えていくことを支援することが、社会の持続的発展につながるより重要な観点だと考えている。

注

（1）例えば、リクルートソリューションズの調査『新人・若手の意識』（二〇一四年）は全国調査であるが、同じ質問を使いながら同様の低い値が出ている。

（2）「社会情勢を考えれば、今後、生活水準が上がらなくても仕方ない」という考えを肯定する人たちを「ダウンシフター」とみなすと、その仕事満足度は府中町五七・九％、三次市六三・三％であるのに対して、「非ダウンシフター」は府中町四九・八％、三次市五六・五％と低い。

（3）「今後の人生では、平凡でもいいから、人並みの幸せを手に入れることが大事だと思う」については、府中町八五・三％、三次市八七・六％。圧倒的多数がこの考え方を支持しているが、専業主婦と学生を含む無業者についてはさらに比率が高く、府中町八九・八％、三次市九五・八％である。

第8章　社会関係
——ソーシャル志向と社会感覚

本章では、地方暮らしの若者の社会関係の実態と意識を分析する一方、その社会問題・政治との関わりに焦点を当てる。

地方暮らしは、大都市とは異なって、「地域」と関わる機会が多いため、その社会関係の魅力に注目が集まることが多い。しかも、もしも住んでいるのが「地元」であれば、地元愛をリソースとし、血縁や同級生たちとの気のおけない人間関係を持続することが魅力にもなる（＝**地元つながり志向**）。その一方、出身地域を問わず、「地域」の多様な人々との交友関係を広げることに興味を持つ人たちもいる（＝**地域つながり志向**）。そして、こうしたつながりを育む地域活動・社会活動への参加（＝**ソーシャル志向**）は、社会問題や政治への関心とどのように結びつくだろうか。

本章は、こうした社会関係の実態と意識のバリエーションについて分析する。第6章、第7章に引き続き、広島二〇～三〇代調査の質問紙調査とデプス・インタビュー調査の両方のデータを用いる。

まず、社会関係や社会感覚に関わる統計データの分析から、全体傾向を整理する（8-1）。次に、それに引続き、インタビュー分析を通し、ソーシャル志向に関する諸問題（8-2）と社会・政治問題への関心を中心とする社会感覚の諸問題（8-3）について考察し、最後に論点をまとめたい（8-4）。

8-1　社会関係の実態と意識――統計分析から

（1）交友関係

地方暮らしの若者の交友関係についての意識を規定する最大の要因は「配偶者の有無」であるが、その他に、居住地域及び居住歴の違い、そして地域活動・社会活動への参加度の違いの持つ意味が重要である。

第2章では、**地方中枢拠点都市圏のほうが交友関係の機会は多い一方、条件不利地域圏の若者のほうが交友関係を広げるのに積極的に活動する傾向にあり、結果としてその満足度には差が無い**という知見を得た。「自分と近い仲間たちと交流する機会」や「刺激的な人との出会いの機会」について三次市は府中町に劣るが、「友人関係の満足度」においては有意差が無く、府中町よりも三次市のほうが各種の地域活動・社会活動に積極的に参加している人の比率が高い。

一方、同じ地域でも、「地元在住」か「非地元在住」かによって、交友関係の意識や各種の満足度は変わる。まず、「現在住んでいる地域には、リラックスして付き合える関係の友人が多くいる」者の比率が、「地元在住者」は約半数（府中町五〇・六％、三次市五一・七％）であるのに対して、「非地元在住者」は三分の一ほどにとどまっている（府中町三一・四％、三次市三五・〇％）。さらに、「現在住んでいる地域」の「リラックスして付き合える関係の友人」も「刺激を受ける人との出会い」もいずれも多くないと感じている人の比率について言うと、「地元在住者」は半数を下回るのに対して（府中町四五・〇％、三次市四五・六％）、「非地元在住者」はかなり多くなる（府中町六四・九％、三次市六〇・八％）。こうしたデータをみると、居住地域内の人間関係について、「地元在住者」が「非地元在住者」よりも充足している傾向が強いことははっきりしている。

ところが、地域のなかの友人関係に乏しい「非地元出身者」が社会関係的に孤立しているかというと、必ずしもそうともいえない。「自分と近い仲間たちと交流する機会に恵まれ、深い絆を築けていると思う」者の比率や「友人満足度」について言うと、「地元在住者」と「非地元在住者」の間で有意差はない。また、「生活満足度」や「幸福度」については「非地元在住者」のほうが「地元在住者」よりも高いという点にも着目できる[1]。

これは、「非地元出身者」の行動半径は広く、居住地域を超えた交友関係がある傾向があることと関係していると考えられる。「非地元出身者」は、「休日には、なるべく現在住んでいる地域以外の場所に出かけたい」と考える人の比率が「地元出身者」に比べて高い。**「非地元出身者」は、居住地域の中の交友関係に満たされていなくても、他地域の人々とつながっているので、総体として交友関係の満足度が低くないばかりか、全体としては「地元在住者」よりもポジティブである。**

また、これに関連し、同じ「地元在住」であっても、「ずっと地元」の者と「Uターン」層との間では、交友関係や自己評価が異なっている。第3章でも述べたように、地元のネットワークもあり、

図表8-1　交友関係の志向性と居住歴

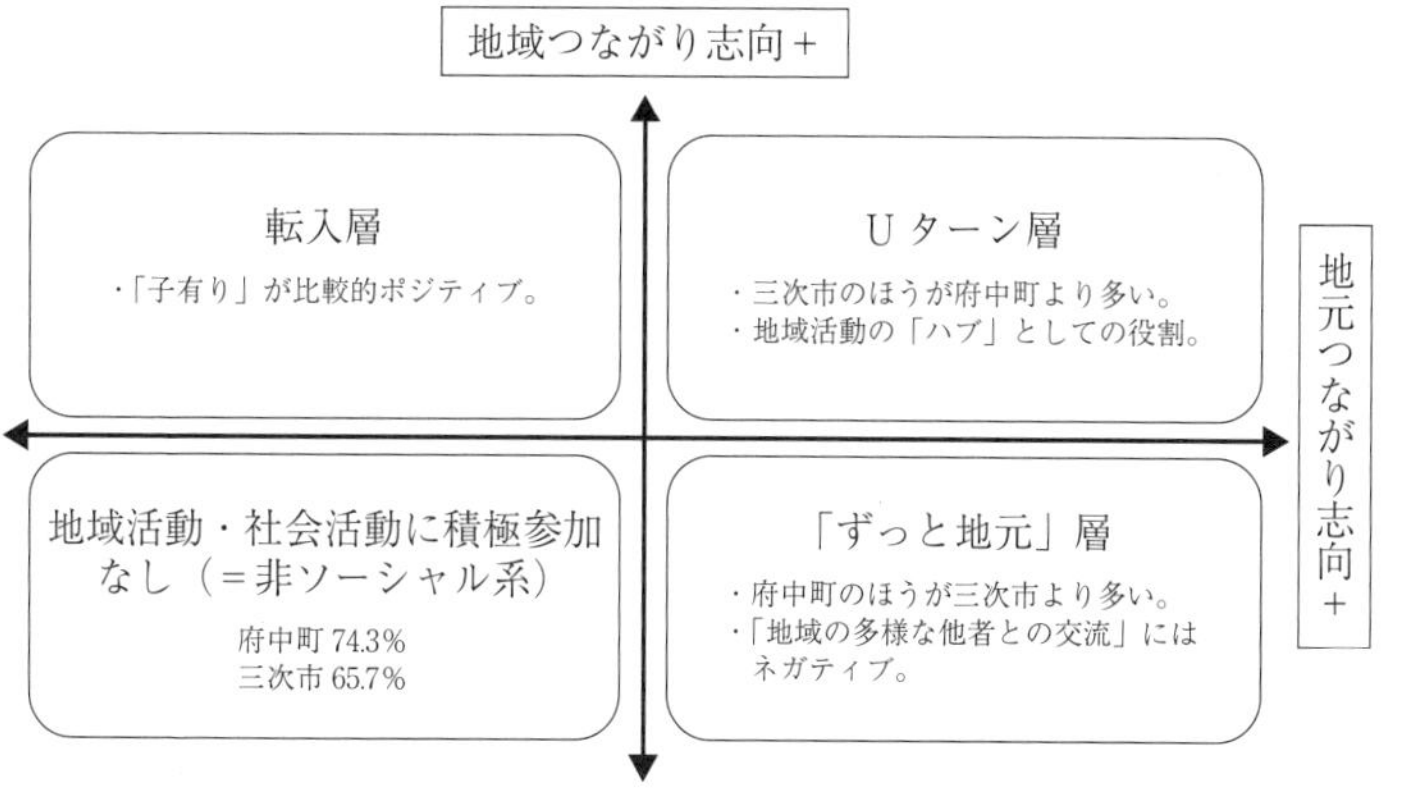
地域つながり志向＋
地元つながり志向＋
転入層
・「子有り」が比較的ポジティブ。
Uターン層
・三次市のほうが府中町より多い。
・地域活動の「ハブ」としての役割。
地域活動・社会活動に積極参加なし（＝非ソーシャル系）
府中町 74.3%
三次市 65.7%
「ずっと地元」層
・府中町のほうが三次市より多い。
・「地域の多様な他者との交流」にはネガティブ。

なおかつ地域外に交友関係が広がっているUターン層は、地域活動・社会活動への参加度も高い。これと対照的に、「ずっと地元」層は、地元の友人関係は充実しているが、その他の社会関係に乏しく、そのことがネガティブな自己評価に繋がっている。

　こうした統計分析の知見を踏まえ、**居住歴の違いによる交友関係の志向性のバリエーションは、図表8-1のように、「地元つながり志向」と「地域つながり志向」の二軸によって類型化できる。**「ずっと地元層」は「地元つながり」志向が強いが、「地域つながり」に関する関心が低調である。すなわち、同級生を中心としたネットワークで濃く結びつき、地域のなかの人間関係には満足する傾向が強いが、その一方で地元コミュニティを超えた人間関係の広がりに欠ける。これに対して、「転入層」は「地元つながり」と関わりが弱い分、地域内の人間関係には物足らない思いを感じているが、子育てやビジネス等の関心から「地域つながり」志向が比較的に強い。そして、両者をつなぐ役割を果たすのが「Uターン層」で、「地元つながり」にも、「地域つながり」にも比較的活発であり、「趣味関係のグループの活動」をはじめとする地域活動・社会関係の参加を通して、そうしたつながりを広げる全体傾向が強い。そして、全体としてみると、「地元つながり」や「地域つながり」と結びついた地域活動・社会活動に積極的に参加するソーシャル系は三割程度であるということにも留意が必要である。

(2) 地域つながり

どのような社会的属性において「地域つながり志向」が強いのか。三つの意識調査項目の統計分析から考えてみる。

まず、「隣近所の人たちとは、何でも相談したり、助け合ったりできるような深い関係になりたい」のは約半数であり、両地域の間に有意差は無い（府中町四六・八％、三次市四九・一％）。「何でも相談したり、助け合ったりできるような深い関係」というのは、第6章で考察した「田舎志向」との相関が強い地域社会観であるが、三次市でも「地方都市派」は多く、**一定の距離感を持って近所づきあいしたいという都市社会的な価値観を持つ人の割合では、地方中枢拠点都市圏と条件不利地域圏とであまり変わらない**という点を確認できる。重回帰分析（ステップワイズ法）では、隣近所と「何でも相談したり、助け合ったりできるような深い関係」を求める傾向が目立つのは「子あり」の場合である（府中町五三・一％、三次市五五・六％）。また、「世帯年収」が低い場合もこの傾向が強い。**子どもがいて、低年収の場合に、地域の相互扶助を必要としている人が増える**ということであろう。

次に、「現在住んでいる地域にいる多様な人たちと交流することに興味がある」のは、府中町四〇・八％、三次市四二・二％で、これも両地域の間に有意差は無い。当然、地域活動を通して交流をしている人が「興味がある」と考えられるところであるが、重回帰分析では、特に「趣味関係の活動」への参加度の説明力が有意である。そして、家事時間が長めの場合にポジティブな傾向が強く、「主婦」は地域交流への関心が高いことが窺える。また、ビジネスにおいて地域と密接に関わる必要がある「自営業主・家族従業員」で「地域にいる多様な人々と興味がある」人も多いのがきわだつ（府中町六六・六％、三次市六八・二％）。また、「他地域で就学後Uターン」した層は、やはりポジティブな傾向が強い。この他、「大卒以上」、「年齢が低め」の場合に、「地域にいる多様な人たちと交流することに興味のある人」の比率が増えるという全体傾向が確認できる。

そして、「今後、地域活動に積極的に参加したいと思っている」のは、府中町三八・一％に対して、三次市は四五・六％。**地域活動の参加意欲という点では、三次市のほうが府中町よりも有意に高い。**そして、やはり三次市に多い「他地域で就学後にUターン」層において、地域活動に積極参加を望む傾向が強い。このほか、「大卒以上」で積極的であるのに対して、「飲食店サービス業」や「生活関連サービス業」、「建設作業」従事者についてはネガティブな傾向が強くなる。

地域交流に関わる三項目をクロスさせると、その全てにネガティブな人たちが両自治体の三分の一も占めている（府中町三七・七％、三次市三四・一％）。**地方暮らしは東京と比べて「地域社会」との関わる機会が多いことは確かであるが、その一方で、それを消極的に捉えている者も少なくない**ということである。そして、地域交流に関する若者の考え方は、地域中枢拠点都市圏と条件不利地域圏との間で大きな違いが無いが、地域活動の参加意欲については、条件不利地域圏のほうが比較的に強い

という仮説を裏付ける数字が出ている。(2)

（3）社会貢献意識

地方暮らしの幸福に注目するメディア言説では、地域における交流への関心は、地域や社会の人々との交流を通し、人のために役立ちたいと考える、いわゆる「社会貢献意識」と結びつけて議論されることが多い。実際、地域における交流への関心についての項目と、以下の二つの「社会貢献志向」を示す項目との間には正の相関関係が認められる。

まず、「今後の人生では、自分の利益と関係なく、自分の身内や仲間のためを考えて行動しようと思う」人については、過半数を超えている（府中町五九・二％、三次市六四・二％）。第3章でも見たように、年齢が若いほうがそうした考え方が強い。また、家事時間も有意で、主婦（家事が主）はポジティブな回答傾向がより強い（府中町六五・四％、三次市七〇・四％）。そして、各種の地域活動・社会活動の説明力は、「政治団体の活動」を除いては無い。

一方、「今後の人生では、自分の利益と関係なく、広く社会に役立つ行動をしようと思う」という項目については、肯定的回答が半数を下回る（府中町四〇・一％、三次市四一・四％）。やはり年齢が上がるとネガティブになる傾向が強く、三〇代は四割を切っている（府中町三六・一％、三次市三八・七％）。また、この項目については、「職場参加の地域活動・社会活動」、「ボランティア団体・消費者組織・NPO等の活動」、「宗教団体の活動」といった、地域活動・社会活動に説明力がある。

そして、これら二つをクロスさせると、最も多いのはどちらの項目でもポジティブな人たちで、二〇代に多い。そして、どちらもネガティブな人たちも三分の一程度を占め、三〇代に多い。この結果を**新しい世代は社会貢献意識が強いと解釈するか、あるいは日本社会がこうした若者の社会貢献意識を受け止める用意がないために、加齢によってネガティブになる傾向が強いと解釈するのかは議論の分かれるところ**であろう。ただ、ここで注意することができるのは、「身内や仲間のため」には積極的だが「広く社会に役立つ行動」には消極的という回答パターンは四分の一程度にとどまっているという点である（「主婦」に多い）。昨今の若者の政治意識に関する議論では、仲間内に対しては利他意識が高いが、それが必ずしも広い意味での社会貢献意識にはつながらないという論法がしばしば見られるが、実際には「身内や仲間のため」も「広く社会のため」も両方に肯定的な人たちと、どちらも否定的な人たちとで大半を占める。

(4)「社会問題」への関心

地域活動・社会活動への様々な動機からの関わり、あるいは、ソーシャルな社会貢献の意識は、どのように現実の社会問題や政治への関心に結びつくのだろうか。

「自分や家族のことが優先で、地域社会の問題について考える気にならない」という項目については、これを肯定する者は約半数である（府中町四八・三%、三次市四六・一%）。そして、「**地縁組織の活動」への参加度が高いと、「地域社会の問題について考える気にならない」人は少なくなり**、「積極的に参加」している層では府中町三七・五%、三次市二八・九%である。また、「ずっと地元」と「考える気にならない」傾向があり、「地域社会の問題について考える気にならない」人は府中町五二・〇%、三次市五五・七%と過半数になる。**他地域での生活体験のある者**（Uターン層、転入層）**は、そうでない者に比べて地域社会の問題について意識的で、関心を持つ傾向が強い**といえる。このほか、学歴も関係し、「高卒」の場合には関心を持つ人の割合は少なくなる。

　それでは、「地域社会」にとどまらず、広く「社会問題や政治」への関心は、どのような社会的属性において強いのだろうか。「自分や家族のことが優先で、社会問題や政治について考える気にならない」のは、府中町四一・三%、三次市四一・四%であり、「地域社会の問題について」尋ねた類似の項目と比べて、関心の高い人の割合が多い。もちろん、両項目の回答傾向は正の相関関係（〇・三七六、性別と地域を制御）にあるのだが、「地域社会の問題」には考える気にならなくても、社会問題や政治についてはそうではないという人も少なくない（府中町一八・三%、三次市二〇・七%）。重回帰分析によると、「地域社会の問題」の場合とは違い、「地縁組織への参加度」は説明力を持たない。地縁組織に参加する人の問題関心は、地域への関心を超えて広がってはいない。これに対して、**「社会問題や政治」への関心に一番説明力があるのは、「趣味関係のグループの活動への参加度」**であり、積極的に参加している人たちのうち「考える気にならない」のは、府中町二三・三%、三次市三七・一%と少ない。

　また、「社会問題や政治に関心があり、知識を得ようと心掛けている」のは、府中町五二・四%、三次市五一・七%。これについても、「趣味関係のグループの活動」は、「業界団体・同業者団体・労働組合の活動」や「ボランティア団体・消費者組織・NPO等」への参加度と並んで、説明力がある。「地縁組織の参加」は、この点でも説明力は有意ではない。**ボランタリーな諸活動を通して、さまざ**

まな立場の人々とつながることが、社会問題や政治に対する関心を高めている可能性がある。ただし、それは全体的傾向であって、地域活動・社会への積極参加があっても社会問題や政治に関心が無かったり、逆に地域活動・社会活動への積極参加があっても社会活動や政治に関心が無かったりする人も少なくない。こうしたバリエーションについては、次節で詳しく分析したい。その一方、居住歴にも説明力があり、「ずっと地元」では府中町四八・〇%、三次市五〇・〇%と比較的低めで、「他地域で就職後Uターン」した人は府中町五二・六%、三次市六〇・〇%と高めになる。また、学歴については、「中卒」の関心は低さが目立つが、「高卒」と「大卒以上」には有意差はない。

(5) 日本の社会秩序への信頼とマイノリティ問題への感度

第2章でも見たように、日本社会・政治の現状について、大半の者はとても厳しい評価を与えている。社会経済が頭打ちになっている現状を反映し、将来の見通しについてはネガティブな見解が多数を占める。社会経済リスクだけではなく、戦争のリスクや原発のリスク等についても、不安感を持つ人が多数を占める。

ところが、その一方で、「サービス職」従事者や「非正規雇用」の人たちを除けば、全体傾向として、**日本の社会秩序への信頼感については決して低くない**。調査結果を見る限り、東日本大震災という未曽有の大災害のあとであっても「日本は、安全で安心して暮らせる国」であると考えている人が大半を占めるし、長期にわたって所得が増えない状況が続いているなかにあっても、「日本は、こつこつと努力すれば成功する可能性がある国」であると考えている人は半数を超えている。

それに関連して注目したいのが、過半数が支持している「国を愛する心をしっかり持とうと心掛けている」という項目である（府中町六二・二%、三次市六二・〇%）。重回帰分析で最も説明力があるのは、「地縁組織の活動の参加度」である。「地縁組織の活動」に「積極的参加」もしくは「一般的参加」している層については、府中町七二・七%、三次市七一・四%と平均より高くなる。**「地縁組織の活動」に組織されている人は、地域や政治への関わりが比較的近い人と考えられ、そうした人たちが「国を愛する」という価値観を受け入れる傾向が強い**と言える。また、地域と性別を制御した偏相関分析を行ってみると、「国を愛する気持ち」は、「日本の将来に明るい希望を持っている」（〇・三〇八）や「日本は、こつこつと努力すれば成功する可能性がある国だと思う」（〇・三〇二）、そして「対立を好まず、「協調性」を大切にする日本的なやり方にしたがえば、間違いはない」（〇・一六一）等の日本の社会秩序・社会情勢に対する評価を尋ねた諸項目との正の相関関係が有意であることがわかる。ここで気になるのは、「愛国心」を示す項目として、ナショナリズム的な政治意識とのつながりであるが、外国人受け入れの是非についての考え方などについては、特に否定的な意見との結びつきがあるわけではない。男女の家事分担や女性の就業継続などの問題についても、伝統的な性別役割分業意識との相関は無い。つまり、**「国を愛する気持ちを持ちたい」という考えは、保守意識や伝統意識というよりは、共同体の一体性を尊重する意識であって、日本の社会秩序に対する信頼の高さと関連が強い**ということである。

ただし、その文脈で気になるのは、「国を愛する気持ち」と「日本は差別があまりなく、弱い立場とされる人たちがむしろ手厚く保護されている国だと思う」という意識との相関が強いことである

（〇・二二二）。全体では府中町四二・六％、三次市四三・四％がこの考え方を支持するのに対して、「国を愛する」人たちに関して言うと、府中町四六・六％、三次市五一・一％と高くなる。このことは、**地縁組織や日本の社会秩序に対する信頼感と結びついた「国を愛する気持ち」が、差別やマイノリティという問題枠組みについての感度の弱さを帰結している**可能性を示している。

また、重回帰分析でこの項目に関して説明力が高かった変数をピックアップし、肯定的な回答の比率を比較すると、「職場組織の地域活動への参加度」が高い人や、収入や階層意識が高い人も「差別があまりない」と考える傾向が強いことがわかる。(3) この点については、8-3でインタビュー事例から考察を深めるが、職場という同質的な集団へのコミットが強く、経済的にも充足度の高いマジョリティが差別やマイノリティに対する想像力が弱いとも解釈できる。個人の幸福と社会の幸福との間に存在する「社会的ジレンマ」（＝幸福のジレンマ）について考えさせられるデータである。

8-2　「ソーシャル志向」の事例分析

（1）「地元愛」と地元つながり（三次市）

「地元」在住の地方暮らしの若者にとっての「地元」の意味の重要性については、既に各章で触れてきた。社会的リスクが増大する時代において、地元に住むことに経済的メリットはもちろんあるが、それだけではなく、家族との密接な関わり、同級生等とのハイコンテクストな「つながり」によって存在論的な安心がもたらされるという点が大きい。こうした側面を大事にしていこうという考え方を

「**地元つながり志向**」と呼ぼう。

「地元つながり」に満たされ、なおかつ「地元定住」志向が強い者は、「地元愛」を語ることを躊躇しない。例えば、三次市の農山村の実家にUターンしてきたM23さん（二〇代女性、助産師）は、「地域の人に育ててもらったんだ」という感覚を大事にするという意味で、小さい頃から地元愛を育むとは大事だと考えている。「私たちも、帰るときには会う人みんなに挨拶をしていたし、私も親が共働きだったから、家のおじいちゃんとか近所の友達のおばあちゃんとかに面倒をみてもらっていたので、そういうのは大事なのかなあ」というわけだ。そして、この点で、自身の地元である**農山村地域のように「濃いコミュニティがあるところ」は、都市部の「地元愛」感覚より強固なものだと考えている**。M23さんは、広島市に住んでいたときも地元のイベントのためによく帰省していたが、広島市の友人が「自分には地元愛はない。子どももいないのに地域のイベントに参加したりとかは絶対ない」といっていたのを印象深く覚えている。

だが、その一方で、M23さんは、「地元愛教育」によって農山村の人口減少を食い止められるというセオリーについては、「きれいごとの部分もある」とも思っている。この点に関して、M8さん（三〇代女性、中学教員）もまた、「地域の良さをもっと調べたりとか、発見させて、住んでいる地元を好きにさせる」教育に関わっており、それはそれで良いことなのだ、子どもたちが進路を決めるときにそれが影響しているという感じは無いという。**「地元愛」や「地域の誇り」によって「地元定住」がもたらされると言うが、両者は擬似関係であって、育ちのなかでどれほどの「地元つながり」を得られたか否かが、最も基底的な要因ではないのか。これに関するいくつかの証言を見てみよう。**

M21さん（二〇代男性、鍼灸院経営）は「地元愛とか言われても、友達おらんと帰ってこれんしさ。難しいよね」という。農山村地域にある出身小学校は人数の減少が著しく、将来的な廃校や合併の危機に直面している。M21さんは「合併せざるを得ない」という考えだ。「多様性の問題です。同級生3人しかいなくては、社会に適応できない可能性があるから。子供らが将来適応できなかったとしたらと考えると、不安で仕方ない。教育はできて、頭のいい子はできるかもしれないけれども、人間力としては欠けてしまうことが多過ぎる」と言う。地元に定住する覚悟を決めているだけに、将来の子どもの教育環境が気になるのである。

これに対して、同じ地区でもM19さん（三〇代男性、郵便局員）は「複式学級でも新たな可能性として、教師の質さえ良ければ、いい教育はできると思う」という考えから、小学校の存続を主張している。コミュニケーション的な部分は、他校との交流活動で補えばよいという考え方だ。ところが、M19さん自身は、近々予定している結婚と同時に、生活の便利さを求めて、三次市の中心部に転出しようとしている。「サービスがある程度、交通面と、買い物面と、教育面と医療面と。子育てしやすいか。……愛着があったとしても、子どもを育てるという面に関しては、環境がいいところにせざるをえないじゃん」という。転居しても車で二〇分ほどの所なので、地元つながりが切れるようなことは心配しなくていい。

また、別の農山村地域に暮らすM11さん（三〇代男性、製造作業）は、地元を離れたことが無いにもかかわらず、「地元愛が無い」とはっきり言う。「僕、小学校の同級生は二人だけだったんです。友達として成り立たないいんですよ。友達多いほうが楽しいですよ。」ということで、既に廃校になった出身小学校にはあまり思い入れが無い。「小学校がありましたよって、大きな石碑を百万、二百万で作ったんですけど、そんなん誰がみるんやって思うんですよ。僕でさえ微妙なのに、いらんよって」思う。現在、M11さんには地元つながりの友達はおらず、大人になってから知り合った、三次市内のスポーツ・サークルの仲間が交友関係の中心だ。

マクロな地域政策の立場からは、「地元愛」を育むことで「地元定住」を促進しようという処方箋が語られる。だが、若者個人の生活の質という観点からは、「つながり」さえ維持できていれば、定住するかしないかは大きな問題ではない。仮に地元に定住する者がほとんどいなくても、SNS上での交流が良好に保たれていれば、何かのときには集まることができるので困ることは無い。こうした具体的な「地元つながり」があってこその「地元愛」であるのに、地元の友人が乏しかったり、関係に難しさを感じたりしている者が「地元愛」を語れないのも無理はない。**「地元」を生きる若者個々人にとって一義的に重要なのは、「地元愛」を育むことでも、「地元定住」を実現することでもなく、ウェブ社会も合わせた総体における人間関係の質なのである。**

(2) Uターン層がハブとなる地域つながり（三次市）

地方暮らしの若者たちの間では「地元つながり」の貴重さがしばしば語られるが、それは学校時代以来ずっと継続してきた関係性というわけではない。オフィシャルに設定された地縁組織や同窓会の活動等とは異なり、厳格なメンバーシップがあるわけではない。SNS等のウェブ・コミュニティが大きな役割を果たしながら、交友関係を求める若者たちの自発的な動きによって、その維持が図られている。こうした自発性が、地域社会への参加を促す要因ともなる。

特に、三次市のような過疎地域では、小・中学校と高校の同窓生コミュニティが重なり合っていることが多く、中学校の同窓生の集まりに別の中学校の出身者も参加したり、特定の地区のイベントに他の地区の人が参加したりといったかたちで、交友関係が広がっていくことが多い。例えば、M22さん（二〇代女性、一般事務）は、広島からUターンしたきっかけは、地元地区のフェイスブックのコミュニティの盛り上がりに端を発するつながりであったが、今では三次市の他の地域の若者つながりで「大人の「ガチ」な運動会」の企画に加わったり、三次市の隣の世羅町まで出かけていって「どろんこバレー」に参加したりもしている。三次市内の地元ではない地区の人に頼まれ、その地区の伝統的な祭で巫女さんの役をやったこともある。出発点は、気心の知れた地元つながりでの交流であるが、「平和フェスタ」のように「内容には全く興味がない」イベントに参加し、そこで地元外からの転入者とも交友関係が広がっていくこともある。好奇心に任せていろいろと動いているうちに、「以前は何も無いと思っていた」地域社会の問題について考える機会にも出会うこともある。

また、M18さん（三〇代男性、農業）は、ずっと昔からの地元の友人はほとんどおらず、現在の友達はUターンの後、ここ二、三年で知り合った人がほとんどだと言う。出身小学校は過疎化のために既に無くなっており、中学校も同級生が十人程度で、ほとんどが地元に残っていないため、大阪に出ていたときには地元に帰ることもあまりなかった。だから、「帰ってきても同級生もおらんし、同じ世代とのつながりがなかった」が、たまたま弟の世代の同級生グループのコミュニティに混ぜてもらったのがきっかけで交友関係が広がっていったと言う。若者を中心とした自発的な地元つながりは、何をおいてもその目的は交流を楽しむことそれ自体であり、M22さんの言葉を借りれば「お金のかからない遊び」の要素が強い。そのため、そのメンバーシップについての考え方は柔軟である。

このように、**「地元つながり」から「地域つながり」へと発展していく若者の活発な交流が「楽しさ」をベースにして動いているのに対して、既存の地縁組織のつながりは、メンバーシップや役割を重視し、地域の諸問題を処理することが重要な目的となるので、交友関係の「楽しさ」が得られるとは限らない**。

例えば、農山村地域の集落に住むM18さんは、月に五回以上も開かれる町内会などの地域の集まりに「経験を積むため」とか「意見を聞いてもらえるようになるため」という考えから積極的に出ているが、もう少し効率的に運営できないかと考えている。人口が減っているのにもかかわらず、年配の人たちは町内会の組織構造を変えるという発想が無いので、一人にかかる負担がとても大きくなっているという。

この点に関し、**年配層と若者とのニーズの違い**もある。例えば三次市のある農山村地区では、地方創生政策の資金をあてに、住民主導の複合コミュニティ施設の「郷の駅」の建設計画が進んでいる。その構想に関する議論のなかで、徒歩圏内に商店が全くない地域ということで、年配者を中心にトイレットペーパーなどを置いている公設コンビニ的な機能を求めるニーズが最も大きいとわかったが、若者のなかにはコンビニなら車で移動していけばいいので、もっとわくわくするコミュニティ・スペースとしての運営を求める意見もある。その地区に暮らすM1さん（二〇代女性、NPOスタッフ）は、「今おる人たちが生活しやすくっていう感じだけではなくて、その先生きていく人たちの意見を入れなくてはいけない」と思っている。

M12さん（三〇代男性、公務員）も、**若者を中心とした活動に参加するときと、地縁組織の活動に参加するときのモチベーションの違い**について語っている。M12さんは「ここまで元気に育ってこられたのは、地域があって、家族があったからだ、と。その恩返しをしていこう」という思いで公務員になり、自発的に地縁組織のサポートをする仕事にも頑張って取り組んできた。ところが、二〇代の時と違って、最近やる気を失っていると語る。それは、地縁組織の活動に参加するのが楽しくなく、やらされ感が強まってきたからだという。「船頭が多いんですよ。団塊のおじさん世代だと思うんですけど、わしがわしがみたいな人が集まるので。地域の活動しなきゃなって一生懸命されているのは尊敬はするんですけど、それじゃ新しい人入ってこないよっていう雰囲気」なので、「共感できない」。地縁組織には若い人手が不足しているということで、M12さんはイベント準備のために、毎週のように引っ張り出されてきたが、「もうええわっていう感じ」になってきている。地元の仲間内と違って、そうした活動に参加しても「話のできる人がおらず、行っても面白くない」。それに対して、自発的に参加する地元つながりの若者の活動は、好奇心や交流の喜びによって動かされているので意味が違う。M12さんは、「自分が楽しいことをすることが、地域が存続するというかたちに繋がっていくという形が理想的」だが、現状としてそうなっていないと考えている。「自分が楽しめないのに、地域のためとか、家族のためとか、そういうのを無理すると、面倒くさいなって」思う。地域貢献を真面目に考えすぎると気持ちが持続しない。「地域おこしとか言葉的にはきれいだけど、目の下に隈作ってとか、ぼろぼろになってとか、そんなんでやってもしょうがない」と思っている。

実際、少子高齢化が著しい地域において、**地縁組織の活動を維持していく上での「人手不足」**が深刻だ。例えば、M4さん（三〇代女性、訪問介護パート）の場合、中学校のときに自分が巫女さんの役をやったという地元の農山村の祭りはもう無くなってしまった。だが、**地元の地区の祭りが過疎化で寂れると、祝祭を求める若いエネルギーは三次市の中心市街地へと流れる。**M4さんは、毎年、三次市市街地で開催される「きんさい祭」に自主的にチームを結成して参加している。「きんさい祭」に参加するのは、もともとは市中心部在住の者が主だったが、最近では、三分の一ほどはM4さんのような周辺部の農山村地区からの参加となっている。祭りの核となる組織参加のチームは「どんちゃん」という太鼓とバチを持ちながら踊るという特色がある。その一方、自主参加系は、全国に広がる「よさこい」をアレンジした形式で、鳴子を持って踊るという形態である。この組織参加系と自主参加系の多様な踊りが混じり合い、「百花繚乱」の祭りになっている。

「きんさい祭」がこのように活気がある形式の祭りになったのは、もともとの主催者である日本青年会議所（JC）の会員が減少したことがきっかけだった、とM2さん（三〇代男性、政治家）は分析する。運営費も不足するなかで、商工会議所ほか三団体が合同で主催するようになったと同時に、二〇〜三〇代のボランティア・スタッフが運営の中心に入り込むようになった。その結果、既存の組織とは異なる、「地域を盛り上げるイベントを作ろうよっていう若い団体」が増加した。参加団体数は毎年のように増加している。つまり、**地縁組織の「人手不足」は、組織の内部からすれば衰退であるが、創造的な動きを起こしたい若者にとってはチャンスであるということである。**「きんさい祭」でも、JC会員の減少と運営費不足に直面するなか、二〇〜三〇代が中心となるボランティア・スタッフが支えるようになった。強力な既存の地縁組織が弱体化して相対化され、地元つながりを求める若者が参加しやすい状況ができ、そのことによって年配者が中心となった既存の地域活動の硬直性が打破される可能性が広がるからだ。その意義を強調するのがM15さん（三〇代男性、僧侶）である。

M15さんは、商店主ではないのだが、請われて商工会議所の青年部の役員となり、中心市街地の地区の祭りの企画に携わっている。従来、こうした祭りの運営は、今までは観光協会や三次市役所、ライオンズクラブやJCのメンバーなどの地縁組織を中心としていた。ところが、例えばJCのメンバーはかつて五、六〇人がいたところが、今では一〇数名にまで細ってきている。運営スタッフが足らないということもあるし、「組織参加では本音が出ない」ということで、フェイスブックなどで40歳未満の若者に呼びかけ、祭りのためだけの自発的な実行委員会を作るという、全く新しい運営のスタイルをとることにした。自己紹介のときには「肩書を抜き」にすることをルールとし、脱組織参加の性格を鮮明にした。そうしたら、一年目は、「わしゃ聞いていない」とか、「わしに話せんといかんやろ」とか、「ここの団体に通さんといけんかろ」とか、地縁組織に属する年配の人たちから「田舎のクレーム」がいっぱい来た。だが、その一方で、「地域づくりとかいうお題目があると億劫になる」層、すなわち、ずっと地元で人間関係の狭い層が表に出てくるようになった。M15さんは言う。

人見知りで、付き合い下手という人いるじゃないですか。もっと出て来いよって、みんなが愛着持ってそいつをからかったりするんだけど、本人はまだ一歩引いている。でも、そういう同級生が、こういうお祭りの実行委員会ちょっとやってみようかなとふらっとやってきたんです。仕事は板金業です。本人は、仕事以外でいろんな人と知り合って達成感もあったし、忙しかったけど良かったって。僕はそいつの話を聞いて涙出ましたよ。最終的には羽ばたいていますよ。よく飲みに出るようになったし。付き合いもそれだけ広がるというか、いろんな人と知り合えるきっかけにもなるし、本人が羽ばたいている姿をそれこそフェイスブックに上げるようになったんですね。本人は気付いていないかもしれないけど、僕らから見ると、転機だったと思いますよ。

「地元つながり」は必ずしもフラットな関係性ばかりではない。社会人になっても学校時代の「スクールカースト」の権力関係が生き残っている場合も少なくない。「地元つながり」から発展した地域活動というと、ネットワークの広い自営業主や社会的地位を得た者が中心になることが多い。だから、人生がそれほどうまく回っていない者からすると、地域に出て積極的に交流したいという思いにはなかなか至らない。だが、先にも指摘したように、「ずっと地元」層は、人間関係が狭いことに相対的剥奪感があり、世界を広げたいと思いながらも、そのきっかけがないまま籠っている人が少なくない。そういう人たちが「地元つながり」から地域へ開かれていこうとするためには、**「肩書抜きの」立場で、フラットな個人として承認される感覚を得られるような居場所感覚**が必要となる。その意味で、**既存の地縁団体の組織力が弱まっている現状は、さまざまな社会的属性の幅広い層の若者の社会参加を進めるうえで、むしろポジティブな状況**であるともいえる。

（3）「居場所」と地元つながり（府中町）

三次市の場合は、若者の地域活動・社会活動の中心になるのは、約四割を占めるUターン層である。他地域からUターンしてきた若者は、地域に足場を築く過程で、地元つながりをリソースにした地域活動・社会活動に比較的積極的である。Uターン層は、地域外での生活体験があるため、転入者が地元社会と関わるさいのクッションの役割も果たす。ところが、府中町の場合には、こうした動機を持ったUターン層が薄い。そのため、**「地元つながり」のコミュニティの居場所が欲しい「ずっと地元」層と、子育て等のニーズで「地域つながり」を作りたい「転入」層の異なったニーズと結びついた地域活動がそれぞれ存在し、両者を結び付けようとするまちづくりの動きに乏しい**ところがある。「本当はまちづくりの各団体がネットワークをつくってもいいはずなのに。アイデアとか発想のある三〇～四〇代の人は忙しいとか、子育てでとか。危機意識が無いというか、自分のことにならないと動かないですよね」と、F10さん（三〇代女性、NPOスタッフ）は言う。実際、地域活動・社会活動への積極的参加率は、三次市に比べて比較的低い。

「ずっと地元」層のなかでも、広く町外の広島都市圏に友人関係を広げている者については、狭い府中町という枠内での交流や社会活動について関心が薄い。だが、**府中町に足場を置き、「地元つながり」を切実に必要とする人たちにとっては、それが核となった活動・社会活動への潜在的な参加意欲は強い**。例えば、生まれた頃から実家に住み続けているF5さん（三〇代女性、医療事務）は、「府中町が大好き」だと言ってはばからないが、町内に友人との交流の拠点になるような「こじんまりした居場所が無い」と所在の無い思いを語る。そして、町内の祭についても「盛り上がったことは無いんじゃない？」と辛辣だ。「昔の話をきくと、おみこしを担いで闘うという大きなイベントもあったとか聞いたけど、今はただ単に屋台が出て、保育園児たちがちょっと歩いてというぐらいで終わり」。行政や運営側が「面倒くさがって新しいことをやろうとしない」ために、若者を惹きつける要素の少ない祭になっている現実を嘆く。

　積極的なまちづくり活動の機運が無いなか、若者の「地元つながり」を中心にした動きとして、地元の児童センターの学生を中心としたボランティア・サークルの活動がある。第4章でも言及した、Ｆ３さんが就職したＮＰＯと結びついて活動しているサークルである。このサークルは、大学を中退して間もないＦ１さん（二〇代男性、ニート）やＦ２さん（二〇代女性、フリーター）のように、**自立の上で困難を抱えた地元の若者にとっての必要な「居場所」としても機能**してきた。例えば、大学中退で親と関係が悪化して別居に至ったＦ２さんにとって、地域のなかで他に居場所が無いなか、このサークルへの参加は重要な意味があるものだった。地元の友人と交流しながら、イベントの「企画力」を身に付けるなど、「地域」との関わりを通して、自分の成長を実感できる場でもあるからだ。

　また、Ｆ４さん（三〇代男性、製造作業）は、地元の同級生たちと一緒に、月に一度のペースで、防犯ボランティアの見回り活動をしているが、これも「人の役に立つというより、友達と会って話をしたり」するのが目的ということで、「地元つながり」の居場所を必要としている人たちによる社会活動という性格がある。そして、防犯活動をやろうと思ったのは、子どもができて以来、地域コミュニティの安全についての問題意識を持ったからだと、Ｆ４さんはいう。特にきっかけとなったのは、二〇一二年、Ｆ４さんの家の近所である府中町北東部の閑静な住宅地で起きた、転入世帯の母親が小学五年生の娘を虐待死させた事件であった。この事件は、他地域で虐待歴があったにもかかわらず、転入時にその情報が福祉事務所に伝わっていなかったことが問題となった。F4さんは、地元で起きたこの事件に接し、他人のことに無関心な郊外地域ならではの事件だと感じ、「もっと地域の人が関心を持てば防げた」のではないかと思った。「無関心は敵だ」というのは、まさに日本全国に広がった自主防犯活動に影響を与えたことで知られる「ガーディアン・エンジェルズ」が掲げるスローガンだ。F4さんは、こうした問題意識を背景にして、警察からメールで流される「不審者」情報を手がかりに、毎回コースを考えながら防犯パトロール活動を続けている。

この警察から流される「不審者」情報については、賛否両論があり、疑問を呈する人たちもいる。「不審者」に過剰な関心を持つこと自体に、排除のニュアンスを感じ取るからだ。「不審な人には気を付けてって言う割には、地域の子どものことを地域のおじいさんたちは知らないですよ。逆に地域のおじいさんに挨拶されたら挨拶すべきか、逃げんならんかわからないんよね。そこに矛盾を感じる」と、広島市内から転入し、府中町の小学校に子どもを通わせているF16さん（二〇代女性、専業主婦）は言う。そして、「小学校では地域の子供は地域で育てるという考えがあって、地域に関われ、地域活動をしなさいという風潮が強いんだけど、強制的な感じがする」と述べ、密な地域内コミュニケーションを求められることに対しても、違和感を示す。

先に統計調査データでも確認したように、このような違和感の背景には、**地域と適度に関わっていたいが、必要以上の深入りは避けたいという都市的な社会関係の考え方が基本にある。**本調査のデータからは、農村部であっても隣近所と積極的に交流したい人が多数を占めるというわけではないことについては既に確認したが、地元意識が無く、地域で匿名的な存在としていられる転入者にとってはなおさらである。熊本の中山間地の出身のF22さん（二〇代男性、製造作業）は、「田舎は人の距離が短すぎて嫌なんですよね。みんな知っとるじゃないですか、この間あそこにいたねとか。あそこであの人とあの人別れたらしいよとか、そういうのが嫌」で、それと比較して、そういう視線をあまり気にする必要が無い都市的なコミュニティ感覚に居心地の良さを感じている。

（4）転入層が求める地域つながり（府中町）

府中町の地元層は「地元つながり」を核とした「居場所」や「コミュニティ」作りを求める傾向があるのに対して、**転入層は子育てを契機にして、ニーズを共有した者同士の「地域つながり」に興味を持ち始める傾向**がある。この点、地元外出身者でありながら、PTAの役員を経験して「地域つながり」を作ったことによって生活が変わったと語るのが、F26さん（三〇代男性、飲食サービス）の事例である。

F26さんは、広島の大学を中退後に今の飲食サービス店に勤務。結婚を機に府中町に家を借りたが、娘二人がまだ小さいうちに妻と離婚。愛媛県に暮らす親に頼ることもできず、シングルファーザーとして、行政の手当も受けながら生活をしなくてはいけなくなった。飲食サービス業ということで、家に帰るのはいつも夜遅い。子どもを迎えに行く間だけ仕事を抜け出して、ご飯を作るか、出来合いの食事を与えたうえで、小学校一年生の長女に、幼稚園児の次女の世話を頼み、仕事に戻るという毎日。週に一、二回休みが取れるが、ほとんどは平日で、子どもたちと休みが合うのは年に数度しかない。そのように時間的に余裕が全く無い生活の中で、凄くしんどい思いをした。仕事以外の人間関係が全く無い状態で数年が過ぎた。

ところが、長女が小学校四年生になると、自分で基本的な料理ができるなど、手がかからなくなってきて、F26さんは少し気持ちの余裕を取り戻してきた。人間関係を広げたいという渇望感が強くて、PTAの役員の仕事を受けた。行政の教育についての会議に呼ばれるなど、今までの生活では有り得なかった経験をたくさんしたが、中でもPTA関連の同好会で、ビーチボールやバレーボール、綱引きを一緒に楽しむ友達ができ、仕事が終わった夜一一時以降に会って飲みに行くような関係もできたのが嬉しかった。「それまで人付き合いは無かったんで、そういうのが無かったら孤立していた」と振り返る。

このように保育園・幼稚園・学校関係の保護者組織については、地元/地元外出身を問わずに、比較的フラットな関係が作りやすいとされる。だが、そこから発展し、子育ての問題に関する要求を地域の政治の場に持ち込もうとすると、たちまち地元の高齢者が牛耳る権力関係が壁となって表れ、若者そして地元外出身者はハードルの高さを認識することになる。F26さんもそこまで関わる気は無く、町内会への参加については拒み続け、土日の行事に参加ができないという理由で、現在でも町内会費を支払っていない。

転入者中心の主婦の子育てサークルに参加しているF17さん(三〇代女性、専業主婦)は、「地元のお年寄りのメリットが無いと考慮してもらえないところがあって、賃貸で暮らしているような人とかは難しい。若い子育て世代の意見は届かないだろうな」と無力感を語る。自分の住んでいる地区で、子育て中の世帯がいるにもかかわらず、子ども会を解散したことにショックを受けた。高齢化が進む府中町の住宅地では、そのような地区が他にもいくつかある。F17さんは、「おじいちゃんおばあちゃんたちが面倒くさくなった」ためだと考えている。そして、「(町内会の)おじいちゃんたちは、地域の子どもがどこの誰みたいなことには興味が無い」と不満を述べる。「町内会って、古株になると意見言えるようになるからやりたがるけど、地域のつながりに興味あるのとは違って、自分の生きがいのためにやっている感じ」だとし、地域政治や地縁組織に若者が入り込めていない現状を問題にする。

(5) ソーシャル志向とボランティア

インタビュー時期の関係で、「社会貢献」という話題になったときによく語られたのは、二〇一四年八月に広島市安佐北区で起こり、七七名の死者を出した土砂崩れ災害のボランティア参加の件だった。被災地は、調査地である府中町と三次市とを結ぶJR芸備線沿線からも遠くない所であり、どちらの地域からも関心を集めている。

インタビュー対象者の中でも、この被災地にボランティアとして駆け付けた者は四ケースあったが、動機はさまざまである。まず、東京から三次市にIターンしてきたM24さん(三〇代男性、用務員パート/ヨガ講師)は、地域つながりというよりは、東日本大震災を機に広島に移住した人たちからなる広域的な社会活動のネットワークとのつながりがあり、妻の実家も広島市にあるということで、ごく自然に行動を起こしている。また、先述の町内の防犯パトロール活動をしているF4さんも「もともとボランティアとかはやりたいほうで、今回は近かった」ということで、友達を誘い、被災地にいちはやく駆け付けている。

この二人はボランティア慣れしていて、わかりやすいソーシャル系といえるが、これに対して注目したいのは、これまで一切の地域活動・社会活動に関わっておらず、ボランティア初体験だったＦ８さん（二〇代男性、スポーツクラブ嘱託）のケースである。「一人では絶対参加しなかった」と言うが、恩義のある職場の先輩に誘われていって、「とてもいい経験をした」と思っている。ただし、この参加は、「社会貢献的な関心ってわけではないんですね。そこに困っている人がおるけん、行くという感じ」で、あくまで「つながり」から得られる等身大の助け合いの交流そのものに価値があると考えている。その一方、Ｆ８さんは社会問題や政治には全く無関心である。「騒いでも仕方ない。知っとったら言えると思うんですけど、基本的に知らんですし。ニュースでやっていることを見ても、言う立場じゃないじゃないですか。言ったけんいうて、何か変わるわけじぇないし」という。

ボランティアを通した人助けの経験そのものに意味を見出すことは、社会問題や政治についての興味関心とは異なる。**自ら地域活動や社会活動に積極的に取り組むわけではないが、人の役に立つ機会を体験できることを待っているフォローワータイプのソーシャル系**の裾野は広いと見られる。例えば、前述のＦ５さん（三〇代女性、医療事務）はそのタイプである。「自分から活動を起こすことなんてできない。でも、そういう人のサポートのほうならできる。指示してくれたら必ずやる。人間って使える人って、使わないと損じゃないですか。だからその立場で、使ってもらっていいんです。時間があって、できることはやりたい」という考え方である。

8-3　社会感覚についての事例分析

（1）ソーシャル系の社会感覚――「交友型」か「協働型」か

ここまで、「地元つながり」や「地域つながり」を大切にし、地域活動・社会活動に積極的に関わるローカルな「ソーシャル系」の意識を中心に分析してきた。それでは、「ソーシャル系」であることは、社会問題や政治への関心の高さとどのような関係にあるのだろうか。そこで、「ソーシャル系」の条件を「何らかの地域活動・社会活動に積極的参加あり」とし、「社会問題や政治に関心があり、知識を得ようと心がけている」か否かという軸とクロスをさせてみたのが図表8-2である。

これをみて、まず、第Ⅱ象限の部分に注目すれば、「ソーシャル系」だからといって、必ずしも一般に社会問題や政治についての関心が高いわけではないということがわかる。例えば、地域イベントが大好きである、先述のM22さん（二〇代女性、一般事務）のような人が典型であろう。大学は社会科学系の学部だが、社会問題や政治については「全く関心がない」といい切る。だからといって、完全な無関心ではない。「地元」や「地域」つながりのグループに参加し、そこに交友関係の「楽しさ」があることが第一に重要で、「楽しく」参加したことが、結果として地域のためになることだったらたらいい、という考え方である。

一方、「楽しさ」がない、建前だけの地域貢献は持続しない、という思いを述べたM12さん（三〇代男性、公務員）もそうした考え方と近いところにいる。M12さんは、大学生のときは、小林よしの

図表8-2　地域活動・社会活動への積極参加×社会問題・政治に関心

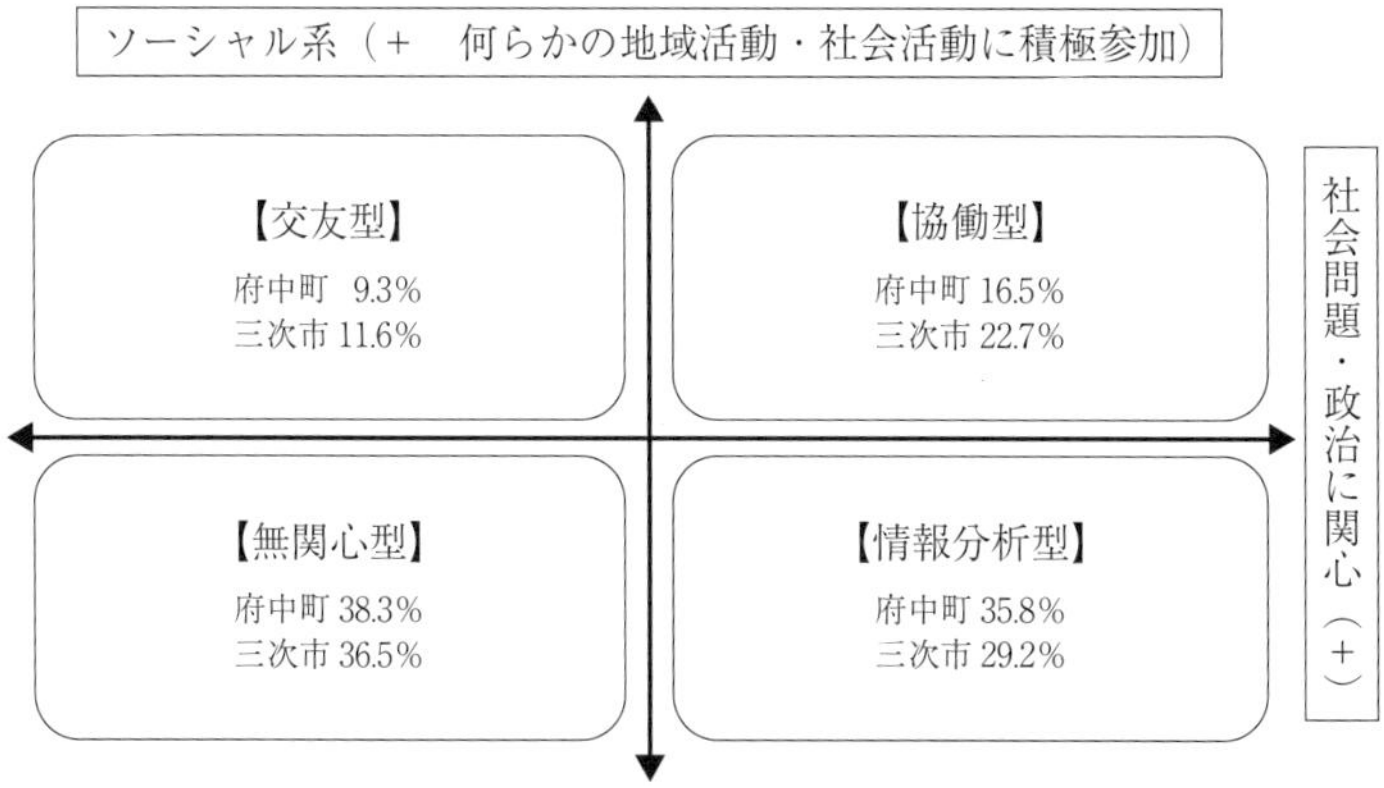

りの政治漫画のファンで、『Sapio』などの雑誌を愛読するなど、政治の刺激的話題は好きだったという。ところが、それから一〇年が経って、靖国参拝がどうのとか、従軍慰安婦がどうのといった空中戦が同じ構図で反復されているのをみて、「年もとったせいか」だんだんとどうでもいいと思うようになった。それよりも「本当はもっとわくわくしたい」という気持ちのほうが強くなり、その手の政治的な本は一切読まなくなったという。このように、社会問題や政治に関する知識を積極的に得ようとはしているわけではないが、社会参加にはアクティブなソーシャル系の人々のことを、ここでは「**交友型**」と呼びたい。

　これに対して、第Ⅰ象限の部分、すなわち積極的に地域活動・社会活動に参加する一方、それに関連する政治的・社会的課題に関心を持ち、その解決のために地縁組織や地域権力にも関わっていきたいと考える者もいる。自分たちの活動の意義を地縁組織や地域権力に相対するかたちで認めるという意味で、これをここでは「**協働（コラボレーション）型**」と捉える[4]。その典型と目されるのが、M16さん

（三〇代男性、ＪＡ営業職）である。Ｍ16さんは常会や消防団、青年団等の地縁組織の活動に進んで参加し、「地元のために役に立ちたい」と思っている。また、仕事上の営業エリアは住んでいる実家の隣の地区で、そこでも祭の運営に積極的に関わっている。地縁組織との関わりにおいては、福岡の中洲まで消防団の団体旅行に出かけるなど、「男の付き合い」が楽しいという側面もあるが、「古くからの伝統を、引き続いてやっていかなければという」地域貢献的なモチベーションも大きいと言う。例えば、実家のある地区では、田植えや稲刈りが終わったあとに、打ち上げ感覚で「頼母子講《たのもし》」という一種の賭け事を行う伝統的習慣があるが、「それがあるからみんなが集まる」というところがあるので、大事に引き継いでいきたいと思っている。このようにＭ16さんの生活は、仕事と地域活動とがかなり重なり合っており、新聞は中国新聞と朝日新聞と農業新聞の三つも購読して読み比べるなど、社会問題や政治についての関心も強い。特に、政府が進めるＴＰＰや農協改革の問題では、仕事への影響が大きいという観点から不信感がとても強い。原発再稼働問題も含め、「国民不在の政治というか、みんなの意見を聞かんで勝手に押し進めている」と、その意見もとても明確である。

ところが、実際に行政や国を動かそうとすることは簡単なことではない。そのため、**国や行政に要望するのではなく、自分たちの実践で解決できるところはしてしまおう、というのもこの「協働型」のソーシャル系の人たちがよく使う論法**である。例えば、Ｆ10さん（三〇代女性、ＮＰＯスタッフ）は、子育ての問題に関わっているが、「社会的弱者の声って、なかなか届かない」と実感している。「そういう人たちの声を届けて、そこをつなげたいなという思い」はあるが、「初めから行政に助成金とか頼んだりすると、自分たちだけで決められない」ことになってしまうのを恐れる。だから、「地域の活動をするなら、なるべく自分たちでイニシアチブが取れる方向」で実践していきたいと思っている。

ただし、そうはいうものの、「協働」という言葉からイメージされるような、行政や国と対峙するだけの力を、ごく一般的な人々のソーシャルな活動の中に作り上げるのは容易ではない。理想と現実の間の壁は大きく、「自分たちでやるしかない」という一見威勢のいい語りの背後には、**政治的無力感**があることも見過ごせない。例えば、M30さん（二〇代男性、農業アルバイト）は、「わしひとりが何かやったって日本全体が変わらんとは思うけど、わしの周りだけでも古い在来の稲の選択肢を広められたらいいじゃろうなと思うし、まあ、そういうことよね」と、その社会感覚を語る。だが、自らの足元の実践に集中することは、とてもポジティブであるようでいて、政治的な絶望感と裏腹の関係にある。「日本政府に働きかけて何で太陽光（発電）とかばんばん作らんのか、日本は火山大国だから地熱だって余計あるじゃろとか……そういう提言をしたってしょうがないかな」とM30さんは皮肉っぽくいう。

ソーシャルな社会活動に関わっている人の中には、**地域の諸問題については強い関心があるが、国政のテーマについては自分の領域ではないとし、そこを分けて考えたいと語る場合がしばしばある。**例えば、三次市内の社会活動に関わっているM29さん（三〇代女性、県職員）の場合、新聞では「地元で活躍している人の話」は好んでよく読むが、他方で「事故とか原発の問題とかは、問題が大き過ぎて気が滅入るので見ないようにしている」という。

（2）「情報分析型」

図表8-2を見てもわかるように、非ソーシャル系は総じて「政治的に無関心」であるかというと、決してそんなことはない。この図表の第Ⅳ象限の部分、すなわち仕事や子育てが多忙で、ソーシャルな活動に積極的に参加していなくても、社会問題や政治に興味があり、知識を得ようとしている「**情報分析型**」の比率は高いということがわかる。

まず、「情報分析型」の典型例として、書店の乏しい三次では図書館が一番の居場所と語るM9さん（三〇代女性、飲食店パート）の事例に注目してみたい。M9さんは、自分が体調を崩したことをきっかけに、マクロビに興味を持って実践しており、「食の安全」の問題に関心がある。その延長線上で、「原発」や「戦争」の問題などについても、「人がどう思っているかに興味がある」という。ただし、「うちの友達だと、戦争の問題で喋れる人は一割以下、マクロビにしても半分以下。何で食べ物に農薬つかかったら駄目なん、安かったらいいじゃんというのも半分はいるので、話ができる人を選ぶ」という。集団的自衛権の国会での可決のニュースをみて、娘が「うちらの世代が引っ張られるじゃん。どうしてくれる、戦争行かなきゃいけないじゃん」と憤慨していた。M9さんも同じく、現在の日本の政治に強い不安感を共有しているが、「議論に参加するほどの知識が無いので」聞き役になることが多いという。その一方で、M9さんの父親の意見は異なる。だが、やはり衝突はしたくないので、それはそれで聞くことにする。「私の中では矛盾しているということですよね。でも、それは人によって考え方が違って当たり前だし、誰からの話を聞いてその意見になっているというわけではなく、自分のなかでおちがついているならいいんじゃないかなあ」と考えている。「（政治的意見が）

極端に右か左かという人は数割だと思うんですよ。自分の都合のいい部分をミックスしていると、対極的になるのは仕方がないというか。どちらか一つを選んでうまくいくわけはないので、両方一理ある」というスタンスで、異なる意見を攻撃するのではなく、知ろうとする姿勢を大事にしたいと思っている。そして、「(講演会とかでも) 前に座っているからといって興味あるわけではないんですよね。一番後ろにすわっているからといっても興味持っている子は興味持っていて、聞いていないようにみえて聞いているんです」と、**サイレント・マジョリティに注目することの重要性**について語る。

ただし、積極的に知識を得ているといっても、その情報源が限られてしまう者も少なくない。F26さん (三〇代男性、飲食サービス) は、テレビも見ている時間がなく「食事中に携帯でニュースをみるくらい」。だが、「マスコミも偏った報道をするらしいんで、そのへんでちゃんとした教養を得ることが必要」だ、とそのことを意に介さない。昨日は、「たまたま天皇制について携帯で見よったんですけど、けっこう天皇というのは世界的に高い地位というのを皆さん知らないんですね。大統領とか首相とかのなかで天皇っていうのは一番らしいんですよ。そういう意味でも、日本という国は素晴らしい国なんだな」と考えていたという。仕事しながら隙間の時間にスマホをみる。その画面は、ぎりぎりの生活の中で知的欲求を満たしてくれる、唯一の小さな窓ということになる。

(3) 「無関心型」

それでは、次に、社会問題・政治について知識を得ようと心掛けることもせず、地域活動・社会活動にも積極的参加をしないと言う「無関心型」に注目してみたい。図表8-2の第Ⅲ象限の部分である。

政治的無関心というのは古いテーマであるが、例えば、F25さん（三〇代男性、ギフト店営業）に「無関心」の理由を尋ねると、さまざまな時代的な要素も浮かび上がる。F25さんは「（政治や社会に）不満持っても仕方無いということですが、興味が無いわけではなくて、ある程度自分の意見を持った上でのしょうがない、ですね」という。第一に、**社会経済が停滞する状況を変えることは容易ではなく、だからこそ、そこから抜け駆けするには自己責任的な矜持が必要になるという見解**である。「日本に明るい未来は無いかもしれないけど、待っていても未来なんて来ないだろうと思います。自分が求めているのは世界の幸福よりも自分の幸福ですから、正直にいって、自分の力で何とかなるだろうと」思う。「よく景気対策っていいますけど、我が家の景気対策は自分で頑張れって話じゃないですか」と、政府にできることは限られるという考え方だ。第二に、**現在の政治システムに対する基本的な信頼**がある。(5)「政治家が馬鹿な事をって、おばあちゃんとかいいますけど、いやいや基本的なその人たちのスペックは絶対僕より上ですからって。その人たちが最適解として出した結論ですから、一市民の不満よりは正解に近いんだろうと思って」受け入れている。そして、第三に、**ローカル経済に生きる自分の仕事には「政府の景気対策の影響はあまり関係ない」**という思いである。営業活動をいくら頑張っても、「パイは限られていて、そこに使うお金もほぼ確定している」。会社の状況を良くするためにできることは「よそに行かずにいかに取り込めるかという努力しかない」。そこには、市場の拡大に必要なのは経営努力であって、報われない思いがあったとしても、それを政府にぶつけるようなことはしたくないという矜持がある。本書でたびたび言及した、グローバル化政策に影響を受けない「L型経済」の生産性を上げることこそが大切だとした冨山和彦の議論を思い出させるような発言である。

「無関心型」は、社会貢献活動への関わりについてもネガティブである。この件について、先述のF25さんは「まず自分ですねえ。地域よりは我が家、我が家よりは自分ですね。かなりうがったところかもしれませんけど、自分が楽しんでいないと、周りの人を幸せにできない」と言う。だが、**地方の生活や仕事においては、否応なく職場の地域貢献や社会貢献のための活動に巻き込まれることも多い。そうした中で「無関心型」である場合、葛藤を抱えながら社会参加することにもなる。**特に愛着の無い地元外に住む場合はそうである。例えば、M8さん（三〇代女性、中学教師）は、地域に関わる教育に携わりながら、自身は地域社会と距離を置いた生活をしているという葛藤を抱える。三次市内の人間関係は、「同じマンションの人とあいさつする程度で、都会と全く同じ」感じ。社会的な事柄についての関心を尋ねるとこういう。「全く！　関心無いんですよ。よく言われますよ、教員は学校現場のことだけうだうだ言っていて、社会の苦しさとか困っとることとか、全然常識がないとか。まさにその通りって思います。」「原発とかいろんな問題のニュースがありますけど、そうなんじゃなと思いますけど、それを何とかしなくてはいけないいんじゃないかと考えたりとか、そういうのは全然無いですね。」

だが、M8さんは自身の無関心を強調しつつも、本人の悩みでもある、学校現場でのいじめや学力低下、教員の多忙化など、教育問題について個人の仕事に関わるテーマについては、新聞のチェックをし、コピーを取るなどといった几帳面な情報収集をしている。強い主張は無いが、それなりにそれに関する社会経験があればこその意見を明確に持っている。M27さん（三〇代女性、写真店パート）のケースもこれに近い。「日々時間をいかに有効に使うかというが自分のテーマで、人のこととか社会のこととかまで頭が回らないというか。子育てとか介護、医療の問題だったらおっと思ってみるんですけど、それ以外の話はニュースとか見てても、全くもって、右から左へと流す感じ」だと語る。

（4）日本の社会秩序への信頼とそのゆらぎ

統計分析でもみたように、「日本の将来には明るい希望があると思う」人は二割程度ととても少ない。M25さん（二〇代男性、製造作業）の言うように、「（アベノミクスで）いま良くなる良くなるっていってるけど、どうせ大企業だけでしょって。中小はそんな関係ないよって。興味無いっちゃ興味無いですね」と現状を冷ややかに見ている人たちが大半である。その一方、それにもかかわらず、日本の社会秩序については基本的に信頼している全体傾向が強い。つまり、日本は「安全で安心して暮らせる国」だとか、「こつこつと努力すれば成功するチャンスのある国」だといった考え方に賛同するようなパターンである。インタビューにおいて、このギャップはどのように結びつけて語られているのだろうか。

「日本は現状維持ですかね。僕は生まれてからずっと**不況世代**なんで、わかんないです。悪いと言われているのが常なので、こんなものかなと。こつこつ努力すれば成功するチャンスはあると思います。でも、僕は努力はあんまりできんかなと思いますけど」と、F22さん（二〇代男性、製造作業）はいう。上の世代は、「日本が衰退している」と不安を煽り、努力しても報われない社会になってきたと警鐘を鳴らす。だが、F22さんは、それほどに日本が悲観的な状況に変化した実感が無いので、そのようなことを言われてもピンと来ない。

日本の社会秩序が揺らいでいると言われて久しいが、海外に比べるとそれほど酷いわけではないという言い方で、日本の優位性を語る者は多い。M21さん（二〇代男性、鍼灸院経営）もまた、ニューヨークに旅行した体験をもとに「日本で生活していて困ることがない」と感じたという。もちろん、いろんな問題はある。例えば、地方でも深刻になっている「ブラック企業」の問題があるが、M21さんはこうした企業は社会的に淘汰されていくだろうと楽観的だ。「前だったらお金出せば、給料高ければ働いてくれるだろうという考え方だったと思うんですけど、今はみんな雇用がちゃんとしていないと働かないです。それが今のニーズなんです。ブラックな企業はダメになって、優良な企業だけが残る日本になろうとしているから、不安ではない」という。

日本の社会的秩序について信頼感を示す人が過半数を占めるなかで、統計調査と同様に賛否が割れたのが「日本は差別がなく、弱い立場とされる人々がむしろ手厚く保護されている国である」と思うかどうかに関する議論である。

この点について「賛成」の立場であるのがF28さん（二〇代男性、事務総合職）である。「僕の感じるなかでは、差別は特にないんじゃないかなあと思ってます。何だかんだいって、収入が少ない人は何かしらの手当てがあって、けっこう手厚いんじゃないかなあと思います。海外だと医療に凄いお金がかかるんですけど、日本は何だかんだ言って三分の一しかかからなかったり、ちゃんとしているんで」とF28さんは言う。そして、「（日本は）殺人事件とかも少ないし、生活するうえで安全とかいう視点では全然住みやすいと思います。ただ、それが揺らいでいるのかなと思いますけど、海外と比べるとしっかりしている」と、日本の社会秩序への一般的信頼の高さについては一貫した立場である。

そんなF28さんだが、地域の外国人が増加する件は気になっていて、「日本人が多いほうがいいです」と受け入れ拡大には反対の立場を示す。自身、「海外に行くと日本の良さを再認識する」ことが多く、犯罪が少ないのが日本の良い点だと思っており、外国人が増加することで治安が悪化することを心配しているからだ。「(隣町の）海田町のほうとかブラジルの方とか多いようで、（府中町が地元の）奥さんの話を聞くと、盗みとか治安の悪い話をよく聞くんで、怖いなあ」と語る。だが、地域の外国人は見かけることがあっても、知り合いの関係には誰もいない。F28さんの地域の外国人に対する良くないイメージは、経験に基づかない漠然としたものである。

一方、日本の社会秩序に対する信頼感が薄く、そんな中で「手厚く保護されている」人たちに対して矛先を向けるタイプの議論がある。例えば、F15さん(三〇代女性、一般事務嘱託)は、「やっぱりお金持ちを優先する国なんだと思います。私たちみたいな中流家庭は、あくせく働いてもたかが知れた生活なんだろうな」と日本の社会秩序や政治への不信を語り、その文脈で「生活保護の不正受給者」を批判する。「ニュースを観るかぎり、もらったお金をパチンコで使うとか、それは間違っとるんじゃないかなって。一生懸命働いている人より、受給している人のほうが多かったりするのはうーんという感じがします。無駄に貰っている人は無くなってほしい」と思っている。そして、同様の理由で、「公務員」についてもネガティブな評価をする。

F28さんは**日本の社会的秩序への信頼が強く、それゆえに地域における「在日外国人」増加による**

混乱を恐れる感覚がある。一方、F15さんによる**「生活保護の不正受給者」批判は、日本の社会秩序への信頼が揺らぎ、報われない思いを抱えている中間層の相対的剥奪感の現れとして位置づけられる**という点で異なる。ただし、共通する点もある。地域のマイノリティ当事者に強い関心が向かいつつも、具体的な交友関係がなく、相手の立場を想像するうえで必要となる知識も欠いた状態で、嫌悪感が語られている点である。個人の幸福と社会の幸福とがずれてしまう「幸福のジレンマ」問題をクリアするためには、こうした**地域のマイノリティとの具体的なつながりに目を向け、その暮らしについての想像力を回復することができるかどうか**が試金石となると考えられる。

8-4　小括――「幸福のジレンマ（個人の幸福と社会の幸福とのずれ）」を見つめる

地方暮らしの特徴としては、良くも悪くも地域活動・社会活動に関わる機会が多いということがある。従来、地方暮らしの社会関係といえば、「しがらみ」や「しきたり」という言葉に代表されるように、ネガティブに描かれることがよくあった。だが、近年、風向きは大きく変わった。既存の組織にこだわらない、自発的な「地元つながり」や「地域つながり」を資源として、地域活動・社会活動に積極的に参加する人たちは「ソーシャル系」とも呼ばれ、既存の組織にこだわらずに豊かな社会関係を求める新しい生き方として、ポジティブに注目されるようになった。そして、その一方、「ソーシャル志向」は、地方に定住し、山積する地域課題に対応し、社会貢献が可能な人材が増えるという意味で、コミュニティ・レベルにおいても期待を集める社会現象となった。

だが、ソーシャルな活動に関わる個人のモチベーションは、必ずしも社会貢献と結びつくものではない。個人の幸福と社会の幸福がずれているのに、これを無理に一致させることはできない。M12さん（三〇代男性、公務員）は、この点について再考を促している。

社会に役立つとは何ですかっていうことを話し合っていきたいです。表題だけが独り歩きしていって、わからないことばっかりなんです。地域おこし、安全安心、社会福祉、ほんとね、呪文のようにしか聞こえないんです。そういうのを言ってりゃいいやってなっているじゃないですか。そこがスカスカな感じがして。地域の発展のために頑張ろうとか、意味もわからずにやっているって。平和も一緒です。平和平和言っとけばいいって思ってるだろうって。平和ってどういうことなのかということを考えていきたいということですかね。

ここで示された個人の幸福と社会の幸福との間にある「幸福のジレンマ」の問題を念頭に置きながら、本章では、地方暮らしの若者の地域活動・社会活動への「参加」のあり方と、社会問題・政治への「関心」のあり方のバリエーションを分析してきた。

まず、ソーシャルな活動への「参加」については、図表8-1に示したようなバリエーションを分析した。その結果、交友関係についての考え方は、地方中枢拠点都市圏（府中町）と条件不利地域圏（三次市）の間は異なっているが、それは地方中枢拠点都市圏では「ずっと地元層」が最大多数を占め、条件不利地域圏では「Uターン層」が多いという居住歴の構成の違いと結びついているということが示唆された。

「地元層」は「地元つながり」がある分、「転入層」よりも居住地域内の交友関係については満足度が高い。だが、「地元外での生活体験」がない「ずっと地元」層はその世界の狭さゆえに、自己評価がネガティブな傾向がある。その一方、「転入層」は地域外にも人間関係が広がっているので、そのモビリティの高さで補うことによって、交友関係総体として満足度が低いわけではないことがわかった。また、「転入層」は子育てを機に、居住歴を問わない「地域つながり」を志向する傾向が強い。そして、「地元つながり」と「地域つながり」のハブの位置にいる「Uターン層」は、ソーシャル志向が最も強いといえる。

そして、図表8-2では、ソーシャル志向の強さと社会問題・政治への関心の強さが、相関をしつつも、必ずしも直結しないという側面に光を当てた。

ソーシャル系は、社会課題についての強い意識がなく、「交流」そのものを楽しむことを優先しているタイプと、地縁組織や行政と「協働」しつつ、社会課題に向き合っているタイプとに分けてみることができる。また、ボランティア参加のモチベーションについて、「人助け」から得られる直接的なやりがい志向と、「社会貢献」志向との間の差異について注意を促した。次に、非ソーシャル系では、「社会の幸福よりも個人の幸福」を優先し、社会課題について「無関心」なタイプと、多忙な生活でソーシャルな活動との関わりは薄いが、社会課題についての関心が強く、日々「情報分析」をしているタイプとに分けてみることができる。

このような分節化をすると、確かに地方では、フォロワー層も含めればソーシャル系の裾野は広いと考えられ、特に農山村地域では地域活動・社会活動への参加意欲が高い。だが、地域に住む人々との社会関係については適度な距離を置きたいという都市社会的な考え方がベースにあり、その点では地方中枢拠点都市圏と条件不利地域圏との間でも違いが無いということも示唆された。

また、社会感覚についていうと、日本の社会経済的な状況には悲観的な見方が主流で、政治に対する信頼も低いが、日本の社会秩序に対する信頼については決して低くなく、その間に大きなギャップがあることがわかった。そして、日本の社会秩序への信頼が高いほど、「差別やマイノリティ問題は無い」という社会認識を持つ全体傾向がある一方、その信頼自体は揺らいでいると考えられ、例えば「生活保護不正受給者」への批判というかたちで、自身の相対的剥奪感を表現するケースも見られた。

地方暮らしの若者の中には、ソーシャル志向の強い人たちも多いが、個人の幸福追求の上での課題と、さまざまな社会問題の解決という課題は同じではない。両者をつないでいくためにはさまざまなチャンネルがあり、ソーシャル志向の裾野を広げるとともに、日常の中にある不可視化された社会問題について、対話の機会を大切にしていく必要があるだろう。

注

(1)「生活満足度」は、「地元」が府中町六四・三%、三次市六四・九%に対して、「非地元」が府中町七一・三%、三次市七六・四%と高い。「幸福度」も「地元」七六・九%、三次市七七・五%に対して、「非地元」のほうが府中町八四・〇%、三次市八六・〇%と有意に高い。

(2)三次市の中心市街地と農山村部を比較すると、地域交流に関わる三項目のうち、農山村部が有意に高いのは「地域活動の参加意欲」である(五〇・六%)。他項目については、府中町と比較しても有意差が無い。

（3）「職場参加の地域活動・社会活動への積極的あるいは一般的参加あり」で府中町四九・二%、三次市五一・三%、「現在の生活水準は一般的な家庭と比べて高いほうだと思う」人は府中町五二・三%、三次市四七・一%と、いずれも「日本は、差別があまりなく、弱い立場とされる人たちがむしろ手厚く保護されている国だと思う」人の全体平均値を有意に上回っている。

（4）コミュニティデザイナーの山崎亮は、ソーシャルな活動への「参加の発展段階説」として、①反発、②批評、③抵抗、④実行の後に続く、最も成熟した段階として、「協働」を位置づけている。そこでは、「協働」は「異なる領域の知恵を結集し、課題を解決する方法」と定義される（山崎 2016）。

（5）F25さんは、政府を信頼する側にいる「無関心」派と言えるが、統計調査では「政府を信頼している」のは府中町一九・一%、三次市一七・六%にとどまる。逆に、政府に対する不信感を「無関心」の理由として挙げる事例も少なくない。

終章　地方暮らしの幸福の成立条件

『ソトコト』というライフスタイル雑誌がある。その編集長である指出一正は、「地方で幸せを見つける若者たち」に注目し、そこにポスト成長時代の社会経済に合わせた価値観の転換を見る（指出 2016）。本書で「地方暮らしの幸福論」と呼んできた議論の典型がそこにある。若者は、経済的成功やキャリアの達成を求めて無理をするのではなく、直接的に幸福感を得られるような手ごたえを求めるようになってきており、そのような成熟した生き方を実現する環境は地方のほうが豊かにあるというのが、この種の議論のポイントである。なぜなら、地方においては、地元の親しい家族や友人との「つながり」、あるいは、暮らしを成り立たせる場としての地域の「つながり」を実感できる機会が多いからだ。

現実の地方暮らしの若者のあいだに見られる大都市回避志向・地元志向・地域志向の高まりは、こうした価値観の転換としてポジティブに解釈するだけで良いのだろうか。それは果たして、個々人の人生の選択肢を広げるうえで意味のあることなのだろうか。本書は、実際に地方に暮らしている若者(二〇～三〇代)の実態と意識の暮らしの諸側面を捉える総合的な社会調査をし、そのデータに基づいて、この問いに答えを出そうとしてきた。

ここでは、本書を閉じるにあたり、結論として強調したいポイントを以下の三点にまとめ(終-1)、さらなる発展的課題を提示したい(終-2)。

終-1　本書の結論

(1) 理想と現実の乖離――核心としての「働き方」の問題

第一のポイントは、「大都市」を回避し、「地方都市」あるいは「田舎」の暮らしをポジティブに受け止めているという点では、地方暮らしの若者の多くは「幸福」であると言えるが、社会的属性による違いが大きく、大都市よりも幸福であるとか不幸であるかといった一般的な言い方は適切ではないということである。将来展望については、大都市と変わらずネガティブな傾向が色濃く、現状において「地方暮らしの幸福論」の理想との乖離は大きい。

特に、仕事や働き方に関する課題は重い。いわゆる「地方安定就職」が縮小するなかで、多くの人々は社会経済的に右肩上がりの展望を持つことは難しいことを受け入れ、高望みはしていない。だが、現状維持をするだけでも莫大なエネルギーを要し、精神的余裕を失くしてぎりぎりの状態になっている者が少なくない。経営の先行きに厳しさが増す中、企業は労働規律を強化し、日本的な勤勉を内面化した若者がそれに応じていく。こうした点は、日本的企業社会の共通する問題として議論できる部分も多いと考えられるが、人手不足が顕著であり、それを補うべくモチベーションの低い長時間労働に巻き込まれているような状況については、地方の中小企業に特徴的な傾向とも考えられる。特に子持ちの長時間労働者（主に男性）の相対的剥奪感は大きく、「地方暮らしの幸福論」の理想からは遠いところにいる。その対極には、「地方暮らしの幸福論」で描かれるように、減収などのリスクテイクにもかかわらず、NPO就職や起業などの「新しい働き方」に興味を示す者もいる。だが、こうした働き方を志す若者の裾野を広げていくために必要となる経済的な基盤は、いまだ十分とは言い難い。

また、「地方の仕事」の幸福モデルは、地元つながりや家業の存在を前提に語られることが多い。女性の仕事と子育ての両立という点で、三次市の満足度は比較的高いのであるが、その一方で「親から自立できていない」と回答する者が多く、実家資源への依存を前提とした家族主義的幸福モデルとの関わりが大きいと見られる。実家資源の活用自体はもちろん悪いことではない。だが、例えば「三世代同居」促進のような家族主義的な政策は、このモデルを利用できない層との格差を助長してしまうという点で問題を含んでいるし、親と同居している者の各種満足度は高くない。しばしば、都会でのキャリアの行き詰まりから、Uターン転職に脱出口を見出し、満足できる結果を得たというモデル・ストーリーが語られることもよくあるが、それもしばしば「地元」の関係資源に頼ることが前提になっていると見られる。

働き方の問題は、地方暮らしの幸福を存立させるうえで、最も核心的な条件である。その改革にあたっては、限定されたローカル市場のなかで、生産性の向上によって成長を目指す、経営者目線の論理に回収させるのではなく、低成長経済でも事足れりとする「成熟した」ライフスタイルに過剰に期待するのでもなく、若者の働くモチベーションの多様なあり方を考慮し、そのライフキャリアの選択肢を増やし、精神的なゆとりをもって働けるような環境を作っていくことが大切である。

（2）地方中枢拠点都市圏と条件不利地域圏の関係

第二の知見は、「地方創生」政策が目を向けがちな三大都市圏と地方圏との間の違いよりも、地方圏内部の差異、すなわち「地方中枢拠点都市圏」（例えば府中町）と「条件不利地域圏」（例えば三次市）の対比と関係に焦点を当てることの意義である。

地方中枢拠点都市圏と条件不利地域圏の生活感覚は異なり、収入や学歴などの地域間格差もはっきりしている。何より、地域の現状評価について言うと、「地方中枢拠点都市圏」はきわめて高いのに対して、「条件不利地域圏」は低く、総合評価では約三〇ポイントの差がついている。これは、消費環境と交通アクセスの便利さの格差から説明ができる部分が大きい。ところが、地域満足度以外の格差、すなわち生活満足度や人生満足度、幸福度等については、「地方中枢拠点都市圏」と「条件不利地域圏」との間に有意差は無い。つまり、居住地域の満足度それ自体は、生活や人生の評価には影響しないということである。

本書では、地域移動／地元定住を促す力を「地元から押し出す力」「地元のひきつける力」「地域のひきつける力」という三つに分けて考察したが、結論としては、条件不利地域圏における若者の幸福な生活は十分に成立可能であり、田舎暮らしの魅力を支持する層も一定程度存在するため、全体傾向としての地域満足度の低さをそれほどに問題視する必要は無いと考える。これに関して、本書では、地域満足度格差よりも、それを乗り越える鍵となるモビリティの格差が重要であることを指摘した。モビリティ格差とは、地域外に社会関係が広がっている者とそうでない者との格差である。それは経済格差と言うよりも、その働き方や居住歴と関連する社会関係の広がりによって規定される。若者の生活は必ずしも居住地域にとどまるものではないし、居住地以外に出ていく機会があまり無いとしても、その分は地域の趣味サークルや社会活動に出会いを求めることによって埋め合わせているからである。

このことは、人口減少問題に関わる地域移動政策へのインプリケーションにもなる。現状としては、遠く離れた首都圏から条件不利地域への若者の地域移動を促すことが政策的なトレンドとなっている。これに対応し、地方中枢拠点都市圏は都市再開発によるコンパクト化やモールシティ化によって求心力を高めようとし、これに危機感を持った条件不利地域圏の自治体は「地域への愛着」を高めるべく腐心する傾向がある。だが、極端な言い方をすれば、若者個人の人生の選択肢を増やすという点で言うと、こうした自治体間のパイの奪い合いに関わる事情は、一義的には重要ではない。本質的なことは、県や市町村レベルの行政区分で考えるのではなく、個人の生活圏・雇用圏の広がりをベースに考え地域にこだわらず、個々の人生において有意義で豊かな社会関係（つながり）を築き、人生の選択肢を広げる環境づくりを支援することである。そして、そうしたつながりが生まれる「居場所」が居住地域にあることを多くの人たちが望んでいるが、もしそれが難しいならば、日帰り圏内の広域的なエリアであってもいいし、場合によってはネット上であってもいいのである。

(3) 社会と関わる多様なモチベーション

第三に、地方暮らしの若者が社会に開かれていく契機として、その「地元愛」や「地域貢献志向」に過剰な意味を負わせないということである。個人の幸福と社会の幸福とのずれ、すなわち「幸福のジレンマ」を解決する上で大事なことは、他者に対する想像力である。地方暮らしの幸福論においては、「つながり」を重視する価値観、あるいは地域活動・社会活動に積極的な「ソーシャル志向」の強い若者に注目が集まっているが、それは必ずしも社会貢献志向を意味するわけではない。本書では、居住歴の違いを始めとする社会的属性の違いによって、そのつながりを求めるモチベーションは異なっていることに注意を促した。

例えば、「地元層」は居住関係の人間関係については満たされており、女性の就業と子育ての両立という点でも「転入層」よりも優位である。だが、その一方で、地元外の生活経験が無い「ずっと地元層」について言うと、居住地域以外に世界が広がっておらず、そのためにネガティブな自己評価をしている者の比率が高いことに注目した。こうしたことからも、個々人の生活や人生の選択肢を広げるためには、地元・地域を超えた多様な他者との豊かな関係性に開かれることが大切であると言える。若者がグローバル化からの退避戦略として大都市を回避し、地元や地域に頼るしかないという状況ではなく、どこでも「住めば都」となるように、地域や社会に開かれる個人的なモチベーションの多様性を認めていく必要がある。

終-2 残された課題

(1) トランスローカルな比較へ

本書が光を当てたのは、二〇一〇年代における、日本の地方暮らしの若者の実態と意識についてである。若者が大都市で生活することに限界を感じ、地方暮らしをポジティブに位置づけるという現象は、大都市暮らしの若者、あるいは他国の若者との比較において読み解くと、どのような意味を持つのだろうか。

大都市暮らしの若者については、都心部と郊外とのコントラストが強まっていると見られ、郊外の抱える問題は地方中枢拠点都市圏と似通ってきていると見られる。首都圏郊外は二極分化し、東京の多摩地区等の「閑静な郊外住宅地」の人口は高齢化し、若者の地元率は上昇している一方で、さいたま市等の郊外のモールシティが人気だ。これは、府中町の若者の地域満足度で、イオンモール周辺と丘陵部の団地との間で格差が大きいのと同じ構図だ。こうした点について検証が必要である。

グローバルな文脈で類似する現象について言えば、二〇一〇年、中国で「逃離北上広（北京、上海、広州から逃げろ）」という言い方が流行したことが挙げられる。競争圧力が増し、物価も高くなったグローバル都市の生活やキャリアの限界を指摘し、地方の中心都市のほうにむしろ経済的なチャンスがあるという議論である。

このように若者の地方分散をポジティブに捉える位置づけ方がある一方、「グローバル都市・対・

地方」の枠組みで、地方に取り残された人たちのネガティブな反応に着目する議論もある。例えば、二〇一六年のアメリカ大統領選挙の結果に関して、産業が衰退した地方においてトランプ氏への支持が高かった現象は「レフトビハインド革命」と呼ばれているが、こうした分断はグローバルに広がる可能性を含んでいるのだろうか。

そして、こうした比較の文脈において、日本における「地方」はどのように位置づけられるのだろうか。例えば、個人の地方暮らしについてのポジティブな評価と、人口減少に伴う社会課題への関心というネガティブな状況とが結びつけて語られるのは、国際的にも稀有な状況と言えるだろう。ただし、この点を詳細に論じるには本書の紙数は尽きている。今後の課題の一つとして、国境を越えたトランスローカルな比較調査によって、「地方暮らし」志向をグローバル化の進む世界におけるサバイバル戦略として、そのバリエーションを読み解いていく道筋が考えられる。

(2) 地域の不可視化された問題へ

本書は、若者研究のなかであまり取り上げられることがなかった、地方暮らしの若者たちのマジョリティの典型的な姿に焦点を当てた。数少ない先行研究のなかでは、地方の若者は大都市の若者と比較して「遠慮がちな群れたがり派」であると評されるなど、サイレント・マジョリティとしての全体傾向の強さによって特徴づけられているが、本書はデプス・インタビューを通して、その「個」としての生活や社会に対する具体的な考え方を引き出すことに努めた（辻 2016）。身近な生活に関する話題から始め、その人の問題関心を掘り下げるような対話をしていった結果、最終的には「無関心」と言っていた人も含め、全員が沈黙することはなく、何らかの社会的なトピックについて、自らの考え方をそれぞれのやり方で語った。

私たちの日常生活のコミュニケーションは、「儀礼的無関心」の重なり合う秩序であって、社会を構成する他者についての話題は避ける傾向がある。特に地域という場は、対面的な関係性を中心に成り立つ場であり、「貧困」や「マイノリティ」問題などの敏感な話題を扱いにくい。それゆえに、こうした不可視化されやすいこの種のテーマに関して、対話を通して探り出すべき課題はまだまだ多い（川端 2013）。本書では、生活保護受給者や、外国人に対するマジョリティの視線の問題について言及したが、自立するうえで様々な困難を抱えた若者の貧困問題やマイノリティ当事者の抱える問題の構図については十分には扱いきれていない。これは別に稿を改めて論じる必要性のあるテーマである。

あとがき

松本清張の小説『けものみち』の主人公・民子は、富山県の出身。貧困家庭の生まれで、人生を変えようとして東京に出たが、壮絶な人生の末に、故郷に逃げてくる。そして東京との間に立ちはだかる屏風のような立山連峰を眺める。

筆者もまた富山県の郊外住宅地の出身。国立大学の附属中学に進学した頃から、あの立山連峰をこえて東京に出ることは当然のことだと思っていた。富山の文化は好きだが、地元に自分のやりたい仕事はないから出るのは仕方のないことだと思っていた。今時の地方暮らしの若者たちとは違い、当時の自分には都会で暮らすイメージしかなかった。最近になって、同郷でやはり地方暮らしの若者を主題にしている山内マリコの小説などを読みながら、疎遠になった地元の同級生たちが向き合ってきたであろう社会の現実について仮想している。

東京の都心での一人暮らし。常連だった中華料理店の中国人家族との交流から、在日中国人コミュニティと関わりはじめ、東京大学文学部社会学科の上野千鶴子ゼミに所属して以来、ナショナリズムやレイシズムの問題を現場のインタビュー調査を通して明らかにすることを目指していた（吉野耕作先生や姜尚中先生のゼミにも参加し、ひとかたならぬお世話になった）。マイケル・ビリッグの「平凡なナショナリズム」概念に注目し、ローカルな生活の論理から人々の社会感覚を捉えようとするスタンスは、現在も一貫している。

ところが、二〇〇四年、吉備国際大学に赴任し、岡山県倉敷市に引っ越し、生活環境が激変した。地方出身なのに、地方で暮らすイメージが無かったために、カルチャー・ショックを受けた。そして、従来の国際社会学的な調査を続けるのが難しくなるとともに、「中国」から「中国地方」へと関心領域を変化させていった。当初は、今と違って家族もいない単身暮らしで、車も無く、仕事が終わった夜遅くに自転車で郊外のイオンモールに行き、籠一杯に生活用品を買って帰るという毎日だった。夜の郊外の幹線道路は、光と闇のコントラストが激しい。視界を奪われ、路側にある用水路に落下し、膝に血がたまって歩けなくなった。救急車で病院に搬送された。就職二年目であったが、先が思いやられた。

そして、その用水路に落下した現場に居合わせたのが、社会学者の川端浩平さんだった。川端さんとは二〇〇二年にオーストラリアでの研究発表のさいに意気投合した仲であったが、偶然に川端さんの地元の岡山で就職することになったのが運命だったか、筆者が地方暮らしの問題についての研究をするきっかけを与えてくれた。本書にも、川端さんとの長年の対話の成果が盛り込まれている。

職場は、倉敷市中心部から約一時間のところにある岡山県北の高梁市内にある。増田レポートの

「消滅可能性都市」リストに堂々と入っている田舎であり、研究室の窓越しに見える山の斜面に野猿が現れることもよくある。これに対して、住んでいる倉敷市の駅前は典型的なモールシティ。「条件不利地域圏」と「地方中枢拠点都市圏」を往復する毎日のなかで、地方に暮らす感覚が身につき、両者を対比する問題意識が生まれた。

吉備国際大学では、二〇〇五年より「社会調査実習」を担当し、「地方暮らしの若者」を対象にした社会調査に着手した。それから十年以上、学生たちとともに毎年数十人の若者を対象としたデプス・インタビューを実施してきた。「若者、ただし学生を除く」という原則で、岡山県内のあらゆるタイプ、あらゆる職業の若者が調査対象となってきた。本書が依拠する広島二〇~三〇代調査の調査項目は、この社会調査実習のノウハウがベースとなってできている。そして、この要求がハードな実習に参加してくれた過去の百数十名の学生たちとの交流の成果も大きい。改めて感謝申し上げたい。

二〇一一年、この「社会調査実習」に通年でゲスト参加したのが、筆者の大学院ゼミの後輩である、社会学者の阿部真大さんだった。阿部さんは、その卓抜なセンスで、筆者が取り組んでいた調査のエッセンスを切り取り、それを『地方にこもる若者たち』という新書本にまとめた。阿部さんの本の出版の宣伝効果は大きく、数年間地方にこもっていた筆者が各方面に引っ張り出されることになった。これを筆者はアベノミクスと呼んでいる。

阿部さんの出版の効果で、筆者を「発見」してくださったのが、公益財団法人マツダ財団の事務局長の魚谷滋己さんだった。魚谷さんからは、新たな若者支援事業の立ち上げに関わる相談を受け、その過程で本書の基礎となる広島二〇~三〇代調査を委託研究として実施することが決まった。また、総務課長の世良和美さんには、その卓抜した事務能力で調査プロジェクトを一貫して支えていただいた。魚谷さんと世良さんほか、マツダ財団の方々の温かい励ましを受けながら、理想的な環境で調査研究ができたことは、筆者にとって奇跡的な幸運であった。改めて感謝申し上げたい。

調査の実施にあたっては、府中町役場と三次市役所の方々に質問紙調査のサンプリングや発送業務等において全面的に協力していただいた。そして、何より府中町と三次市の調査対象となった方々の一人一人にお礼を申し上げたい。とりわけデプス・インタビューの対象となった五八人の方々には、ご多忙のなか長時間のインタビューに付き合っていただき、知り合って間もない筆者に心を割って話していただいたことを感謝している。調査地では、多くの方々に協力をしていただいた。特に府中町の児童センター「バンビーズ」の新宅祐也さん、三次市の子育てフリースペース「KADOYA」の佐々木洋子さんには、調査の拠点となる場所を用意していただいたほか、調査に関わる多くの情報を提供していただき、長時間にわたってたいへんお世話になった。

このほか、ここにはお名前を挙げきれないが、「青少年研究会」の方々ほか、ここ数年の間に筆者に研究発表の場を与えていただいた多くの方々について、感謝を申し上げたい。そして、勁草書房編集部の松野菜穂子さんには、企画の成立にご尽力いただいたほか、厳しいタイムマネジメントをしていただいたおかげで、一年も経たないうちに一冊分の文章を書き下ろすことができた。調査を通して多くの人の思いの溢れる言葉を受け取った者の責任として、鮮度の落ちないうちに世に出さなければいけないと、何かがとりついたように執筆していた数か月。時間資源を奪い、家族をはじめ社会の多くの人々に犠牲を強いた。この犠牲が無駄にならないように、この研究成果がよい形で読者に届くことを願っている。

二〇一六年一一月

轡田竜蔵

巻末資料

「府中町 20～30 代住民意識調査」

2014 年 7 月

ご記入にあたってのお願い

○この調査は、次代を担う若い世代である 20～30 代の皆さんの生活の実態、現状評価、それに関する価値観についてお尋ねするものです。

○皆さんひとりひとりからいただいたデータは、統計として取り扱い、それをもとに全体的傾向を知ることが目的です。匿名の調査であり、封筒やアンケート用紙から回答者個人を特定することは不可能です。安心してありのままの状況を正直に、できるだけ正確にお答えください。

○私たちは、調査結果をとりまとめ、若い世代を取り巻く地域や社会の状況の改善を目的とする、各方面での議論に役立てたいと思っています。質問文のなかには答えたくない項目があるかもしれませんが、調査目的に理解をくださり、ご協力いただければ幸いです。

○**２０１４年７月３１日（木）までに**返信用封筒に入れ、ご投函ください。（返信用封筒に差出有効期間が書かれていますが、それは締め切りではありません。）

○調査結果は、まとまり次第、公益財団法人マツダ財団のホームページ等で紹介されます。是非ご覧ください。

(1) ご記入は、**あて名のご本人**にご回答をお願いします。

(2) ご記入は、鉛筆または黒・青のボールペンなどでお願いします。

(3) お答えは、質問文の説明をお読みのうえ、番号の順に沿ってお答えください。

(4) 回答に必要な時間は約20分です。長くて申し訳ございませんが、宜しくお願いします。

(5) ご記入が終わりましたら、回答漏れがないかどうかご確認願います。

(6) 可能な限り、すべての質問にお答えください。正確にあてはまる選択肢がない場合でも、ご自分で最も近いと思うものをお選びください。ただし、どうしても答えたくない／答えられない質問がある場合は、飛ばして次の質問にお進みください。

(7) なお、この調査に関する質問・ご意見等がございましたら、下記の電子メールへお問い合わせください。可能な限りすみやかに返信させていただきます。

〔お問い合わせ先〕

広島若者調査事務局（担当：吉備国際大学社会科学部准教授　轡田竜蔵《くつわだりゅうぞう》）

電子メール； kutuwada@mve.biglobe.ne.jp

「三次市 20〜30 代住民意識調査」

2014 年 7 月

ご記入にあたってのお願い

○この調査は、次代を担う若い世代である 20〜30 代の皆さんの生活の実態、現状評価、それに関する価値観についてお尋ねするものです。

○皆さんひとりひとりからいただいたデータは、統計として取り扱い、それをもとに<u>全体的傾向を知ることが目的</u>です。匿名の調査であり、封筒やアンケート用紙から<u>回答者個人を特定することは不可能です</u>。安心してありのままの状況を正直に、できるだけ正確にお答えください。

○私たちは、調査結果をとりまとめ、若い世代を取り巻く地域や社会の状況の改善を目的とする、各方面での議論に役立てたいと思っています。質問文のなかには答えたくない項目があるかもしれませんが、調査目的に理解をくださり、ご協力いただければ幸いです。

○<u>**２０１４年７月３１日（木）までに**</u>返信用封筒に入れ、ご投函ください。(返信用封筒に差出有効期間が書かれていますが、それは締め切りではありません。)

○調査結果は、まとまり次第、公益財団法人マツダ財団のホームページ等で紹介されます。是非ご覧ください。

(1) ご記入は、<u>**あて名のご本人**</u>にご回答をお願いします。

(2) ご記入は、鉛筆または黒・青のボールペンなどでお願いします。

(3) お答えは、質問文の説明をお読みのうえ、番号の順に沿ってお答えください。

(4) 回答に必要な時間は約20分です。長くて申し訳ございませんが、宜しくお願いします。

(5) ご記入が終わりましたら、回答漏れがないかどうかご確認願います。

(6) 可能な限り、すべての質問にお答えください。正確にあてはまる選択肢がない場合でも、ご自分で最も近いと思うものをお選びください。ただし、どうしても答えたくない／答えられない質問がある場合は、飛ばして次の質問にお進みください。

(7) なお、この調査に関する質問・ご意見等がございましたら、下記の電子メールへお問い合わせください。可能な限りすみやかに返信させていただきます。

〔お問い合わせ先〕

広島若者調査事務局（担当：吉備国際大学社会科学部准教授　轡田竜蔵《くつわだりゅうぞう》）

電子メール； kutuwada@mve.biglobe.ne.jp

府　中　町

I　最初に、あなた自身の**現状に対する評価とその価値観**について、お伺いいたします。
　I -1～10のそれぞれの考え方について、**あなたの考えに一番近い番号に○印を**付けてください。

I -1　生活の現状評価

	4 全くそう思う	3 どちらかと言えばそう思う	2 どちらかと言えばそうではないと思う	1 全くそうではないと思う
A　総合的に見て、今の生活に満足している。	**15.4%**	**53.0%**	24.1%	7.5%
B　一般的な家庭と比べて、自分の生活水準は高いほうだ。	6.5%	35.5%	**45.0%**	**13.0%**
C　一般的な家庭と比べて、自分の生活水準は低いほうではない。	**11.5%**	**60.9%**	19.8%	7.8%
D　自分の生活は、親から完全に自立した状態である。	23.7%	28.2%	23.9%	24.2%
E　親の援助が全くなくても、今の自分の生活は成り立つと思う。	**29.0%**	**29.3%**	20.3%	21.5%
F　毎日の生活が「楽しい」と感じられる。	**20.0%**	**50.4%**	22.7%	7.0%
G　金銭的余裕のある生活を送っている。	5.0%	38.3%	**32.8%**	**23.8%**
H　時間的余裕のある生活を送っている。	9.5%	38.9%	32.4%	19.2%
I　家族と過ごす時間は満足にとれている。	**19.0%**	**43.9%**	26.2%	11.0%
	（三次市よりポジティブ）			
J　友人と過ごす時間は満足にとれている。	7.7%	31.9%	**36.2%**	**24.2%**
	（三次市よりポジティブ）			
K　自分の自由な時間は満足にとれている。	15.7%	36.8%	31.3%	16.2%
L　家事（育児・介護を含む）の負担に関する不満はない。	**26.8%**	**41.4%**	21.8%	10.0%
M　親との関係に満足している。	**42.3%**	**43.0%**	12.2%	2.5%
N　血縁以外に自分を必要とし大切に思ってくれる人（配偶者・恋人等）がいて、その関係に満足している。	**41.3%**	**30.6%**	10.7%	17.4%
	（配偶者無 16.1%	21.7%	**21.0%**	**41.3%**）
O　友人関係に満足している。	**34.3%**	**45.8%**	12.8%	7.2%
P　現在の住居に満足している。	**30.8%**	**40.8%**	21.6%	6.0%
	（三次市よりポジティブ）			
Q　心身ともに健康に過ごせている。	**23.6%**	**49.0%**	21.9%	5.5%
R　今後、自分の生活が経済的に厳しくなる可能性について、心配しなくていいと思う。	3.0%	20.8%	**35.1%**	**41.0%**
S　今後、（配偶者がいない場合）結婚できないのではないかとか、（既婚の場合）結婚生活を続けられないのではないかと、心配しなくていいと思う。	**26.6%**	**32.7%**	21.0%	19.7%
	（三次市よりポジティブ）			
	（配偶者無 12.6%	23.1%	**28.7%**	**35.7%**）

三 次 市

I　最初に、あなた自身の**現状に対する評価とその価値観**について、お伺いいたします。
　I -1～10 のそれぞれの考え方について、**あなたの考えに一番近い番号に○印を**付けてください。

I -1　生活の現状評価

	4 全くそう思う	3 どちらかと言えばそう思う	2 どちらかと言えばそうではないと思う	1 全くそうではないと思う
A　総合的に見て、今の生活に満足している。	**14.1%**	**56.1%**	21.7%	8.0%
B　一般的な家庭と比べて、自分の生活水準は高いほうだ。	2.8%	35.4%	**46.1%**	**15.7%**
C　一般的な家庭と比べて、自分の生活水準は低いほうではない。	**9.2%**	**58.9%**	24.3%	7.7%
D　自分の生活は、親から完全に自立した状態である。	20.9%	23.5%	**32.6%**	**23.0%**
E　親の援助が全くなくても、今の自分の生活は成り立つと思う。	23.5%	26.7%	28.0%	21.7%
F　毎日の生活が「楽しい」と感じられる。	**16.3%**	**51.6%**	24.6%	7.4%
G　金銭的余裕のある生活を送っている。	4.6%	29.8%	**41.5%**	**24.1%**
H　時間的余裕のある生活を送っている。	10.4%	39.3%	30.2%	20.2%
I　家族と過ごす時間は満足にとれている。	16.7%	36.9%	31.9%	14.5% （府中町よりネガティブ）
J　友人と過ごす時間は満足にとれている。	6.9%	26.2%	**38.4%**	**28.4%** （府中町よりネガティブ）
K　自分の自由な時間は満足にとれている。	15.6%	37.7%	27.5%	19.1%
L　家事（育児・介護を含む）の負担に関する不満はない。	**22.6%**	**44.3%**	24.6%	8.6%
M　親との関係に満足している。	**35.0%**	**49.6%**	10.7%	4.8%
N　血縁以外に自分を必要とし大切に思ってくれる人（配偶者・恋人等）がいて、その関係に満足している。	**33.9%** （配偶者無 15.7%	**37.4%** 27.0%	14.8% **25.3%**	13.9% **32.0%**）
O　友人関係に満足している。	**28.8%**	**48.4%**	16.1%	6.8%
P　現在の住居に満足している。	**23.5%**	**43.6%**	24.2%	8.7% （府中町よりネガティブ）
Q　心身ともに健康に過ごせている。	20.2%	48.4%	24.7%	6.7%
R　今後、自分の生活が経済的に厳しくなる可能性について、心配しなくていいと思う。	3.0%	15.4%	36.9%	44.7%
S　今後、（配偶者がいない場合）結婚できないのではないかとか、（既婚の場合）結婚生活を続けられないのではないかと、心配しなくていいと思う。	20.9% （配偶者無 12.4%	31.0% 19.1%	26.2% **35.4%**	22.0% （府中町よりネガティブ） **33.1%**）

府 中 町

（前ページからの続き）	4 全くそう思う	3 どちらかと言えばそう思う	2 どちらかと言えばそうではないと思う	1 全くそうではないと思う
T 20年後、子育てを経験し、自分を必要とし大切に思ってくれる人（配偶者・恋人等）と暮らしていると思う。	**36.7%**	**39.4%**	13.8%	10.1%
	（配偶者無 16.9%	35.2%	24.6%	23.2%）
U 20年後、自分は親の生活水準よりも高い暮らしができていると思う。	6.3%	27.6%	**46.1%**	**20.1%**

I-2 生活についての価値観

	4 全くそう思う	3 どちらかと言えばそう思う	2 どちらかと言えばそうではないと思う	1 全くそうではないと思う
A 余暇の生活を優先させたいので、仕事で長時間働きたくない。	**23.3%**	**47.5%**	23.8%	5.5%
B 将来の生活のことを計画的に考えて、お金をなるべく使わないようにしている。	**10.4%**	**52.5%**	32.1%	5.0%
C 環境や健康の問題に関心があり、そのために良いことならお金をかけてもかまわないと思う。	7.5%	46.3%	40.0%	6.2%
D 社会情勢を考えれば、今後、生活水準が上がらなくても仕方ないと思う。	7.0%	33.2%	**40.6%**	**19.2%**
E 自分なりにお金をかけずに楽しく暮らす方法はあるので、今後、生活水準が上がらなくてもかまわない。	2.2%	19.2%	**45.6%**	**32.9%**
F 自分の趣味には「おたく」的な要素があると思う。	12.0%	23.8%	**23.3%**	**40.9%**
G 自分の趣味には「ヤンキー」的な要素があると思う。	0.2%	5.7%	**20.9%**	**73.1%**
H 自分は趣味に関して、個性やこだわりが強いほうだと思う。	15.2%	30.7%	29.4%	24.7%
I 余暇の時間は、友人仲間とともに楽しみたいと思う。	**18.2%**	**44.4%**	28.9%	8.5%
J 余暇の時間は、家族とともに楽しみたいと思う。	**31.6%**	**52.0%**	12.9%	3.5%
K 余暇の時間は、一人で楽しみたいと思う。	**12.2%**	**50.0%**	27.1%	10.7%
L 親が要介護になったら、子どもが家で面倒をみるのは当然だと思う。	**15.9%**	**46.5%**	29.4%	8.2%
M 男性も女性と平等に家事（育児・介護を含む）を分担するのが当然だと思う。	**30.2%**	**44.9%**	21.4%	3.5%

三　次　市

（前ページからの続き）	4 全くそう思う	3 どちらかと言えばそう思う	2 どちらかと言えばそうではないと思う	1 全くそうではないと思う
T 20年後、子育てを経験し、自分を必要とし大切に思ってくれる人（配偶者・恋人等）と暮らしていると思う。	**33.0%**	**42.1%**	15.5%	9.4%
（配偶者無	**17.6%**	**38.6%**	26.7%	17.0%）
U 20年後、自分は親の生活水準よりも高い暮らしができていると思う。	6.8%	22.6%	**48.5%**	**22.1%**

I-2 生活についての価値観

	4 全くそう思う	3 どちらかと言えばそう思う	2 どちらかと言えばそうではないと思う	1 全くそうではないと思う
A 余暇の生活を優先させたいので、仕事で長時間働きたくない。	**20.5%**	**47.8%**	26.2%	5.5%
B 将来の生活のことを計画的に考えて、お金をなるべく使わないようにしている。	**11.6%**	**46.3%**	34.3%	7.9%
C 環境や健康の問題に関心があり、そのために良いことならお金をかけてもかまわないと思う。	7.4%	45.2%	39.1%	8.3%
D 社会情勢を考えれば、今後、生活水準が上がらなくても仕方ないと思う。	5.0%	36.1%	**37.0%**	**21.9%**
E 自分なりにお金をかけずに楽しく暮らす方法はあるので、今後、生活水準が上がらなくてもかまわない。	2.4%	17.7%	**44.1%**	**35.8%**
F 自分の趣味には「おたく」的な要素があると思う。	14.0%	22.7%	**22.7%**	**40.6%**
G 自分の趣味には「ヤンキー」的な要素があると思う。	0.2%	5.5%	**24.9%**	**69.4%**
H 自分は趣味に関して、個性やこだわりが強いほうだと思う。	20.5%	28.3%	28.5%	22.7%
I 余暇の時間は、友人仲間とともに楽しみたいと思う。	**17.4%**	**49.5%**	27.2%	5.9%
J 余暇の時間は、家族とともに楽しみたいと思う。	**32.0%**	**51.9%**	11.8%	4.4%
K 余暇の時間は、一人で楽しみたいと思う。	**15.3%**	**43.1%**	32.0%	9.6%
L 親が要介護になったら、子どもが家で面倒をみるのは当然だと思う。	**17.2%**	**40.8%**	33.4%	8.5%
M 男性も女性と平等に家事（育児・介護を含む）を分担するのが当然だと思う。	**30.7%**	**49.7%**	16.6%	3.1%

府　中　町

Ｉ-3　今の仕事についての現状評価

【現在、収入のある仕事をしていない人、あるいはアルバイトをしている学生の方については、回答せずにＩ-4に進んでください。】

	4 全くそう思う	3 どちらかと言えばそう思う	2 どちらかと言えばそうではないと思う	1 全くそうではないと思う
A　総合的に見て、自分の仕事の現状に満足している。	8.2%	41.6%	33.1%	17.1%（女性は、三次市よりネガティブ）
B　給料や報酬に満足している。	6.8%	33.5%	**37.8%**	**21.9%**
C　毎日の仕事が「楽しい」と感じられる。	7.9%	39.4%	36.6%	16.1%
D　自分は「やりがい」がある仕事をしていると思う。	**17.2%**	**45.2%**	24.7%	12.9%
E　今の職業は自分の「天職」だと思っている。	6.5%	32.6%	**36.9%**	**24.0%**
F　勤務時間（長さ、時間帯）に関する不満はない。	16.1%	37.6%	26.9%	19.4%
G　自分の仕事ぶりは、仕事で関わる社会の人々に認められていると思う。	**9.0%**	**48.6%**	34.2%	8.3%
H　自分の仕事ぶりは、職場の同僚に認められていると思う。	**9.0%**	**57.3%**	25.4%	8.2%
I　現在の職場の人間関係に満足している。	**16.8%**	**55.2%**	19.2%	9.0%
J　家庭や個人の事情に配慮してくれる、働きやすい職場で働いていると思う。	**20.8%**	**51.3%**	18.3%	9.7%
K　今よりよい条件の勤務先に移ろうとか、チャンスを求めて転職しようという考えは持っていない。	20.1%	25.8%	31.5%	22.6%
L　今後の自分自身の仕事の将来について、明るい希望を持っている。	6.5%	29.4%	**45.5%**	**18.6%**
M　今後の勤務先の将来（経営など）について、明るい希望を持てると思う。	4.3%	29.7%	**43.7%**	**22.2%**
N　20年後も現在の延長線上にある内容の仕事をしていると思う。	**13.3%**	**47.0%**	22.2%	17.6%
O　20年後も勤務先を変えずに働いていると思う。【配置転換は、同じ勤務先とみなします。】	13.3%	32.6%	25.1%	29.0%
P　20年後は、今よりも高い給料や報酬をもらって仕事をしていると思う。	15.1%	35.8%	28.7%	20.4%

三　次　市

Ⅰ-3　今の仕事についての現状評価

【現在、収入のある仕事をしていない人、あるいはアルバイトをしている学生の方については、回答せずにⅠ-4に進んでください。】

	4 全くそう思う	3 どちらかと言えばそう思う	2 どちらかと言えばそうではないと思う	1 全くそうではないと思う
A　総合的に見て、自分の仕事の現状に満足している。	**7.7%**	**48.8%**	28.4%	15.2%
	（女性は、府中町よりポジティブ）			
B　給料や報酬に満足している。	5.8%	28.9%	**39.7%**	**25.6%**
C　毎日の仕事が「楽しい」と感じられる。	10.2%	40.9%	36.5%	12.4%
D　自分は「やりがい」がある仕事をしていると思う。	**21.3%**	**45.9%**	22.4%	10.5%
E　今の職業は自分の「天職」だと思っている。	10.7%	30.9%	**36.6%**	**21.8%**
F　勤務時間（長さ、時間帯）に関する不満はない。	**21.8%**	**34.4%**	25.3%	18.5%
G　自分の仕事ぶりは、仕事で関わる社会の人々に認められていると思う。	**7.5%**	**54.3%**	31.6%	6.6%
H　自分の仕事ぶりは、職場の同僚に認められていると思う。	**7.2%**	**58.6%**	28.9%	5.3%
I　現在の職場の人間関係に満足している。	**16.3%**	**55.8%**	19.6%	8.3%
J　家庭や個人の事情に配慮してくれる、働きやすい職場で働いていると思う。	**24.1%**	**51.0%**	16.9%	9.0%
K　今よりよい条件の勤務先に移ろうとか、チャンスを求めて転職しようという考えは持っていない。	17.6%	28.4%	32.5%	21.5%
L　今後の自分自身の仕事の将来について、明るい希望を持っている。	6.3%	30.6%	**43.8%**	**19.3%**
M　今後の勤務先の将来（経営など）について、明るい希望を持てると思う。	5.5%	23.8%	**47.5%**	**23.2%**
N　20年後も現在の延長線上にある内容の仕事をしていると思う。	**14.1%**	**47.2%**	24.6%	14.1%
O　20年後も勤務先を変えずに働いていると思う。【配置転換は、同じ勤務先とみなします。】	13.0%	34.3%	**29.0%**	**23.8%**
P　20年後は、今よりも高い給料や報酬をもらって仕事をしていると思う。	14.3%	36.4%	34.4%	14.9%

府　中　町

I -4　仕事についての価値観（現在仕事で収入を得ていない人も、回答してください）

	4 全くそう思う	3 どちらかと言えばそう思う	2 どちらかと言えばそうではないと思う	1 全くそうではないと思う
A 満足な収入が得られるのであれば、長時間働いてもかまわないと思う。	14.0%	33.7%	40.6%	11.7%
B やりがいのある仕事であれば、満足な収入が得られなくてもかまわないと思う。	5.7%	24.7%	**50.9%**	**18.7%**
C やりがいのある仕事であれば、長時間働いてもかまわないと思う。	11.5%	35.6%	39.8%	13.0%
D お互いに協調性があり、同じ目標に向かって全員の一体感のある職場が理想だと思う。	**33.0%**	**54.0%**	11.0%	2.0%
E お互いに個人の自由な考えを言い合い、正直な気持ちで付き合える職場が理想だと思う。	**23.0%**	**58.0%**	17.0%	2.0%
F 女性は子どもができても、ずっと職業を続けるほうがいいと思う。	**18.0%**	**43.3%**	34.0%	4.8%

I -5　現在住んでいる地域についての現状評価

	4 全くそう思う	3 どちらかと言えばそう思う	2 どちらかと言えばそうではないと思う	1 全くそうではないと思う
A 総合的に見て、現在住んでいる地域の現状に満足している。	**31.8%**	**58.0%**	8.2%	2.0% （三次市よりポジティブ）
B 現在住んでいる地域での生活で、交通の不便を感じることはない。	**28.6%**	**41.3%**	24.9%	5.2% （三次市よりポジティブ）
C 現在住んでいる地域の外に、買い物や遊びに行く必要を感じない。	11.0%	36.2%	36.7%	16.2% （三次市よりポジティブ）
D 仮に現在住んでいる地域の外に行く機会がなくても、退屈だと感じないと思う。	10.9%	34.8%	36.1%	18.2% （三次市よりポジティブ）
E 現在住んでいる地域には、20～30 代の若者や子育て世代が暮らしやすい生活環境が整っている。	**15.0%**	**63.2%**	17.5%	4.3% （三次市よりポジティブ）
F 現在住んでいる地域には、20～30 代の若者や子育て世代にとって魅力的な仕事の選択肢がある。	3.0%	26.2%	**59.1%**	**11.7%** （三次市よりポジティブ）
G 現在住んでいる地域には、20～30 代の若者や子育て世代にとって魅力的な地域活動の選択肢がある。	5.8%	42.6%	45.3%	6.3% （三次市よりポジティブ）
H 現在住んでいる地域には、リラックスして付き合える関係の友人が多くいる。	10.0%	29.9%	**33.2%**	**26.9%**
I 現在住んでいる地域には、刺激的な人との出会いの機会が多い。	2.0%	13.7%	**46.5%**	**37.8%** （三次市よりポジティブ）
J 今後、可能ならば、現在住んでいる地域に住み続けたいと思っている。	**32.6%**	**42.5%**	18.4%	6.5% （三次市よりポジティブ）
K 20 年後も、現在住んでいる地域か、その近くに住んでいると思う。	**26.6%**	**39.8%**	21.4%	12.2%

三　次　市

I-4 仕事についての価値観（現在仕事で収入を得ていない人も、回答してください）

	4 全くそう思う	3 どちらかと言えばそう思う	2 どちらかと言えばそうではないと思う	1 全くそうではないと思う
A 満足な収入が得られるのであれば、長時間働いてもかまわないと思う。	15.5%	34.2%	39.7%	10.7%
B やりがいのある仕事であれば、満足な収入が得られなくてもかまわないと思う。	5.5%	25.3%	**52.8%**	**16.4%**
C やりがいのある仕事であれば、長時間働いてもかまわないと思う。	11.1%	33.6%	**41.7%**	**13.5%**
D お互いに協調性があり、同じ目標に向かって全員の一体感のある職場が理想だと思う。	**37.7%**	**52.7%**	6.8%	2.8%
E お互いに個人の自由な考えを言い合い、正直な気持ちで付き合える職場が理想だと思う。	**25.5%**	**51.4%**	19.8%	3.3%
F 女性は子どもができても、ずっと職業を続けるほうがいいと思う。	**17.7%**	**51.7%**	26.4%	4.1%

I-5 現在住んでいる地域についての現状評価

	4 全くそう思う	3 どちらかと言えばそう思う	2 どちらかと言えばそうではないと思う	1 全くそうではないと思う
A 総合的に見て、現在住んでいる地域の現状に満足している。	**11.1%**	**47.1%**	29.4%	12.4% （府中町よりネガティブ）
B 現在住んでいる地域での生活で、交通の不便を感じることはない。	10.9%	27.2%	**32.0%**	**29.8%** （府中町よりネガティブ）
C 現在住んでいる地域の外に、買い物や遊びに行く必要を感じない。	2.0%	5.7%	**31.0%**	**61.4%** （府中町よりネガティブ）
D 仮に現在住んでいる地域の外に行く機会がなくても、退屈だと感じないと思う。	5.0%	12.7%	**31.9%**	**50.3%** （府中町よりネガティブ）
E 現在住んでいる地域には、20～30 代の若者や子育て世代が暮らしやすい生活環境が整っている。	3.5%	29.0%	**40.8%**	**26.6%** （府中町よりネガティブ）
F 現在住んでいる地域には、20～30 代の若者や子育て世代にとって魅力的な仕事の選択肢がある。	1.7%	6.3%	**46.1%**	**45.9%** （府中町よりネガティブ）
G 現在住んでいる地域には、20～30 代の若者や子育て世代にとって魅力的な地域活動の選択肢がある。	1.5%	18.0%	**50.4%**	**30.0%** （府中町よりネガティブ）
H 現在住んでいる地域には、リラックスして付き合える関係の友人が多くいる。	10.2%	33.3%	**29.0%**	**27.5%**
I 現在住んでいる地域には、刺激的な人との出会いの機会が多い。	2.8%	10.5%	**37.8%**	**48.9%** （府中町よりネガティブ）
J 今後、可能ならば、現在住んでいる地域に住み続けたいと思っている。	**16.8%**	**39.6%**	27.4%	16.2% （府中町よりネガティブ）
K 20 年後も、現在住んでいる地域か、その近くに住んでいると思う。	**22.2%**	**42.5%**	17.2%	18.1%

府　中　町

I -6　地域に関する価値観

	4 全くそう思う	3 どちらかと言えばそう思う	2 どちらかと言えばそうではないと思う	1 全くそうではないと思う
A 自分が一生暮らす場所として、中国山地のような「田舎」はいいと思う。	12.4%	27.9%	**40.0%**	**19.7%** （三次市よりネガティブ）
B 自分が一生暮らす場所として、広島のような「地方都市」はいいと思う。	**30.8%**	**55.5%**	10.4%	3.2% （三次市よりポジティブ）
C 自分が一生暮らす場所として、東京のような「大都市」はいいと思う。	3.5%	12.7%	**33.8%**	**50.0%**
D 今後、地域活動に積極的に参加したいと思っている。	4.7%	33.4%	**45.6%**	**16.2%** （三次市よりネガティブ）
E 現在住んでいる地域にいる多様な人たちと交流することに興味がある。	7.7%	33.1%	**42.5%**	**16.7%**
F 隣近所の人たちとは、何でも相談したり、助け合ったりできるような深い関係になりたい。	7.2%	39.6%	40.3%	12.9%
G 自分や家族のことが優先で、地域社会の問題について考える気にならない。	8.0%	40.3%	45.0%	6.7%
H 休日には、なるべく現在住んでいる地域以外の場所に出かけたいと思う。	14.7%	38.1%	41.3%	6.0% （三次市よりネガティブ）
I 長い休みがとれたとしたら、海外に行くなど遠出をして、見聞を広めることに興味がある。	**35.9%**	**34.7%**	20.4%	9.0% （三次市よりポジティブ）
J 近所の商店街には、大型商業施設や大型小売店にはない魅力があるので、行ってみたいと思う。	**11.5%**	**38.7%**	38.9%	11.0% （三次市よりポジティブ）
K 現在住んでいる地域に、大型商業施設や大型小売店が増えれば嬉しく思う。	**24.1%**	**44.0%**	27.4%	4.5% （三次市よりネガティブ）
L 現在住んでいる地域の開発が進むことで、安全で安心できる暮らしが失われることが心配だ。	8.5%	35.3%	**45.3%**	**10.9%**
M 現在住んでいる地域での生活には、自家用車は欠かせないと思う。	**29.6%**	**33.8%**	27.4%	9.0% （三次市よりネガティブ）
N 現在住んでいる地域に、外国人等の多様な住民が増えるのは良いことだ。	10.4%	32.8%	**40.3%**	**16.4%** （三次市よりネガティブ）

三　次　市

I -6　地域に関する価値観

	4 全くそう思う	3 どちらかと言えばそう思う	2 どちらかと言えばそうではないと思う	1 全くそうではないと思う	
A 自分が一生暮らす場所として、中国山地のような「田舎」はいいと思う。	**22.7%**	**43.4%**	24.8%	9.2%	（府中町よりポジティブ）
B 自分が一生暮らす場所として、広島のような「地方都市」はいいと思う。	**19.3%**	**46.3%**	28.9%	5.4%	（府中町よりネガティブ）
C 自分が一生暮らす場所として、東京のような「大都市」はいいと思う。	3.3%	8.7%	**36.1%**	**52.0%**	
D 今後、地域活動に積極的に参加したいと思っている。	8.0%	37.6%	**42.2%**	**12.2%**	（府中町よりポジティブ）
E 現在住んでいる地域にいる多様な人たちと交流することに興味がある。	10.2%	32.0%	**40.9%**	**17.0%**	
F 隣近所の人たちとは、何でも相談したり、助け合ったりできるような深い関係になりたい。	9.8%	39.3%	38.5%	12.4%	
G 自分や家族のことが優先で、地域社会の問題について考える気にならない。	8.3%	38.3%	46.8%	6.5%	
H 休日には、なるべく現在住んでいる地域以外の場所に出かけたいと思う。	**26.2%**	**43.9%**	27.1%	2.8%	（府中町よりポジティブ）
I 長い休みがとれたとしたら、海外に行くなど遠出をして、見聞を広めることに興味がある。	**33.3%**	**30.9%**	21.7%	14.1%	（府中町よりネガティブ）
J 近所の商店街には、大型商業施設や大型小売店にはない魅力があるので、行ってみたいと思う。	7.8%	27.4%	**43.0%**	**21.7%**	（府中町よりネガティブ）
K 現在住んでいる地域に、大型商業施設や大型小売店が増えれば嬉しく思う。	**40.6%**	**41.0%**	15.5%	2.8%	（府中町よりポジティブ）
L 現在住んでいる地域の開発が進むことで、安全で安心できる暮らしが失われることが心配だ。	7.8%	30.9%	**45.1%**	**16.1%**	
M 現在住んでいる地域での生活には、自家用車は欠かせないと思う。	**86.3%**	**10.2%**	2.6%	0.9%	（府中町よりポジティブ）
N 現在住んでいる地域に、外国人等の多様な住民が増えるのは良いことだ。	**16.7%**	**38.5%**	34.6%	10.2%	（府中町よりポジティブ）

府　中　町

I -7　日本社会や政治についての現状評価

	4 全くそう思う	3 どちらかと言えばそう思う	2 どちらかと言えばそうではないと思う	1 全くそうではないと思う
A 総合的に見て、日本社会や政治の現状について満足している。	1.0%	15.6%	**49.1%**	**34.2%**
B 日本は、安全で安心して暮らせる国だと思う。	**20.1%**	**59.6%**	14.1%	6.2%
	（三次市よりポジティブ）			
C 日本は、こつこつと努力すれば成功するチャンスのある国だと思う。	**9.5%**	**48.8%**	33.3%	8.5%
D 日本は差別があまりなく、弱い立場とされる人々がむしろ手厚く保護されている国だと思う。	9.0%	33.6%	**40.8%**	**16.7%**
E 今の日本政府を信頼している。	1.5%	17.6%	**45.7%**	**35.2%**
F 日本の将来には明るい希望があると思う。	2.5%	20.9%	**51.0%**	**25.6%**
G 将来、日本が他国に攻撃されて、自分が被害者となる可能性について、心配しなくていいと思う。	4.2%	14.1%	**46.9%**	**34.7%**
	（三次市よりポジティブ）			
H 将来、日本が戦争に参加して、自分が巻き込まれる可能性について、心配しなくていいと思う。	4.5%	15.6%	**41.7%**	**38.2%**
	（三次市よりポジティブ）			
I 将来、原発事故の影響で、自分が被害者となる可能性について、心配しなくていいと思う。	3.5%	14.4%	**47.4%**	**34.7%**
	（三次市よりポジティブ）			
J 将来、日本の伝統や慣習が失われ、社会の雰囲気が悪くなる可能性について、心配しなくていいと思う。	2.7%	14.1%	**46.2%**	**37.0%**
	（三次市よりポジティブ）			
K 今後、日本国内に外国人が増加することは、総合的に見ると良いことだ。	5.5%	39.9%	**39.2%**	**15.5%**
	（三次市よりネガティブ）			

I -8　日本社会や政治に関わる価値観

	4 全くそう思う	3 どちらかと言えばそう思う	2 どちらかと言えばそうではないと思う	1 全くそうではないと思う
A 対立を好まず、「協調性」を大切にする日本的なやり方にしたがえば、間違いはないと思う。	6.5%	43.0%	41.0%	9.5%
B 日本は「内向き」過ぎるところがあるので、もっと外に目を向けたほうがいい。	**13.5%**	**58.0%**	26.0%	2.5%
C 国を愛する心をしっかり持とうと心がけている。	**12.2%**	**50.0%**	31.1%	6.7%
D 社会問題や政治に関心があり、知識を得ようと心がけている。	10.0%	42.4%	38.4%	9.2%
E 自分や家族のことが優先で、社会問題や政治について考える気にならない。	7.0%	34.3%	**48.3%**	**10.4%**
F 自分の力は小さいので、社会問題や政治について不満を持っても仕方がないと思う。	12.4%	40.5%	36.1%	10.9%

三 次 市

I-7 日本社会や政治についての現状評価

	4 全くそう思う	3 どちらかと言えばそう思う	2 どちらかと言えばそうではないと思う	1 全くそうではないと思う	
A 総合的に見て、日本社会や政治の現状について満足している。	1.1%	16.1%	**45.1%**	**37.7%**	
B 日本は、安全で安心して暮らせる国だと思う。	**13.9%**	**58.1%**	19.7%	8.2%	(府中町よりネガティブ)
C 日本は、こつこつと努力すれば成功するチャンスのある国だと思う。	**11.5%**	**44.9%**	34.2%	9.4%	
D 日本は差別があまりなく、弱い立場とされる人々がむしろ手厚く保護されている国だと思う。	8.5%	34.9%	**42.5%**	**14.1%**	
E 今の日本政府を信頼している。	1.7%	15.9%	**44.6%**	**37.8%**	
F 日本の将来には明るい希望があると思う。	2.4%	21.1%	**49.6%**	**27.0%**	
G 将来、日本が他国に攻撃されて、自分が被害者となる可能性について、心配しなくていいと思う。	2.4%	12.1%	**41.0%**	**44.5%**	(府中町よりネガティブ)
H 将来、日本が戦争に参加して、自分が巻き込まれる可能性について、心配しなくていいと思う。	3.3%	12.6%	**37.4%**	**46.7%**	(府中町よりネガティブ)
I 将来、原発事故の影響で、自分が被害者となる可能性について、心配しなくていいと思う。	3.0%	11.7%	**39.6%**	**45.7%**	(府中町よりネガティブ)
J 将来、日本の伝統や慣習が失われ、社会の雰囲気が悪くなる可能性について、心配しなくていいと思う。	1.1%	10.7%	**47.8%**	**40.4%**	(府中町よりネガティブ)
K 今後、日本国内に外国人が増加することは、総合的に見ると良いことだ。	7.8%	41.2%	37.7%	13.2%	(府中町よりポジティブ)

I-8 日本社会や政治に関わる価値観

	4 全くそう思う	3 どちらかと言えばそう思う	2 どちらかと言えばそうではないと思う	1 全くそうではないと思う
A 対立を好まず、「協調性」を大切にする日本的なやり方にしたがえば、間違いはないと思う。	5.0%	41.0%	**44.4%**	**9.6%**
B 日本は「内向き」過ぎるところがあるので、もっと外に目を向けたほうがいい。	15.3%	52.8%	28.8%	3.1%
C 国を愛する心をしっかり持とうと心がけている。	**12.7%**	**49.3%**	31.2%	12.4%
D 社会問題や政治に関心があり、知識を得ようと心がけている。	10.2%	41.5%	41.5%	6.7%
E 自分や家族のことが優先で、社会問題や政治について考える気にならない。	4.8%	36.8%	**46.0%**	**12.4%**
F 自分の力は小さいので、社会問題や政治について不満を持っても仕方がないと思う。	13.3%	38.3%	34.2%	14.2%

府　中　町

I -9　自分自身の人生に対する現状評価

	4 全くそう思う	3 どちらかと言えばそう思う	2 どちらかと言えばそうではないと思う	1 全くそうではないと思う
A 総合的に見て、自分の現状に満足している。	**10.7%**	**51.4%**	25.3%	12.7%
B 今までの人生を振り返って、達成感がある。	6.9%	38.0%	**40.9%**	**14.1%**
C 自分と近い仲間たちと交流する機会に恵まれ、深い絆を築けていると思う。	**13.4%**	**46.4%**	30.0%	10.2%
	（三次市よりポジティブ；重回帰分析）			
D 自分と異なる世界の人たちと出会う機会に恵まれ、視野を広げられていると思う。	5.7%	30.0%	**43.2%**	**21.0%**
	（三次市よりポジティブ；重回帰分析）			
E 自分は人の役に立っていると思う。	4.0%	42.7%	40.7%	12.7%
F 自分は幸せだと思う。	**26.1%**	**54.8%**	13.9%	5.2%
G 自分の将来に明るい希望を持っている。	**12.7%**	**43.2%**	31.5%	12.7%

I -10　自分自身の人生に関わる価値観

	4 全くそう思う	3 どちらかと言えばそう思う	2 どちらかと言えばそうではないと思う	1 全くそうではないと思う
A 今後の人生では、無理をしてでも、高い目標を立ててチャレンジしようと思っている。	8.9%	32.8%	**47.1%**	**11.2%**
	（三次市よりポジティブ）			
B 今後の人生では、人並みに安定した暮らしを手に入れるために、現実的に考えて行動しようと思っている。	**19.9%**	**62.7%**	15.7%	1.7%
C 今後の人生では、平凡でもいいから、人並みの幸せを手に入れることが大事だと思っている。	**24.3%**	**61.0%**	12.7%	2.0%
D 今後の人生では、組織に縛られない自由な考え方を追求することが大事だと思っている。	8.7%	35.2%	**51.6%**	**4.5%**
E 今後の人生では、人とは異なる自分の個性を磨くことが大事だと思っている。	10.4%	42.7%	42.9%	4.0%
F 今後の人生では、自分の利益と関係なく、自分の身内や仲間のためを考えて行動しようと思う。	**9.0%**	**50.2%**	36.8%	4.0%
G 今後の人生では、自分の利益と関係なく、広く社会に役立つことを考えて行動しようと思う。	4.5%	35.6%	**50.5%**	**9.5%**

三　次　市

Ⅰ-9　自分自身の人生に対する現状評価

	4 全くそう思う	3 どちらかと言えばそう思う	2 どちらかと言えばそうではないと思う	1 全くそうではないと思う
A　総合的に見て、自分の現状に満足している。	**10.6%**	**48.4%**	12.6%	13.9%
B　今までの人生を振り返って、達成感がある。	7.8%	34.1%	**41.2%**	**13.9%**
C　自分と近い仲間たちと交流する機会に恵まれ、深い絆を築けていると思う。	**12.6%**	**44.5%**	29.9%	13.0%（府中町よりネガティブ）
D　自分と異なる世界の人たちと出会う機会に恵まれ、視野を広げられていると思う。	6.5%	25.8%	**45.6%**	**22.1%**（府中町よりネガティブ）
E　自分は人の役に立っていると思う。	5.4%	42.2%	41.5%	10.9%
F　自分は幸せだと思う。	**24.7%**	**56.8%**	12.4%	6.1%
G　自分の将来に明るい希望を持っている。	12.4%	40.7%	34.3%	12.6%

Ⅰ-10　自分自身の人生に関わる価値観

	4 全くそう思う	3 どちらかと言えばそう思う	2 どちらかと言えばそうではないと思う	1 全くそうではないと思う
A　今後の人生では、無理をしてでも、高い目標を立ててチャレンジしようと思っている。	6.1%	32.3%	**49.9%**	**11.7%**（府中町よりネガティブ）
B　今後の人生では、人並みに安定した暮らしを手に入れるために、現実的に考えて行動しようと思っている。	**18.9%**	**65.3%**	13.2%	2.6%
C　今後の人生では、平凡でもいいから、人並みの幸せを手に入れることが大事だと思っている。	**25.8%**	**61.8%**	9.8%	2.6%
D　今後の人生では、組織に縛られない自由な考え方を追求することが大事だと思っている。	8.9%	40.7%	44.1%	6.3%
E　今後の人生では、人とは異なる自分の個性を磨くことが大事だと思っている。	**10.8%**	**44.5%**	39.3%	3.4%
F　今後の人生では、自分の利益と関係なく、自分の身内や仲間のためを考えて行動しようと思う。	**9.1%**	**55.3%**	30.8%	4.8%
G　今後の人生では、自分の利益と関係なく、広く社会に役立つことを考えて行動しようと思う。	5.0%	36.4%	**49.7%**	**8.9%**

府　中　町

Ⅱ　次に、**あなた自身の基本的な事柄**についてお尋ねいたします。

Ⅱ-1 **生まれた年・月　／　性別**

A 生まれた年月（空欄に記入してください）	B 性別（記号に○を付けてください）
１ ９　　　年　　　月	0 男性 36.7%
平均年齢 31.0歳	1 女性 63.3%

Ⅱ-2 現在あなたは**何人暮らし**ですか。**数字で**お答えください。（同じ世帯を構成する人数）

平均 3.2　人暮らし　（＜三次市）

Ⅱ-3 以下に挙げる**あなたの家族・親族**がそれぞれ**現在どこに住んでいるのか**について、**あてはまる番号にひとつずつ○印**を付けてください。存在しない場合は、6を選択してください。

	1 同居している	2 1時間以内に行ける場所に住んでいる	3 日帰りできる場所に住んでいる	4 日帰りできない場所に住んでいる	5 わからない	6 存在しない
A 自分の父親	20.4%	**32.7%**	**20.7%**	12.0%	2.5%	11.7%
B 自分の母親	**27.3%**	**34.3%**	23.8%	11.8%	0.3%	2.8%
C 配偶者（事実婚、婚約者を含む）	**60.4%**	1.0%	1.5%	0.7%	0.5%	**35.8%**
D 配偶者の父親	0.5%	**32.2%**	15.2%	6.0%	1.7%	**44.4%**
E 配偶者の母親	0.7%	**34.6%**	17.9%	6.7%	0.7%	**39.3%**
F 自分の子ども	**46.8%**	0.0%	0.5%	0.0%	0.0%	**52.7%**

Ⅱ-4 あなたにとって**「地元」と感じられる地域の範囲**について、以下から**最も近い選択肢ひとつに○印**をつけてください。

A 出身（あるいは現住所）の小学校区　15.1%

B 出身（あるいは現住所）の中学校区　**17.3%**

C 出身（あるいは現住所）の市町村全体　**45.8%**

D 広島市を含む生活圏　16.3%

E 広島県全体　2.5%

F その他（　　　　　　　　　　　　　　）　2.5%

三 次 市

Ⅱ 次に、**あなた自身の基本的な事柄**についてお尋ねいたします。

Ⅱ-1 **生まれた年・月 ／ 性別**

A 生まれた年月（空欄に記入してください）	B 性別（記号に○を付けてください）
１ ９ 年 月	0 男性 40.7%
平均年齢 31.5 歳	1 女性 59.3%

Ⅱ-2 現在あなたは**何人暮らし**ですか。**数字で**お答えください。（同じ世帯を構成する人数）

平均 3.5 人暮らし （＞府中町）

Ⅱ-3 以下に挙げる**あなたの家族・親族**がそれぞれ**現在どこに住んでいるのか**について、**あてはまる番号にひとつずつ○印**を付けてください。存在しない場合は、6を選択してください。

	1 同居している	2 1時間以内に行ける場所に住んでいる	3 日帰りできる場所に住んでいる	4 日帰りできない場所に住んでいる	5 わからない	6 存在しない
A 自分の父親	**24.3%**	**32.4%**	19.9%	7.0%	2.2%	14.2%
B 自分の母親	**32.3%**	**35.4%**	21.8%	6.6%	0.4%	3.5%
C 配偶者（事実婚、婚約者を含む）	**56.0%**	2.6%	1.7%	0.7%	0.2%	**38.8%**
D 配偶者の父親	5.2%	**30.1%**	12.9%	3.5%	0.7%	**47.6%**
E 配偶者の母親	6.3%	**30.6%**	15.5%	4.2%	0.4%	**42.9%**
F 自分の子ども	**49.5%**	0.4%	0.2%	0.4%	0.0%	**49.5%**

Ⅱ-4 あなたにとって**「地元」と感じられる地域の範囲**について、以下から**最も近い選択肢ひとつに○印**をつけてください。

A 出身（あるいは現住所）の小学校区 **17.9%**

B 出身（あるいは現住所）の中学校区 17.3%

C 出身（あるいは現住所）の市町村全体 **54.0%**

D 広島市を含む生活圏 3.7%

E 広島県全体 3.7%

F その他（ ） 3.0%

府　中　町

Ⅱ-5 あなたの**居住歴**について、以下から**最も近い選択肢ひとつに○印**を付けてください。

A 今住んでいる地域が「地元」であり、他の地域で暮らしたことがない。 **25.7%**（＞三次市）

B 今住んでいる地域が「地元」であり、他の地域の学校を卒業（または中退）後、戻ってきた。
10.6%（＜三次市）

C 今住んでいる地域が「地元」であり、他の地域で就職後、戻ってきた。 4.7%（＜三次市）

D 結婚のため今住んでいる地域に移ったが、他の地域が「地元」である。 **23.8%**

E 仕事のため今住んでいる地域に移ったが、他の地域が「地元」である。 16.6%

F 就学のため今住んでいる地域に移ったが、他の地域が「地元」である。 2.7%

G 住み替えのため今住んでいる地域に移ったが、他の地域が「地元」である。 5.4%

H 家族の都合で今住んでいる地域に移ったが、他の地域が「地元」である。 5.9%

I その他（　　　　　　　　　　　　） 3.7%（うち「地元」在住者 2.7%）

Ⅱ-6 あなたが**これまでに参加してきた地域活動・社会活動の関わりの程度**について、以下に挙げた活動の種類ごとに、**最も近いと考えられる番号にひとつずつ○印**をつけてください。あなたの参加した活動の分類が難しい場合は、「その他」に具体的に書いてください。

	4 積極的な関わり	3 一般的な関わり	2 消極的な関わり	1 全く関わりがない
A 趣味関係（スポーツを含む）のグループの活動	15.0%	26.3%	10.5%	48.1%（三次市よりネガティブ）
B 職場参加としての地域活動・社会活動	5.8%	25.3%	19.0%	49.9%（三次市よりネガティブ）
C 地縁組織の活動（町内会・自治会・青年団・消防団、祭の運営等）	2.0%	25.6%	18.0%	54.4%（三次市よりネガティブ）
D 学校・保育所・幼稚園の保護者・同窓生組織の活動	6.3%	31.3%	14.8%	47.6%（三次市よりネガティブ）
E 業界団体・同業者団体・労働組合の活動	1.8%	8.3%	14.8%	75.2%（三次市よりネガティブ）
F 政治団体の活動	0.3%	1.8%	8.0%	90.0%（三次市よりネガティブ）
G 宗教団体の活動	1.5%	3.0%	4.0%	91.5%
H 上記以外のボランティア団体・消費者組織・NPO 等の活動	1.8%	7.8%	5.5%	84.9%

I その他（　　　　　　　　　　　　）
0.2%

三　次　市

Ⅱ-5 あなたの**居住歴**について、以下から**最も近い選択肢ひとつに○印**を付けてください。

A 今住んでいる地域が「地元」であり、他の地域で暮らしたことがない。 11.2%（<府中町）

B 今住んでいる地域が「地元」であり、他の地域の学校を卒業（または中退）後、戻ってきた。

25.3%（>府中町）

C 今住んでいる地域が「地元」であり、他の地域で就職後、戻ってきた。 14.9%（>府中町）

D 結婚のため今住んでいる地域に移ったが、他の地域が「地元」である。 **19.9%**

E 仕事のため今住んでいる地域に移ったが、他の地域が「地元」である。 12.1%

F 就学のため今住んでいる地域に移ったが、他の地域が「地元」である。 3.7%

G 住み替えのため今住んでいる地域に移ったが、他の地域が「地元」である。 4.1%

H 家族の都合で今住んでいる地域に移ったが、他の地域が「地元」である。 6.3%

I その他（　　　　　　　　　　　　　　　） 2.2%（うち「地元」在住者 0.9%）

Ⅱ-6 あなたが**これまでに参加してきた地域活動・社会活動の関わりの程度**について、以下に挙げた活動の種類ごとに、**最も近いと考えられる番号にひとつずつ○印**をつけてください。あなたの参加した活動の分類が難しい場合は、「その他」に具体的に書いてください。

	4 積極的な関わり	3 一般的な関わり	2 消極的な関わり	1 全く関わりがない
A 趣味関係（スポーツを含む）のグループの活動	19.5%……	28.7%……	13.8%……	38.1%
	（府中町よりポジティブ）			
B 職場参加としての地域活動・社会活動	8.3%……	33.8%……	20.1%……	37.8%
	（府中町よりポジティブ）			
C 地縁組織の活動（町内会・自治会・青年団・消防団、祭の運営等）	8.3%……	21.2%……	24.3%……	46.2%
	（府中町よりポジティブ）			
D 学校・保育所・幼稚園の保護者・同窓生組織の活動	12.6%……	28.1%……	18.7%……	40.5%
	（府中町よりポジティブ）			
E 業界団体・同業者団体・労働組合の活動	5.0%……	12.7%……	17.7%……	64.6%
	（府中町よりポジティブ）			
F 政治団体の活動	1.3%……	4.1%……	7.8%……	86.7%
	（府中町よりポジティブ）			
G 宗教団体の活動	1.5%……	2.6%……	5.4%……	90.4%
H 上記以外のボランティア団体・消費者組織・NPO 等の活動	3.3%……	6.6%……	9.7%……	80.4%
I その他（　　　　　　　　　　　　　　　　　　　　　　　） 0.0%				

府　中　町

Ⅱ-7　ここ一年の間、あなたは**以下の場所に出かけた頻度**を教えてください。それぞれの場所について、**最も近いと考えられる番号にひとつずつ○印**を付けてください。

	4 週に数日程度	3 月に数日程度	2 年に数日程度	1 出かけていない
A 現住所の自治体の中にある大型商業施設・大型小売店	**51.2%**	42.5%	5.2%	1.0% （三次市よりポジティブ）
B 現住所の自治体の外にある県内の大型商業施設・大型小売店	10.0%	**53.6%**	29.4%	7.0% （三次市よりポジティブ）
C 国内の県外地域	1.3%	8.0%	**69.8%**	21.0%
D（Cのうち）首都圏・関西圏などの国内の大都市	0.8%	2.0%	44.6%	**52.6%**
E 日本国外	0.0%	0.2%	11.2%	**88.5%** （三次市よりポジティブ）

Ⅱ-8　あなたの**最終学歴**について、**ひとつ選んで○印**をつけてください。（高卒で大学中退の場合は、高卒とみなします）

A 在学中（大学または大学院） 6.2%

B 在学中（短大または高専） 0.5%

C 在学中（専門学校） 0.5%

D 大学卒または大学院卒 **41.1%**（＞三次市）

E 短大卒または高専卒 14.6%

F 専門学校卒 15.1%（＜三次市）

G 高卒 **18.8%**（＜三次市）

H 中卒 1.7%

I その他（　　　　　　　　　　　　） 1.0%

三　次　市

Ⅱ-7 ここ一年の間、あなたは**以下の場所に出かけた頻度**を教えてください。それぞれの場所について、**最も近いと考えられる番号にひとつずつ○印**を付けてください。

	4 週に数日程度	3 月に数日程度	2 年に数日程度	1 出かけていない
A 現住所の自治体の中にある大型商業施設・大型小売店	34.1%	**47.0%**（府中町よりネガティブ）	8.8%	10.1%
B 現住所の自治体の外にある県内の大型商業施設・大型小売店	5.7%	**45.6%**（府中町よりネガティブ）	42.1%	6.6%
C 国内の県外地域	1.1%	10.4%	**65.0%**	23.4%
D （Cのうち）首都圏・関西圏などの国内の大都市	0.4%	2.2%	38.0%	**59.3%**
E 日本国外	0.0%	0.2%（府中町よりネガティブ）	6.8%	**93.0%**

Ⅱ-8 あなたの**最終学歴**について、**ひとつ選んで○印**をつけてください。（高卒で大学中退の場合は、高卒とみなします）

A 在学中（大学または大学院） 4.3%

B 在学中（短大または高専） 0.2%

C 在学中（専門学校） 1.3%

D 大学卒または大学院卒 **28.1%** （<府中町）

E 短大卒または高専卒 13.0%

F 専門学校卒 22.7%（>府中町）

G 高卒 **26.8%**（>府中町）

H 中卒 2.8%

I その他（　　　　　　　　　　） 0.0%

府　中　町

Ⅱ-9 ここ1か月の間のあなたの**就業状態と雇用形態**について、以下から**最も近い選択肢ひとつに○印を**付けてください。(ただし、在籍しながら休職中の人は休職直前の状態について、兼職されている方は主な仕事ひとつについてお答えください)

A 仕事を主にしていて、正規雇用(フルタイム)の仕事で収入を得た。**48.5%**

B 仕事を主にしていて、自営業主またはその家族従業員として収入を得た。1.5%(＜三次市)

C 仕事を主にしていて、会社経営者または役員として収入を得た。 0.7%

D 仕事を主にしていて、パート・アルバイト・派遣・有期契約の非正規雇用の仕事で収入を得た。 12.6%

E 家事を主にしつつ、正規雇用以外の仕事もしていて収入を得た。 7.9%

F 通学を主にしつつ、正規雇用以外の仕事もしていて収入を得た。 3.2%

G 家事を主にしていて、仕事で収入を得ていない。 **21.0%**(＞三次市)

H 通学を主にしていて、仕事で収入を得ていない。 2.5%

I 家事も通学もしておらず、仕事で収入も得ていない。 1.7%

(無回答 0.2%)

Ⅱ-10 **【Ⅱ-9で「仕事で収入を得た」と答えた人だけお答えください】**あなたの主な仕事の**職業の種類**に関して、以下から**最も近い選択肢ひとつに○印を**つけてください。分類が難しい場合は、「その他」の回答欄に仕事内容を書いてください。

A 専門・技術(研究者、教員、技術者、看護師、保育士等) **19.3%**

B 管理(会社・団体などの課長以上) 0.5%

C 事務(係長以下の一般事務) **16.1%**

D 販売(販売員、セールス、不動産仲介等) 8.4%

E サービス(理容師・美容師、介護職員、調理人、接客等) 11.4%(＜三次市)

F 製造作業・機械操作(製品の製造・検査、機械の組立・整備・製造等) 7.4%

G 輸送・機械運転(トラック運転手、バス運転手、建設機械運転手等) 1.2%

H 運搬・清掃・包装(郵便配達、荷物運搬、清掃員、包装作業等) 4.0%(＞三次市)

I 建設作業(とび職、左官、土木工事、採掘等) 2.2%

J 保安(警察官、消防士、警備員等) 0.5%

K 農林漁業 0.0%(＜三次市)

L その他(アフターコーディングでA～Kに分類できなかったもの　) 1.7%

三　次　市

II-9　ここ1か月の間のあなたの**就業状態と雇用形態**について、以下から**最も近い選択肢ひとつに○印を**付けてください。(ただし、在籍しながら休職中の人は休職直前の状態について、兼職されている方は主な仕事ひとつについてお答えください)

A　仕事を主にしていて、正規雇用(フルタイム)の仕事で収入を得た。 **51.6%**

B　仕事を主にしていて、自営業主またはその家族従業員として収入を得た。 5.8%(＞府中町)

C　仕事を主にしていて、会社経営者または役員として収入を得た。 1.5%

D　仕事を主にしていて、パート・アルバイト・派遣・有期契約の非正規雇用の仕事で収入を得た。 12.7%

E　家事を主にしつつ、正規雇用以外の仕事もしていて収入を得た。 7.8%

F　通学を主にしつつ、正規雇用以外の仕事もしていて収入を得た。 1.5%

G　家事を主にしていて、仕事で収入を得ていない。 **13.4%**(＜府中町)

H　通学を主にしていて、仕事で収入を得ていない。 3.2%

I　家事も通学もしておらず、仕事で収入も得ていない。 1.7%

(無回答　0.6%)

II-10 **【II-9で「仕事で収入を得た」と答えた人だけお答えください】**あなたの主な仕事の**職業の種類**に関して、以下から**最も近い選択肢ひとつに○印を**つけてください。分類が難しい場合は、「その他」の回答欄に仕事内容を書いてください。

A　専門・技術(研究者、教員、技術者、看護師、保育士等) **18.8%**

B　管理(会社・団体などの課長以上) 1.3%

C　事務(係長以下の一般事務) 14.5%

D　販売(販売員、セールス、不動産仲介等) 8.0%

E　サービス(理容師・美容師、介護職員、調理人、接客等) **17.3%**(＞府中町)

F　製造作業・機械操作(製品の製造・検査、機械の組立・整備・製造等) 9.1%

G　輸送・機械運転(トラック運転手、バス運転手、建設機械運転手等) 1.7%

H　運搬・清掃・包装(郵便配達、荷物運搬、清掃員、包装作業等) 1.5%(＜府中町)

I　建設作業(とび職、左官、土木工事、採掘等) 1.9%

J　保安(警察官、消防士、警備員等) 1.5%

K　農林漁業 2.6%(＞府中町)

L　その他(アフターコーディングでA～Kに分類できなかったもの) 1.1%

府　中　町

Ⅱ-11 【Ⅱ-9で「仕事で収入を得た」と答えた人だけお答えください】あなたの主な仕事の**勤務先の業種または業務内容**に関して、以下から**最も近い選択肢ひとつに○印**をつけてください。分類が難しい場合は、「その他」の解答欄に、勤務先の業種または業務内容を書いてください。

A 農林漁業・鉱業 0.2%(<三次市)

B 建設業 4.7%

C 製造業 **17.1%**(>三次市)

D 電気・ガス・熱供給・水道 1.7%

E 情報通信 2.0%

F 運輸・郵便(旅客運送、貨物運送、郵便配達等) 3.7%(>三次市)

G 卸売・小売(物品の販売を行っている店舗、事業所等) 10.4%

H 金融・保険 2.5%

I 不動産・金品売買 1.0%

J 飲食店・宿泊サービス 5.9%

K 生活関連サービス(美容院、クリーニング店、スポーツ施設、娯楽施設等) 1.2%

L 専門技術サービス(研究所、デザイン事務所、法律事務所、経営コンサルタント等) 1.0%

M その他のサービス(農業協同組合、自動車整備、各種の修理業等) 2.7%

N 教育・学習支援(学校、幼稚園、図書館などの社会教育機関、学習塾等) 2.7%

O 医療・福祉(病院・医療施設、保育所、介護事業、社会福祉事務所等) **13.1%**(<三次市)

P 上記に分類されない公務員 2.2%(<三次市)

Q その他(　　　　　　　　　　　　　　　　　　)0.7%

Ⅱ-12 あなたが**収入のある仕事のために費やしている時間**は、一週間合計でほぼどれほどですか。最近の一般的な状況について**数字で**お答えください。(残業時間を含む。休憩時間は除く。)

[　][　] 時間(一週間合計)

中央値 40時間(男性50時間、女性25時間)

Ⅱ-13 あなたが**家事をしている時間**(日常生活に必要な炊事、洗濯、買い物、掃除等。育児、介護も含む)は、一週間でほぼどれほどですか。最近の一般的な状況について**数字で**お答えください。

[　][　] 時間(一週間合計)

中央値 14時間(男性7時間、女性28時間)

三　次　市

Ⅱ-11 【Ⅱ-9で「仕事で収入を得た」と答えた人だけお答えください】あなたの主な仕事の**勤務先の業種または業務内容**に関して、以下から**最も近い選択肢ひとつに○印**をつけてください。分類が難しい場合は、「その他」の解答欄に、勤務先の業種または業務内容を書いてください。

A 農林漁業・鉱業 3.7%(>府中町)

B 建設業 4.1%

C 製造業 **11.0%**(<府中町)

D 電気・ガス・熱供給・水道 1.9%

E 情報通信 0.9%

F 運輸・郵便(旅客運送、貨物運送、郵便配達等) 1.3%(<府中町)

G 卸売・小売(物品の販売を行っている店舗、事業所等) 9.7%

H 金融・保険 2.2%

I 不動産・金品売買 0.2%

J 飲食店・宿泊サービス 3.5%

K 生活関連サービス(美容院、クリーニング店、スポーツ施設、娯楽施設等) 2.8%

L 専門技術サービス(研究所、デザイン事務所、法律事務所、経営コンサルタント等) 0.6%

M その他のサービス(農業協同組合、自動車整備、各種の修理業等) 2.8%

N 教育・学習支援(学校、幼稚園、図書館などの社会教育機関、学習塾等) 3.9%

O 医療・福祉(病院・医療施設、保育所、介護事業、社会福祉事務所等) **23.5%**(>府中町)

P 上記に分類されない公務員 5.6%(>府中町)

Q その他(　　　　　　　　　　　　　　　　　　　　　　) 1.3%

Ⅱ-12 あなたが**収入のある仕事のために費やしている時間**は、一週間合計でほぼどれほどですか。最近の一般的な状況について**数字で**お答えください。(残業時間を含む。休憩時間は除く。)

□□ 時間(一週間合計)

中央値 40時間(男性48時間、女性35時間)

Ⅱ-13 あなたが**家事をしている時間**(日常生活に必要な炊事、洗濯、買い物、掃除等。育児、介護も含む)は、一週間でほぼどれほどですか。最近の一般的な状況について**数字で**お答えください。

□□ 時間(一週間合計)

中央値 10時間(男性5時間、女性28時間)

府　中　町

Ⅱ-14　あなたの**個人年収**（税込。本年度見通し。）と**世帯年収**（税込。同じ住居に住み、生計を同じくする人たち全員の個人年収を合わせた額。一人暮らしの方は個人年収と同額になります。）のそれぞれについて、以下から**最も近い選択肢の記号A～Hをひとつずつ回答欄に**書いてください。

A 100万円未満	個人（無収入24.8%　収入あり12.9%）	世帯（ 2.3%）
B 100万円台	個人（10.1%）	世帯（ 4.4%）
C 200万円台	個人（14.4%）	世帯（ 8.5%）
D 300万円台	個人（13.7%）	世帯（14.0%）
E 400～500万円台	個人（19.5%）	世帯（34.7%）
F 600～700万円台	個人（ 4.6%）	世帯(21.3%)
G 800～900万円台	個人（ 0.0%）	世帯（10.5%）
H 1000万円以上	個人（ 0.0%）	世帯（ 4.4%）

個人年収	グループ化中央値 208万円（男性411万円、女性102万円）	世帯年収	グループ化中央値 525万円

Ⅱ-15　あなたの**居住地区**を以下の**選択肢からひとつ選び、A～Eのいずれかに○印を**付けてください。

A 府中小学校区 29.5%	（本町一～二丁目、本町四～五丁目／鶴江一～二丁目／大須一～四丁目／宮の町一丁目・三丁目／大通二丁目6街区／大通三丁目）
B 府中南小学校区 21.0%	（鹿籠一～二丁目／柳ヶ丘／桃山一～二丁目／青崎南・青崎中・青崎東／千代／新地）
C 府中中央小学校区 25.0%	（宮の町二丁目／茂陰一～二丁目／八幡一丁目・三～四丁目／緑ヶ丘／大通一～二丁目（6街区を除く）／浜田一～四丁目／浜田本町）
D 府中東小学校区 11.9%	（宮の町四～五丁目／瀬戸ハイム一～四丁目／八幡二丁目／山田一～五丁目）
E 府中北小学校区 11.4%	（桜ヶ丘／清水ヶ丘／城ヶ丘／みくまり一～三丁目／石井城一～二丁目／本町三丁目）

地区不明　1.2%

質問は以上です。長時間にわたり、ご協力を誠にありがとうございました。

三　次　市

Ⅱ-14 あなたの**個人年収**（税込。本年度見通し。）と**世帯年収**（税込。同じ住居に住み、生計を同じくする人たち全員の個人年収を合わせた額。一人暮らしの方は個人年収と同額になります。）のそれぞれについて、以下から**最も近い選択肢の記号 A～H をひとつずつ回答欄に**書いてください。

A 100 万円未満　個人（無収入 16.1%　収入あり 14.1%）　世帯（ 3.2%）
B 100 万円台　個人（18.1%）　世帯（ 4.0%）
C 200 万円台　個人（15.4%）　世帯（12.4%）
D 300 万円台　個人（20.9%）　世帯（21.4%）
E 400～500 万円台　個人（14.1%）　世帯（28.4%）
F 600～700 万円台　個人（ 0.7%）　世帯（16.9%）
G 800～900 万円台　個人（ 0.2%）　世帯（ 9.2%）
H 1000 万円以上　個人（ 0.4%）　世帯（ 4.5%）

個人年収	グループ化中央値 214 万円（男性 332 万円、女性 125 万円）	世帯年収	グループ化中央値 469 万円

Ⅱ-15 あなたの**居住地区**を以下の**選択肢のなかから一つ選び、○印を**付けてください。

A 三次地区 14.9%	（日下町・三原町・三次町）
B 河内地区 1.5%	（穴笠町・東河内町・西河内町・小文町・山家町）
C 和田地区 2.4%	（向江田町・和知町）
D 川西地区 1.5%	（上田町・有原町・三若町・石原町・海渡町）
E 田幸地区 1.9%	（糸井町・大田幸町・小田幸町・木乗町・志幸町・塩町）
F 神杉地区 1.5%	（江田川之内町・高杉町・廻神町）
G 酒屋地区 4.5%	（東酒屋町・西酒屋町）
H 青河地区 0.9%	
I 川地地区 1.7%	（上川立町・下川立町・上志和地町・下志和地町・秋町）
J 粟屋地区 1.7%	
K 十日市地区 23.8%	
L 八次地区 18.1%	（南畑敷町・畠敷町・四拾貫町・後山町）
M 君田町 1.9%	
N 布野町 1.7%	
O 作木町 2.2%	
P 吉舎町 4.5%	
Q 三良坂町 4.8%	
R 三和町 2.2%	
S 甲奴町 3.2%	

地区不明 5.0%

質問は以上です。長時間にわたり、ご協力を誠にありがとうございました。

事項索引

タ　行

ナ　行

ハ　行

ヤ 行

ラ 行

ワ 行

人名索引

デプス・インタビュー対象者索引

F1（20代男性、ニート） 139-141, 142, 147, 316
F2（20代女性、フリーター） 139, 141, 142, 316
F3（20代男性、学生→NPO職員） 139, 142, 238, 316
F4（30代男性、製造作業） 142, 143, 177, 316, 317, 320
F5（30代女性、医療事務） 143, 144, 177, 241, 242, 315, 321
F6（30代女性、食品販売自営） 144, 238
F7（20代女性、一般事務嘱託） 145, 146, 176, 235, 288
F8（20代男性、スポーツクラブ嘱託） 148-150, 176, 237, 241, 321
F9（30代男性、美容師） 151-152, 155, 176
F10（30代女性、NPOスタッフ） 152-155, 176, 177, 278, 315, 324
F11（30代女性、事務総合職） 154-156, 176, 177, 236, 241, 287-288
F12（30代女性、専業主婦） 156, 157
F13（30代女性、専業主婦） 157, 158, 240, 284
F14（30代女性、専業主婦） 158, 284
F15（30代女性、一般事務嘱託） 159, 239, 287, 332, 333
F16（20代女性、専業主婦） 159, 284, 317
F17（30代女性、専業主婦） 159, 160, 283, 319, 320
F18（20代男性、製造作業） 160-162, 275
F19（30代女性、食品販売自営） 162, 241
F20（30代男性、公務員） 164, 165, 182
F21（30代女性、公務員） 164, 243, 273
F22（20代男性、製造作業） 166, 275, 318, 330, 331
F23（20代女性、製造作業） 167, 168, 287
F24（30代男性、製造業技能職） 168, 169, 236, 242
F25（30代男性、ギフト店営業） 170, 171, 328, 329
F26（30代男性、飲食サービス） 171, 260, 318, 319, 327
F27（30代男性、エンジニア） 172, 173
F28（20代男性、事務総合職） 172, 173, 331, 332, 333

M1（20代女性、NPOスタッフ）
182, 205, 206, 245, 278, 310
M2（30代男性、政治家） 182, 280, 312
M3（20代男性、車販売営業） 182, 276
M4（30代女性、訪問介護パート）
182, 246, 285, 286, 312
M5（20代男性、建設作業） 182, 189, 251, 269-271
M6（30代女性、アパレル店員）
183, 194, 198, 199, 223, 279
M7（20代女性、保育士） 183, 198, 223, 280
M8（30代女性、中学教員） 184, 216, 273, 306, 329
M9（30代女性、飲食店パート）
184, 185, 192, 254, 281, 282, 326
M10（30代女性、医療事務パート）
185, 186
M11（30代男性、製造作業） 186, 187, 225, 252, 271, 307, 308
M12（30代男性、公務員） 188, 311, 322, 334
M13（20代男性、食品加工） 188, 189, 253, 272
M14（30代男性、ホテル営業職）
190, 254, 255, 280
M15（30代男性、僧職） 191, 313
M16（30代男性、JA営業職） 193, 323, 324
M17（30代女性、美容師） 194-196, 246
M18（30代男性、農業） 194, 196, 197, 278, 309
M19（30代男性、郵便局員） 198, 208, 307
M20（30代男性、飲食店自営）
194, 199, 120, 250, 254
M21（20代男性、鍼灸院経営）
194, 201-203, 247-249, 277, 307, 331
M22（20代女性、一般事務） 204-205, 245, 277, 289, 309, 310, 322
M23（20代女性、助産師） 206, 207, 306
M24（30代男性、用務員パート／ヨガ講師） 209, 210, 320
M25（20代男性、製造作業） 211, 252, 272, 330
M26（30代女性、小学校教員）
212, 247, 251
M27（30代女性、写真店パート）
212-214, 286, 330
M28（30代男性、消防士） 215, 274
M29（30代女性、県職員） 217, 218, 253, 325
M30（20代男性、農業アルバイト）
217-221, 245, 279, 325

文　献

赤枝尚樹（2015）『現代日本における都市メカニズム』ミネルヴァ書房

赤木智弘（2007）『若者を見殺しにする国――私を戦争に向かわせるものは何か』双風舎

浅野智彦（2015）『「若者」とは誰か――アイデンティティの30年【増補新版】』河出書房新社

浅野智彦（2016）「青少年研究会の調査と若者論の今日の課題」藤村正之・浅野智彦・羽渕一代編『現代若者の幸福―不安感社会を生きる』恒星社厚生閣：1-23

阿部彩（2013）「地域社会で進む孤立化と貧困」東大社研・玄田有史編『希望学あしたの向こうに―希望の福井，福井の希望』東京大学出版会：227-232

阿部真大（2013a）『地方にこもる若者たち』朝日新聞出版

阿部真大（2013b）『居場所の社会学――生きづらさを超えて』日本経済新聞出版社

石黒格・李永俊・杉浦裕章・山口恵子（2012）『東京に出る若者たち――仕事・社会関係・地域間格差』ミネルヴァ書房

五十嵐泰正・川端浩平（2010）「「空間」が変わる――グローバル都市／地方都市における「ジモトらしさ」のゆくえ」塩原良和・竹ノ下弘久編『社会学入門』弘文堂：222-235

イケダハヤト（2015）『まだ東京で消耗してるの？』幻冬舎

伊奈正人（1999）『サブカルチャーの社会学』世界思想社

いまだ里香（2013）『岡山移住組』セブン＆アイ出版

岩田正美（2008）『社会的排除』有斐閣

内山節（2013）『新・幸福論――「近現代」の次に来るもの』新潮社

内山節（2015）『半市場経済』角川書店

大竹文雄・白石小百合・筒井義郎編著（2010）『日本の幸福度――格差・労働・家族』日本評論社

大月敏雄・住総研（2014）『近居――少子高齢社会の住まい　地域再生にどう活かすか』学芸出版社
小田切徳美（2014）『農山村は消滅しない』岩波書店
小田切徳美・藤山浩・石橋良治・土屋紀子（2015）『はじまった田園回帰――現場からの報告』一般社団法人農山漁村文化協会
開沼博（2011）『フクシマ論――原子力ムラはなぜ生まれたのか』青土社
掛川直之（2016）「子どもの「居場所」づくりは，非行を防ぐ？」志賀信夫・畠中亨『地方都市の子どもの貧困をなくす――市民・行政の今とこれから』旬報社：157-186
金本良嗣・徳岡一幸（2002）「日本の都市圏設定基準」『応用地域学研究』No. 7：1-15
上和田茂（2014）「高齢者支援の視点からみたサポート居住と準近居」大月敏雄・住総研『近居――少子高齢社会の住まい　地域再生にどう活かすか』学芸出版社：142-155
川端浩平（2011）「ジモトへの回帰と挫折――企業城下町で起きた大学生殺人事件をめぐって」山北輝裕・谷村要・稲津秀樹・吹上裕樹編『KG/GP　社会学批評　別冊』関西学院大学大学院社会学研究科：111-118
川端浩平（2013）『ジモトを歩く――身近な世界のエスノグラフィー』御茶の水書房
川端浩平（2017）「〈ハマータウンの野郎ども〉はどこへ行ったのか」田中東子他編『出来事から学ぶカルチュラル・スタディーズ』ナカニシヤ書店：95-111
菊地史彦（2015）『「若者」の時代』トランスビュー
吉川徹（2003）『学歴社会のローカル・トラック』世界思想社
吉川徹（2009）『学歴分断社会』筑摩書房
吉川徹（2014）『現代日本の社会の心』有斐閣
轡田竜蔵（2011a）「過剰包摂される地元志向の若者たち――地方大学出身者の比較事例分析」樋口明彦・上村泰裕・平塚真樹編『若者問題と教育・雇用・社会保障――東アジアと周辺から考える』法政大学出版局：183-212

轡田竜蔵（2011b）「グローバリゼーションのなかでの地元志向現象――社会的排除モデルと社会的包摂モデルのあいだ」山北輝裕・谷村要・稲津秀樹・吹上裕樹編『KG/GP　社会学批評　別冊』関西学院大学大学院社会学研究科：119-130
轡田竜蔵（2015）『公益財団法人マツダ財団委託研究　広島二〇～三〇代住民意識調査報告書〈統計分析篇〉』公益財団法人マツダ財団
熊代亨（2014）『融解するオタク・サブカル・ヤンキー――ファスト風土適応論』花伝社
玄田有史編著（2013）『希望学あしたの向こうに――希望の福井，福井の希望』東京大学出版会
玄田有史（2015）「若者にかかる地方の未来」一般財団法人土地総合研究所編『明日の地方創生を考える』東洋経済新報社
髙坂勝（2014）『減速して自由に生きる―ダウンシフターズ』筑摩書房
佐々木雅幸（2016）「創造農村とは何か，なぜ今，注目を集めるのか」佐々木雅幸・川井田祥子・萩原雅也編著『創造農村』学芸出版社
指出一正（2016）『ぼくらは地方で幸せを見つける――ソトコト流ローカル再生論』ポプラ社
貞包英之（2015）『地方都市を考える』花伝社
椎川忍・小田切徳美・平井太郎・地域活性化センター・移住交流推進機構編（2015）『地域おこし協力隊―日本を元気にする 60 人の挑戦』学芸出版社
塩見直紀（2003）『半農半 X という生き方』筑摩書房
渋谷望（2010）『ミドルクラスを問い直す―格差社会の盲点』NHK 出版
篠原匡（2014）『神山プロジェクト―未来の働き方を実験する』日経 BP 社
周燕飛（2012）「専業主婦世帯の二極化と貧困問題」独立行政法人労働政策研究・研修機構ディスカッションペーパー No 12-08
神野直彦（2012）「豊かな自然，人間の触れ合いと絆が幸福をつくる」公益財団法人荒川区自治総合戦略所『あたたかい地域社会を築くための指標――荒川区民総幸福度』八千代出版：2-13
鈴木賢志（2015）『日本の若者はなぜ希望を持てないのか―日本と主要

6か国の国際比較』草思社
鈴木謙介（2011）『SQ“かかわり”の知能指数』ディスカバー・トゥエンティーワン
鈴木大介（2014）『最貧困女子』幻冬舎
数土直紀（2010）『日本人の階層意識』講談社
千田俊樹編著（2012）『住民幸福度に基づく都市の実力評価—GDP志向モデルから市民の等身大ハッピネス（NPH）へ』時事通信社
橘木俊詔・浦川邦夫（2012）『日本の地域間格差』日本評論社
橘木俊詔・迫田さやか（2013）『夫婦格差社会——二極化する結婚のかたち』中央公論新社
橘木俊詔（2016）『新しい幸福論』岩波書店
高橋勇悦（1990）「東京の青年—新東京人の素描」高橋勇悦・内藤辰美編『青年の地域リアリティ感覚』恒星社厚生閣：39-66
高見具広（2016）『UIJターンの促進・支援と地方の活性化——若年期の地域移動に関する調査結果』独立行政法人労働政策研究・研修機構
辻泉（2016）「地元志向の若者文化——地方と大都市の比較調査から」浅野智彦・川崎賢一編『若者の溶解』勁草書房
筒井義郎（2010）「地域格差は本当に存在するか」大竹文雄・白石小百合・筒井義郎編著（2010）『日本の幸福度—格差・労働・家族』日本評論社：165-202
土井隆義（2010）「地方の空洞化と若者の地元志向」筑波大学社会学研究室『社会学ジャーナル』（35）：97-108
土居洋平（2010）「地域とつながる——社会学と地域づくり」塩原良和・竹ノ下弘久編『社会学入門』弘文堂：196-208
徳野貞雄（2007）『農村の幸せ，都会の幸せ——家族・食・暮らし』日本放送出版協会
徳野貞雄（2015）「人口減少時代の地域社会モデルの構築を目指して——地方創生への疑念」徳野貞雄監修『暮らしの視点からの地方再生——地域と生活の社会学』九州大学出版会：1-36
冨山和彦（2014）『なぜローカル経済から日本は甦るのか——GとLの経済成長戦略』PHP研究所
豊泉周治（2010）『若者のための社会学——希望の足場をかける』はる

か書房
中沢明子（2014）『埼玉化する日本』イーストプレス
中嶌剛（2015）『とりあえず志向とキャリア形成』日本評論社
中野円佳（2014）『「育休世代」のジレンマ』光文社
永山彦三郎（2002）『現場から見た教育改革』筑摩書房
難波功士（2012）『人はなぜ〈上京〉するのか』日本経済新聞出版社
西村佳哲（2009）『自分の仕事をつくる』筑摩書房
認定 NPO 法人ビックイシュー基金（2014）『若者の住宅問題』
橋本健二（2013）『増補新版　格差の戦後史』河出書房新社
蓮見音彦（2012）『現代日本の地域格差―2010 年，全国の市町村の経済的・社会的なちらばり』，岩波書店
羽渕一代（2016）「現代的イエ意識と地方」浅野智彦・川崎賢一編『若者の溶解』勁草書房：85-110
原田曜平（2010）『近頃の若者はなぜダメなのか――携帯世代と「新村社会」』光文社
原田曜平（2014）『ヤンキー経済――消費の主役・新保守層の正体』幻冬舎
速水健朗（2012）『都市と消費とディズニーの夢――ショッピングモーライゼーションの時代』角川書店
速水健朗（2016）『東京どこに住む？――住所格差と人生格差』朝日新聞出版
比嘉勝子（2009）「沖縄発　奨学金が返せない」湯浅誠・冨樫匡孝・上間陽子・仁平典宏編著『若者と貧困』明石書店：88-105
日野正輝・香川貴志編（2015）『変わりゆく日本の大都市圏――ポスト成長社会における都市のかたち』ナカニシヤ出版
広井良典（2013）『人口減少社会という希望――コミュニティ経済の生成と地球倫理』朝日新聞出版
広島県（2015）『「若者の社会動態に関する意識調査」調査結果報告書（速報）』
福井県（2013）『未来へつなぐ福井の幸福』行政経営戦略資料
藤波匠（2016）『人口減が地方を強くする』日本経済新聞出版社
藤村正之（2016）「比較の中の若者たち」藤村正之・浅野智彦・羽渕一

代編『現代若者の幸福――不安感社会を生きる』恒星社厚生閣：191-212
藤村靖之（2011）『月３万円ビジネス―非電化・ローカル化・分かち合いで愉しく稼ぐ方法』晶文社
藤山浩（2015）『田園回帰①　田園回帰１％戦略――地元に人と仕事を取り戻す』農文協
藤吉雅春（2015）『福井モデル――未来は地方から始まる』文藝春秋社
古市憲寿（2011）『絶望の国の幸福な若者たち』講談社
古里由香里・佐藤嘉倫（2014）「主観的幸福感とソーシャル・キャピタル――地域の格差が及ぼす影響の分析」辻竜平・佐藤嘉倫編『ソーシャル・キャピタルと格差社会――幸福の計量社会学』東京大学出版会：189-208
朴澤泰男（2015）『高等教育機会の地域格差――地方における高校生の大学進学行動』東信堂
堀有喜衣他（2015）『若者の地域移動――長期的動向とマッチングの変化―』独立行政法人労働政策研究機構
本田直之（2015）『脱東京――仕事と遊びの垣根をなくす，あたらしい移住』毎日新聞出版
本田由紀（2015）「戦後日本型循環モデルの破綻と若年女性」小杉礼子・宮本みち子編『下層化する女性たち』勁草書房
増田寛也編著（2014）『地方消滅』中央公論社
松田茂樹（2013）『少子化論――なぜまだ結婚，出産しやすい国にならないのか』勁草書房
松永桂子（2012）『創造的地域社会――中国山地に学ぶ超高齢社会の自立』新評論
松永桂子（2015）『ローカル志向の時代』光文社
松永桂子・尾野寛明編著（2016）『田園回帰⑤ローカルに生きる　ソーシャルに働く』農文協
松橋公治（2014）「地方工業地域の変容と社会的環境ネットワーク」山川充夫編著『日本経済と地域構造』原書房：90-111
三浦展（2004）『ファスト風土化する日本――郊外化とその病理』洋泉社

三浦展（2005）『下流社会』光文社
三浦展（2010）『ニッポン若者論』筑摩書房
三浦展（2016）『人間の居る場所』而立書房
水落正明（2016）「都市と地方における女性の就業の違い」加藤久和・財務省財務総合政策研究所編著『女性が活躍する社会の実現——多様性を活かした日本へ』中央経済社：187-208
宮台真司（1997）『まぼろしの郊外——成熟社会を生きる若者たちの行方』朝日新聞出版
宮本みち子（2002）『若者が《社会的弱者》に転落する』洋泉社
宮本みち子（2005）「家庭環境から見る」小杉礼子編『フリーターとニート』勁草書房：145-198
藻谷浩介・山崎亮（2012）『藻谷浩介さん，経済成長が無ければ僕たちは幸せになれないのでしょうか？』学芸出版社
矢島妙子（2015）『「よさこい系」祭りの都市民俗学』岩田書院
山田昌弘・電通チームハピネス（2009）『幸福の方程式——新しい消費のカタチを探る』ディスカバー・トウェンティーワン
山田昌弘（2015）『なぜ若者は保守化したのか』朝日新聞出版
山田昌弘（2016）『家族難民——中流と下流　二極化する日本人の老後』朝日新聞出版
山崎亮（2012）『まちの幸福論』NHK 出版
山崎亮（2016）『縮充する日本』PHP 研究所
山下祐介（2008）『リスク・コミュニティ論』弘文堂
山本努（2013）『人口還流（U ターン）と過疎農山村の社会学』学文社
山本匡毅（2016）「産業集積の衰退と再生」山﨑朗他著『地域政策』中央経済社
李永俊・石黒格（2008）『青森県で生きる若者たち』弘前大学出版会

Bok, Derek（2010＝2011）*The Politics of Happiness*, Princeton University Press（＝2011 土屋直樹・茶野努・宮川修子訳『幸福の研究』東洋経済新報社）
Easterlin, Richard（1974）“Does Economic Growth Improve the Human Lot? Some Empirical Evidence” in P.A.David and M.W.Reder

(eds.) *Nations and Households in Economic Growth*, Newyork and London Academic Press

Fischer, Claude S.（1982）*To Dwell Among Friends: Personal Networks in Town and City*, The University of Chicago Press（＝2002 松本康・前田尚子訳『友人のあいだで暮らす――北カリフォルニアのパーソナル・ネットワーク』未来社）

Moretti, Enrixo（2013）*The New Geography of Jobs*, Mariner Books（＝2014 池村千秋訳『年収は「住むところ」で決まる――雇用とイノベーションの都市経済学』，プレジデント社）

Sen, Amartya（1992）*Inequality Reexamined*, Harvard University Press（＝1999 池本幸生・野上裕生・佐藤仁訳『不平等の再検討――潜在能力と自由』岩波書店）

Urry, John（2007）*Mobilities*, Polity Press Ltd.（＝2015 吉原直樹・伊藤嘉高訳『モビリティーズ　移動の社会学』作品社）

Young, Jock（2007）*The Vertigo of Late Modernity*, Sage Publications Ltd.（＝2008 木下ちがや・中村好孝・丸山真央訳『後期近代の眩暈――排除から過剰包摂へ』青土社）

著者略歴

1971 年生まれ

東京大学大学院人文社会系研究科博士課程（専門分野・社会学）、日本学術振興会特別研究員、吉備国際大学社会科学部准教授を経て、現在、同志社大学社会学部准教授

主　著　「平凡なナショナリズムと第三世界ナショナリズムのあいだ」『現代思想』2001 年 12 月号、「過剰包摂される地元志向の若者たち―地方大学出身者の比較事例分析」樋口明彦・上村泰裕・平塚眞樹編『若者問題と教育・雇用・社会保障―東アジアと周辺から考える』（2011 年）、「サイレント・マジョリティを思考すること」安藤丈将・川端浩平編『サイレント・マジョリティとは誰か――フィールドから考える地域社会学』（2018 年）、「ポストアーバン化時代の若者論へ」木村絵里子・轡田竜蔵・牧野智和編『場所から問う若者文化』（2021 年）

地方暮らしの幸福と若者

2017 年 2 月 20 日　第 1 版第 1 刷発行
2023 年 1 月 20 日　第 1 版第 4 刷発行

著　者　轡《くつわ》田《だ》竜《りゅう》蔵《ぞう》

発行者　井　村　寿　人

発行所　株式会社　勁《けい》草《そう》書　房

112-0005　東京都文京区水道 2-1-1　振替 00150-2-175253
（編集）電話 03-3815-5277／FAX 03-3814-6968
（営業）電話 03-3814-6861／FAX 03-3814-6854
三秀舎・松岳社

ISBN978-4-326-65407-9　Printed in Japan

川崎賢一・浅野智彦 編　〈若者〉の溶解　四六判　三五二〇円

浅野智彦 編　検証・若者の変貌　失われた10年の後に　四六判　二六四〇円

浅野智彦　自己への物語論的接近　家族療法から社会学へ　四六判　三〇八〇円

宮台真司・辻泉・岡井崇之 編　「男らしさ」の快楽　ポピュラー文化からみたその実態　四六判　三〇八〇円

牧野智和　自己啓発の時代　「自己」の文化社会学的探究　四六判　三一九〇円

牧野智和　日常に侵入する自己啓発　生き方・手帳術・片づけ　四六判　三一九〇円

石田光規　孤立の社会学　無縁社会の処方箋　四六判　三〇八〇円

石田光規　つながりづくりの隘路　A5判　四一八〇円

＊表示価格は二〇二三年一月現在。消費税（一〇％）が含まれております。